Essential Russian

2nd Edition

Professor Keith Rawson-Jones
Dr. Alla Leonidovna Nazarenko
2nd Edition Text by Valery Kaminski

Berlitz Publishing
New York Munich Singapore

Essential Russian, 2nd Edition

Contacting the Editors
Every effort has been made to provide accurate information in this publication, but changes are inevitable. The publisher cannot be responsible for any resulting loss, inconvenience, or injury. We would appreciate it if readers would call our attention to any errors or outdated information by contacting Berlitz Publishing, 193 Morris Avenue, Springfield, NJ 07081, USA. email: comments@berlitzbooks.com

Second Printing: December 2008
Printed in Singapore

Publishing Director: Sheryl Olinsky Borg
Project Manager/Editor: Eric Zuarino
1st Edition Writers: Keith Rawson-Jones, Dr. Alla Leonidovna Nazarenko
2nd Edition Writer: Valery Kaminski
Russian Proofreader: Nora Favorov
Production Manager: Elizabeth Gaynor
Cover Design: Claudia Petrilli
Interior Design: Claudia Petrilli and Datagrafix, Inc.

Cover Photo: © Jackie C L Poh/flickr

TABLE OF CONTENTS

INTRODUCTION

Whether you're a beginner who's never studied a foreign language or a former student brushing up on old skills, Berlitz *Essential Russian* will provide you with all the basic tools and information you need to communicate easily and effectively. Furthermore, the book is designed to permit you to study at your own pace, based on your level of expertise.

* Lively bilingual dialogues depict actual, everyday situations encountered when traveling in a foreign country.
* Basic grammar is taught through common phrases and sentences, which helps you develop an instinctive sense of correct grammar without having to study long lists of rules and exceptions.
* An exercise section in each lesson gives you the opportunity to pinpoint your strengths and weaknesses, and enables you to study more efficiently.
* The glossary at the end of the book gives you an easy reference list of all the words used in the book.
* The audio CD features dialogues spoken by native Russian speakers.
* Audio download: vocabulary pronunciation for each lesson is available at our website, http://www.berlitzpublishing.com.
* Online activities make it possible for you to start using your acquired language skills in Russian language environments.

HOW TO USE THIS BOOK

The best way to learn any language is through consistent daily study. Decide for yourself how much time you can devote to the study of *Essential Russian* each day – you may be able to complete two lessons a day or just have time for a half-hour of study. Set a realistic daily goal that you can easily achieve, one that includes studying new material as well as reviewing the old. The more frequent your exposure to the language, the better your results will be.

THE STRUCTURE OF THE BOOK

* Listen to the dialogues on the audio CD at the beginning of each lesson, using the translation as a guide.
* When you have listened to the dialogue enough times to attain a good grasp of the sounds and sense of it, read the grammar and usage

notes, paying particular attention to how the language builds its sentences. Then go back and read the dialogue again.

* When studying the vocabulary list, it is useful to write the words down in a notebook. This will help you remember both the spelling and meaning as you move ahead. You might also try writing the word in a sentence that you make up yourself.
* Bonus audio is available on our website, http://www.berlitzpublishing.com. You will find all of the vocabulary sections from each lesson. Listen to how each word is pronounced in Russian, and repeat.
* Try to work on the exercise section without referring to the dialogue, then go back and check your answers against the dialogue or by consulting the answer key at the end of the book. It's helpful to repeat the exercises.

By dedicating yourself to the lessons in the Berlitz *Essential Russian* course, you will quickly put together the basic building blocks of Russian. Once this foundation is in place, you will be able to build on it, whether in the classroom or through immersion in a Russian-language environment. You will find in this book all you need to know in order to communicate effectively, and you will be amply prepared to go on to master Russian with all the fluency of a native speaker.

GUIDE TO PRONUNCIATION

The phonetic transcription in the first half of the course will help you to pronounce Russian correctly. Instead of using complicated phonetic symbols, we've devised recognizable English approximations that, when read aloud, will give you the correct pronunciation of the Russian words. You don't need to memorize the phonetics; just sound the words out and practice their pronunciation until you're comfortable with them.

The phonetic transcription is there to help you unlock the basic sound of each word; the accent and cadence of the language will eventually best be learned through conversation with native speakers.

РУ́ССКИЙ АЛФАВИ́Т roos-keey ahl-fah-veet THE RUSSIAN ALPHABET

Some letters represent more than one sound, depending on their position in a word or combination of words. Here we give the sounds that the letters represent in speech, not their names. These are given later.

Note that the letters on the left are capital, while those on the right are lower case.

Letter	Approximate Pronunciation	Symbol
А а	between [a] in car and [u] in cut	ah
Б б	[b] in bed	b
В в	[v] in vodka	v
Г г	[g] in gold	g
Д д	[d] in dot	d
Е е	[ye] in yet [i] in lip (unstressed) [e] in get	ye, yeh ee e, eh

Ё ё	[yo] in yogurt	yo, yoh
Ж ж	[zh] in measure	zh
З з	[s] in please	z
И и	[ee] in street (stressed) [i] in sin (unstressed)	ee ee
Й й	[y] in young	y
К к	[c] in cover	k
Л л	[l] in low	l
М м	[m] in mad	m
Н н	[n] in not	n
О о	[o] in north (stressed) [a] in attorney (unstressed)	o, oh ah
П п	[p] in plot	p
Р р	[r] in grey	r
С с	[s] in salt	s
Т т	[t] in town	t
У у	[oo] in cool	oo
Ф ф	[f] in fee	f
Х х	[h] in hurry (see note on next page)	kh
Ц ц	[tz] in quartz	ts
Ч ч	[ch] in chunk	ch
Ш ш	[sh] in shawl	sh
Щ щ	[shch] in hush child	shch
Ъ ъ	No sound. See note on next page.	
Ы ы	[i] in thing	ih
Ь ь	No sound. See note on next page.	
Э э	[e] in every	e, eh
Ю ю	[u] in union	yoo
Я я	[ya] in Yankee	yah

NOTES ON THE ALPHABET

1. The letter ъ is called the "hard sign". It is placed between a consonant and either е, ё, ю or я to keep the consonant it follows hard:

подъёзд	объём	объявлéние
entrance	volume	announcement
pahd-yezd	*ahb-yom*	*ahb-yahv-lyeh-nee-yeh*

2. The letter ь is called the "soft sign". It has no sound of its own, but it acts to soften the consonant that it follows. Although there is no direct equivalent symbol in English, the English language does differentiate between hard and soft consonants (the "t" in "hat" can be "softer" than the "t" in "top", and the "l" in "liaison" is "softer" than the "l" in "lobster"). Examples of the soft sign in common Russian words:

день	мать	рубль
day	mother	ruble
dyen'	*maht'*	*roobl'*

3. When о is not stressed, it becomes an "ah" sound, like the "a" in "attorney":

хорошó	молокó	Москвá
good	milk	Moscow
khah-rah-shoh	*mah-lah-koh*	*mahs-kvah*

4. The letter х does not have an equivalent sound in English. It is, however, like the Scottish "ch" in "loch" and the German "ch" in "Bach".

5. At the end of a word, the pronunciation of the following consonants changes:

	Usual	**End of a word**
б	[b] as in "bed": Бог God *bok*	[p] as in "hip": гроб casket *grop*
в	[v] as in "very": винó wine *vee-noh*	[f] as in "feather": нерв nerve *nyerf*
г	[g] as in "good": год year *got*	[k] as in "crook": флаг flag *flahk*

д	[d] as in "dog": дом home/house *dom*	[t] as in "cat": сад garden *saht*
з	[z] as in "zoo": зуб tooth *zoop*	[s] as in "sip": моро́з frost *mah-<u>ros</u>*
ж	[zh] as in "measure": жара́ heat *zhah-<u>rah</u>*	[sh] as in "shave": нож knife *nosh*

6. The letter г is usually pronounced like the "g" in "good":

го́род city/town *<u>goh</u>-raht*	мно́го much/many *<u>mnoh</u>-gah*	год year *got*

In the combination of letters: его (*yeh-voh*) and ого (*ah-voh*) г is pronounced "v" when the vowel *preceding* г, either е or о, is not stressed:

Всего́ хоро́шего!
All the best!
fsee-<u>voh</u> khah-<u>roh</u>-sheh-vah

7. When a letter is not pronounced "as usual", the alternative pronunciation is reflected in the transliteration.

8. Vowel Combinations

Letters	**Approximate Pronunciation**	**Symbol**	**Example**	**Pronunciation**
ай	like [y] in "my"	ie	май	mie
яй	like [y] in "my", preceded by [y] in "yes"	yie	негодяй	nee-gah-<u>dyie</u>
ой	like [oy] in "boy"	oy	вой	voy
ей	like [ey] in "obey", preceded by [y] in "yes"	yey	соловей	sah-lah-<u>vyey</u>

Letters	Approximate Pronunciation	Symbol	Example	Pronunciation
ий	like [ee] in "see", followed by [y] in "yes"	eey	ранний	rahn-neey
ый	like [i] in "ill", followed by [y] in "yes"	iy	красивый	krah-see-viy
уй	like [oo] in "good", followed by [y] in "yes"	ooy	дуй	dooy
юй	like уй above, preceded by [y] in "yes"	yooy	плюй	plyooy

TRANSLITERATION

For the first 10 lessons in this course – apart from review lessons – we give the approximate pronunciation of the complete texts in the Latin alphabet, as well as notes on pronunciation where necessary.

STRESS

In Russian words of more than one syllable, only one of the syllables is stressed, and the stress is heavier, more emphatic, than in English. The stress in Russian is only on vowels and is marked in the Russian text with an accent. We advise you to pay particular attention to the stress when you learn a word. Vowels on which the stress falls are pronounced clearly; unstressed vowels are less distinct. The letter Ё ё is *always* stressed. During this course, you will encounter some instances where the stress is unexpectedly different. This occurs mainly in set phrases, which you may find useful to memorize.

GRAMMAR

1. NUMBERS 0–10

0 ноль
nol'

1 оди́н *ah-<u>deen</u>*	2 два *dvah*	3 три *tree*	4 четы́ре *chee-<u>tih</u>-ryeh*	5 пять *pyaht'*
6 шесть *shest'*	7 семь *syem'*	8 во́семь *<u>voh</u>-seem'*	9 де́вять *<u>dyeh</u>-vyaht'*	10 де́сять *<u>dyeh</u>-syaht'*

Remember that т is very soft/faint when followed by a soft sign (ь).

SOME USEFUL EXPRESSIONS

да *(dah)* yes
нет *(nyet)* no
хорошо́ *(khah-rah-<u>shoh</u>)* good (unstressed о = "a" in attorney)
спаси́бо *(spah-<u>see</u>-bah)* thank you (unstressed о again)
до свида́ния *(dah-svee-<u>dah</u>-nee-yah)* goodbye (until we meet again), pronounced as one word, so the о in до is unstressed: "ah".
Росси́я *(rah-<u>see</u>-yah)* Russia (unstressed о)
Аме́рика *(ah-<u>myeh</u>-ree-kah)*
президе́нт *(pree-zee-<u>dyent</u>)* president (different from English stress)
ко́фе *(<u>koh</u>-fyeh)* coffee
чай *(chie)* tea (Pronounced just like "chai", but refers to simple black tea.)

EXERCISES

Exercise A

As we said in the introduction, without realizing it you already know some Russian words. Here are a few words we think you will recognize. Work out what they are. Transliterate them, write down the English equivalents and check them against the answer key.

Example:

КО́КА-КО́ЛА = *(<u>koh</u>-kah <u>koh</u>-lah)* = COCA COLA.

1. ТЕ́ННИС ____________________
2. ДО́ЛЛАР ____________________

3. БАСКЕТБО́Л

12. ФУТБО́Л

4. ДО́КТОР

13. ПРЕЗИДЕ́НТ КЛИ́НТОН

5. НЬЮ-ЙО́РК

14. ПРЕЗИДЕ́НТ БУШ

6. КАЛИФО́РНИЯ

15. ТЕЛЕФО́Н

7. БЕЙСБО́Л

16. БАР

8. УНИВЕРСИТЕ́Т

17. РЕСТОРА́Н

9. А́ДРЕС

18. ВЛАДИ́МИР ПУТИН

10. ПЕ́ПСИ-КО́ЛА

19. МА́ФИЯ

11. О́ФИС

20. ТАКСИ́

A lot of Russian words are similar to English ones. There are more in later lessons.

Exercise B

The following exercise will help you to become familiar with some of the letters of the Russian alphabet. Writing the letters down will help you to remember them. The approximate English equivalent sound is given and you must write down the Russian letter twice, in capital and lower case letters. For example:

[y] in young = Й й

1. [a] in car
2. [ya] in yankee
3. [e] in every
4. [ye] in yet
5. [i] in thing
6. [ee] in street

7. [o] in north

____

8. [yo] in yogurt

____

9. [oo] in cool

____

10. [u] in union

____

Did you notice that these letters are all vowels, and that they are in pairs? The first in each pair is "hard" and the second "soft".

Exercise C

Here are some words that you have already seen. Each has a letter missing. Write down the complete word, with the stress mark, and check your answer against the answer key.

1. Пре-иде́нт

____

2. А-е́рика

____

3. спа-и́бо

____

4. четы́-е

____

5. - акси́

____

6. до́лла-

____

7. до́-тор

____

8. во́сем

____

9. о́-ис

____

10. де́с-ть

____

11. хо-ошо́

____

12. Рос-и́я

____

13. д- сви-а́ния

____

14. ко́-е

____

15. ча-

____

16. рес-ора́н

____

Exercise D

Let's do some simple math in Russian. Write out your answers in full, complete with stress marks.

1. оди́н + три = _______________
2. пять + пять = _______________
3. во́семь + оди́н = _______________

4. де́сять - два = ________________
5. пять - пять = ________________
6. шесть - два = ________________
7. де́вять + оди́н = ________________
8. четы́ре + три = ________________
9. де́сять - пять = ________________
10. нуль + шесть = ________________

That's the end of your first lesson. We hope that you are starting to "get the feel" of the alphabet.

Visit www.berlitzpublishing.com for a bonus internet activity—go to the downloads section and connect to the world in Russian!

Lesson

2 ЗДРА́ВСТВУЙТЕ <u>zdrah</u>-stvooy-tyeh* HELLO

*In the greeting Здра́вствуйте, the first в is not pronounced.

In this lesson we have two characters. А́нна (*<u>ahn</u>-nah*) = Anna Ива́новна (*ee-<u>vah</u>-nahv-nah*) = daughter of Ivan Смирно́ва (*smeer-<u>noh</u>-vah*), and Пол (*pol*) = Paul. Paul is an American studying Russian.

А́нна *<u>ahn</u>-nah*	Здра́вствуйте, Пол. Как ва́ши дела́? *<u>zdrah</u>-stvooy-tyeh pol. kahk <u>vah</u>-shih dee-<u>lah</u>* Hello, Paul. How are things?
Пол *pol*	Здра́вствуйте. У меня́ всё хорошо́, спаси́бо. А как ва́ши дела́? *<u>zdrah</u>-stvooy-tyeh. oo mee-<u>nyah</u> fsyoh khah-rah-<u>shoh</u> spah-<u>see</u>-bah. ah kahk <u>vah</u>-shih dee-<u>lah</u>* Hello. Everything's fine with me, thank you. And how are things with you?

Áнна Спаси́бо, хорошо́. Сади́тесь, пожа́луйста. Дава́йте начнём наш уро́к.
spah-see-bah khah-rah-shoh. sah-dee-tees' pah-zhahl-stah. dah-vie-tyeh nahch-nyom nahsh oo-rok
Fine, thank you. Sit down, please. Let's begin our lesson.

Пол С удово́льствием.
soo-dah-vol'-stvee-yem
With pleasure.

Áнна Оди́н вопро́с, Пол.
ah-deen vah-pros pol
A question, Paul.

Пол Да, пожа́луйста.
dah pah-zhahl-stah
Yes, please.

Áнна Вот, посмотри́те. Э́то ру́чка?
vot pah-smah-tree-tyeh. eh-tah rooch-kah
Look at this. Is this a pen?

Пол Да, э́то ру́чка.
dah eh-tah rooch-kah
Yes, it's a pen.

Áнна А э́то? Э́то ру́чка и́ли ключ?
ah eh-tah. eh-tah rooch-kah ee-lee klyooch
And this? Is it a pen or a key?

Пол Э́то ключ.
eh-tah klyooch
It's a key.

Áнна А э́то? Э́то то́же ключ?
ah eh-tah. eh-tah toh-zheh klyooch
And this? Is this a key too?

Пол Нет, э́то не ключ.
nyet eh-tah nyeh klyooch
No, it's not a key.

Áнна Что э́то?
shtoh eh-tah (Usually ч *is pronounced "ch"—here it is "sh".)*
What is it?

Пол Э́то кни́га. Э́то кни́га на ру́сском языке́.
eh-tah knee-gah. eh-tah knee-gah nah roos-kahm yah-zih-kyeh
It's a book. It's a book in Russian.

Áнна — О́чень хорошó, Пол. До свидáния.
oh-chen' khah-rah-shoh pol. dah-svee-dah-nee-yah
Very good, Paul. Goodbye.

Пол — До свидáния, Áнна Ивáновна. До скóрой встрéчи!
dah-svee-dah-nee-yah ahn-nah ee-vah-nahv-nah. dah skoh-rie fstryeh-chee
Goodbye, Anna Ivanovna. See you soon.

QUESTIONS AND ANSWERS

Вопрóс: / *vahp-ros* / Question
Что э́то?
shtoh eh-tah
What is this?

Ответ́: / *aht-vyet* / Answer
Э́то рýчка.
eh-tah rooch-kah
It's a pen.

рýчка
rooch-kah
a pen

Вопрóс:
Что э́то?
shtoh eh-tah
What is this?

Ответ́:
Э́то кни́га.
eh-tah knee-gah
It's a book.

кни́га
knee-gah
a book

Вопрóс:
Что э́то?
shtoh eh-tah
What is this?

Ответ́:
Э́то стол.
eh-tah stol
It's a table.

стол
stol
a table

Вопрóс:
Что э́то?
shtoh eh-tah
What is this?

Ответ́:
Э́то стул.
eh-tah stool
It's a chair.

стул
stool
a chair

YES OR NO?

Вопро́с: Э́то кни́га?
vahp-ros *eh-tah knee-gah*
Question Is this a book?

Отве́т: Да, э́то кни́га.
aht-vyet *dah eh-tah knee-gah*
Answer Yes, it's a book.

Вопро́с: Э́то стол?
eh-tah stol
Is this a table?

Отве́т: Нет, э́то не стол. Э́то стул.
nyet eh-tah nyeh stol. eh-tah stool
No, it's not a table. It's a chair.

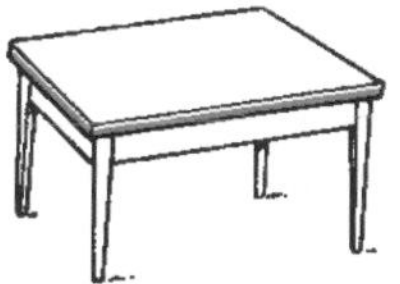

Вопро́с: Э́то стол?
eh-tah stol
Is this a table?

Отве́т: Да, э́то стол.
dah eh-tah stol
Yes, it's a table.

Вопро́с: Э́то кни́га?
eh-tah knee-gah
Is this a book?

Отве́т: Нет, э́то не кни́га. Э́то ру́чка.
nyet eh-tah nyeh knee-gah. eh-tah rooch-kah
No, it's not a book. It's a pen.

GRAMMAR

1. THE VERB "TO BE"

Russians rarely use the present tense of the verb "to be": am, are, is.

Э́то кни́га. = *It is a book* or *This is a book*, depending on the context.
э́то = *it* or *this*
кни́га = book

2. THE DEFINITE AND INDEFINITE ARTICLES: *THE* AND *A*

As you have just seen, книга = book. There are no articles in Russian. So книга can mean *a* book or *the* book, depending on the context.

---

3. QUESTIONS IN RUSSIAN

Это стул. = *It is a chair?* or *This is a chair?*, according to the context.
Это стул? =*Is it a chair?* or *Is this a chair?*

We can do the same in English by altering the intonation:
He's at home. (statement)
He's at home? (question)

a) Read aloud, in English, "He's at home". (statement)
Now, in the same way read Он до́ма (*on doh-mah*) = He (is) at home. The way you read it will have been rather "flat" with no ups or downs in your speech.

b) Now read aloud: He's at home? (Question.) Your intonation automatically expresses a question.

c) And now, in the same way, read Он до́ма? (*on doh-mah*) = (Is) he at home? Similarly, compare:

Да. (*dah*) = Yes. (statement)	Да? (*dah*) = Yes? (question)
Нет. (*nyet*) = No. (statement)	Нет? (*nyet*)= No? (question)

Just as in English, questions can be asked by using:
"how?" как? (*kahk*), "what?" что? (*shtoh*), "when?" когда́? (*kahg-dah*), etc.

---

4. THE NEGATIVE

Это не книга. (*eh-tah nyeh knee-gah*) *It is not a book/this is not the book.* It is a good example of how to form a negative sentence. In general, just add не to a positive sentence before the main word:

Это хорошо́. (*eh-tah khah-rah-shoh*) It's good.
Это не хорошо́. (*eh-tah nyeh khah-rah-shoh*) It's not good.

---

5. FORMAL AND INFORMAL *YOU*

In English there is no distinction between the formal and informal use of *you*. Russian, like many other languages, still expresses this distinction.

вы (*vih*) = formal *you*, and ты (*tih*) = informal *you*. Only close friends, members of the same family, and older people talking to younger people use ты (*tih*). Other uses are considered rude.

In the dialogue, Anna Ivanovna and Paul say Здра́вствуйте (*zdrah-stvooy-tyeh*) to each other (the first в is not pronounced). If Paul had been a child, Anna would have said здра́вствуй (*zdrah-stvooy*) to him, using the informal form of address. When you are in Russia, you will often hear ты (*tih*). But you should use the вы (*vih*) form until you know someone well.

6. PATRONYMICS: ИВА́НОВИЧ (*ee-vah-nah-veech*) SON OF IVAN

In Lesson 1 you met a couple of American Presidents. Here is another: Джо́нсон (*dzhon-sahn*) Johnson. This surname originally signified "son of John". All Russians have a middle name based on their father's first name: son of… , daughter of…. This middle name is called a "patronymic".

If the father's first name ends in a "hard" consonant, the ending -ович (*ah-veech*) is added for males, -овна (*ahv-nah*) for females:

Ива́н + ович *ee-vahn*	Ива́нович son of Ivan *ee-vah-nah-veech*
Ива́н + овна *ee-vahn*	Ива́новна daughter of Ivan *ee-vah-nahv-nah*
Леони́д + ович *lee-ah-neet*	Леони́дович son of Leonid *lee-ah-nee-dah-veech*
Леони́д + овна *lee-ah-neet*	Леони́довна daughter of Leonid *lee-ah-nee-dahv-nah*

If the father's first name ends in -й, or ь, the й or ь is dropped and -евич (*yeh-veech*) is added for males, and -евна (*yev-nah*) for females.

If the father's first name ends in -а or -я, these endings are dropped, and replaced by –ич *(eech)*, and -инична *(ee-neech-nah)* or –ична *(eech-nah)* for females:

Сергей *syer-gyey*	Серге + евич	Серге́евич *syer-gyeh-yeh-veech*
Сергей *syer-gyey*	Серге + евна	Серге́евна *syer-gyeh-yev-nah*
И́горь *ee-gahr'*	И́гор + евич	И́горевич *ee-gar-eh-veech*
И́горь *ee-gahr'*	И́гор + евна	И́горевна *ee-gah-rehv-nah*

Илья́ *eel'-yah*	Иль + ич	Ильи́ч *eel'-yeech*
Илья́ *eel'-yah*	Иль + инична	Ильи́нична *eel'-yee-neech-nah*
Ники́та *nee-kee-tah*	Ники́т + ич	Ники́тич *nee-kee-teech*
Ники́та *nee-kee-tah*	Ники́т + ична	Ники́тична *nee-kee-teech-nah*

Russians usually use the first name and patronymic when addressing anybody who is not a child, close friend or member of the family.

7. NUMBERS 11–20

The numbers 11–19 are formed by putting 1–9 before -надцать (*nah-tsaht'*):

на (*nah*) means "on", and дцать (*tsaht'*), which is a form of де́сять (*dyeh-syaht'*), means ten. One on ten, two on ten, etc. Some letters are dropped or changed before -на. The д in -дцать is not pronounced.

The final -ть (*-t'*) is pronounced very softly, like "t" in "steer" rather than in "top" – only softer, more faintly.

11 оди́ннадцать *ah-dee-nah-tsaht'*	12 двена́дцать *dvee-nah-tsaht'*	13 трина́дцать *tree-nah-tsaht'*
14 четы́рнадцать *cheh-tir-nah-tsaht'*	15 пятна́дцать *pyaht-nah-tsaht'*	16 шестна́дцать *shes-nah-tsaht'*
17 семна́дцать *seem-nah-tsaht'*	18 восемна́дцать *vah-syem-nah-tsaht'*	19 девятна́дцать *dee-veet-nah-tsaht'*
20 два́дцать *dvah-tsaht'*		

Note that there is no на before 20 and that 2, два (*dvah*), changes to две *(dveh)* in 12.

SOME USEFUL EXPRESSIONS

Я говорю́ по-ру́сски.
yah gah-vah-ryoo pah-roos-kee
I speak Russian.

Я говорю́ по-англи́йски.
yah gah-vah-ryoo pah-ahn-gleey-skee
I speak English.

Я не говорю́ по-ру́сски.
yah nyeh gah-vah-ryoo pah-roos-kee
I don't speak Russian.

Вы говори́те по-ру́сски?
vih gah-vah-ree-tyeh pah-roos-kee
Do you speak Russian?

Вы говори́те по-англи́йски?
vih gah-vah-ree-tyeh pah-ahn-gleey-skee
Do you speak English?

VOCABULARY

Remember that there are no articles in Russian, so уро́к (*oo-rok*) can mean "a lesson" or "the lesson", and so on.
Note: Throughout this book, ♂ = masculine, ♀ = feminine, and *n.* = neuter.

уро́к (*oo-rok*) lesson
Здра́вствуйте. (*zdrah-stvooy-teh*) Hello.
как? (*kahk*) how?
дела́ (*dee-lah*) things/affairs
Как ва́ши дела́? (*kahk vah-shih dee-lah*) How are things?
у (*oo*) can mean at, beside, by, near or on, depending on the context. It is used to indicate possession, proximity or a close connection.
у меня́ (*oo mee-nyah*) I have
У меня́ кни́га. (*oo mee-nyah knee-gah*) I have a book.
всё (*fsyoh*) everything
хорошо́ (*khah-rah-shoh*) good, fine
У меня́ всё хорошо́. (*oo mee-nyah fsyoh khah-rah-shoh*) Everything's fine.
спаси́бо (*spah-see-bah*) thank you
а (*ah*) but, and
сади́тесь (*sah-dee-tees'*) Sit down. (This is the formal or plural form of the "you" imperative.)
дава́йте (*dah-vie-tyeh*) let us, let's
дава́йте начнём (*dah-vie-tyeh nahch-nyom*) Let's begin.

наш (*nahsh*) our
с (*s*) with
удово́льствие (*oo-dah-vol'-stvee-yeh*) pleasure
с удово́льствием (*s oo-dah-vol'-stvee-yem*) with pleasure
оди́н (*ah-deen*) one
вопро́с (*vahp-ros*) question
да (*dah*) yes
пожа́луйста (*pah-zhahl-stah*) please
вот (*vot*) there is/are, here is/are
Посмотри́те! (*pah-smah-tree-tyeh*) Look! (This is the formal/plural form of the imperative.)
э́то (*eh-tah*) this, that, it; this is, that is, it is.
ру́чка (*rooch-kah*) pen
и́ли (*ee-lee*) or
ключ (*klyooch*) key
то́же (*toh-zheh*) also
что? (*shtoh*) what?
кни́га (*knee-gah*) book
на (*nah*) on (can also mean "in" with certain nouns)
на ру́сском языке́ (*nah roos-kahm yah-zih-kyeh*) in Russian
до (*dah*) until, to
до свида́ния (*dah svee-dah-nee-yah*) goodbye
до ско́рой встре́чи (*dah skoh-rie fstryeh-chee*) See you soon.
вопро́с (*vahp-ros*) question
отве́т (*aht-vyet*) answer
стол (*stol*) table
стул (*stool*) chair
нет (*nyet*) no
не (*nyeh*) Used to form negative sentences.
он (*on*) he, it♂
она́ (*ah-nah*) she, it♀
оно́ (*ah-noh*) it *n.*
до́ма (*doh-mah*) at home
вы (*vih*) you (The polite form with one person, or like "y'all" with multiple people.)
ты (*tih*) you (Can only refer to one person.)
я говорю́ (*yah gah-vah-ryoo*) I speak
вы говори́те (*vih gah-vah-ree-tyeh*) you speak
по-ру́сски (*pah-roos-kee*) in Russian
по-англи́йски (*pah-ahn-gleey-skee*) in English

EXERCISES

Exercise A

Write down the English equivalents of these words and check your answers against the answer key.

1. во́дка ____________
2. факт ____________
3. план ____________
4. профе́ссор ____________
5. класс ____________
6. Ле́нин ____________
7. Горбачёв ____________
8. кана́л ____________
9. студе́нт ____________
10. Большо́й Бале́т ____________
11. порт ____________
12. фильм ____________
13. бага́ж ____________
14. база́р ____________

Exercise B

Name the items illustrated. Give a full sentence, complete with stress marks where appropriate. For example:

Что э́то?
You write: Э́то кни́га.

____

1. Что э́то?

____

2. Что э́то?

____

3. Что э́то?

____

4. Что э́то?

____

5. Что э́то?

____

Exercise C

Give full answers to the questions that follow. For example, if the illustration is of a pen and we ask Э́то ру́чка? *(eh-tah rooch-kah)* Is it a pen?, answer:
Да, э́то ру́чка. Yes, it's a pen.

But if we ask Э́то кни́га? (*eh-tah knee-gah*) Is it a book?, you should reply:
Нет, э́то не кни́га. Э́то ру́чка. (*nyet eh-tah nyeh knee-gah. eh-tah rooch-kah*) No, it's not a book. It's a pen.

Remember to put in the stress marks!

1. Э́то Пол?
eh-tah pol

____

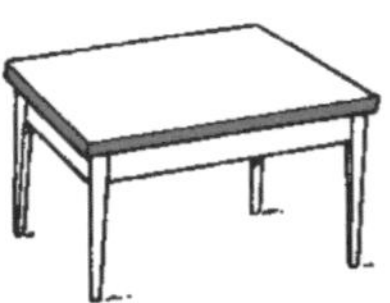

2. Э́то кни́га?
eh-tah knee-gah

____

3. Э́то ру́чка?
eh-tah rooch-kah

____

4. Э́то А́нна Ива́новна?
eh-tah ahn-nah ee-vah-nahv-nah

____

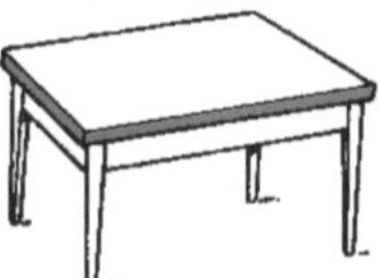

5. Э́то стол?
eh-tah stol

____

6. А э́то стол?
ah eh-tah stol

____

7. Э́то Пол?
eh-tah pol

____

Exercise D

Write out the following words in Russian and check them against the answer key. Remember the stress marks.

1. America
____
2. president
____
3. university
____
4. Coca Cola
____
5. baseball
____
6. vodka
____
7. doctor
____
8. student
____
9. Pepsi Cola
____
10. California
____

Visit www.berlitzpublishing.com for a bonus internet activity—go to the downloads section and connect to the world in Russian!

Lesson

3

ЗНАКО́МСТВО *znah-<u>kom</u>-stvah*
INTRODUCTIONS

Пол	Здра́вствуйте. Я – Пол. А вы кто? *<u>zdrah</u>-stvooy-tyeh. yah pol. ah vih ktoh* Hello. I'm Paul. And who are you?
Ната́лья	А меня́ зову́т Ната́лья Петро́вна Ивано́ва. Я ру́сская. А вы ру́сский? *ah mee-<u>nyah</u> zah-<u>voot</u> nah-<u>tahl'</u>-yah peet-<u>rov</u>-nah ee-vah-<u>noh</u>-vah. yah <u>roos</u>-kah-ya. ah vih <u>roos</u>-keey* And I'm Natalya Petrovna Ivanova. I'm Russian. And are you Russian?
Пол	Я не ру́сский. И не украи́нец, и не белору́с. *yah nyeh <u>roos</u>-keey. ee nyeh oo-krah-<u>ee</u>-neets ee nyeh beh-lah-<u>roos</u>* I'm not Russian. And not a Ukrainian, and not a Belarusian.
Ната́лья	Кто вы по национа́льности? *ktoh vih pah nah-tsih-ah-<u>nahl'</u>-nahs-tee* What nationality are you?

Пол Я америка́нец. Я роди́лся в Сан-Франци́ско. А вы отку́да?
yah ah-mee-ree-kah-neets. yah rah-deel-syah v sahn-frahn-tsihs-kah. ah vih aht-koo-dah
I'm American. I was born in San Francisco. And where do you come from?

Ната́лья Я из Новосиби́рска. А сейча́с я живу́ здесь, в Москве́. Я рабо́таю в ба́нке. А где вы рабо́таете?
yah eez nah-vah-see-beer-skah. ah sey-chahs yah zhih-voo zdyes' v mahs-kvyeh. yah rah-boh-tah-yoo v bahn-kyeh. ah gdyeh vih rah-boh-tah-yeh-tyeh
I'm from Novosibirsk. But now I live here, in Moscow. I work in a bank. And where do you work?

Пол Я? Я не рабо́таю. Я студе́нт. Я учу́ ру́сский язы́к.
yah. yah nyeh rah-boh-tah-yoo. yah stoo-dyent. yah oo-choo roos-keey yah-zihk
Me? I do not work. I'm a student. I am studying Russian.

Ната́лья Зна́чит, я бухга́лтер, а вы студе́нт … А кто э́та же́нщина?
znah-cheet yah boo-gahl-teer ah vih stoo-dyent. ah ktoh eh-tah zhen-shchee-nah
So, I'm an accountant and you're a student…And who is this woman?

Пол Э́то А́нна Ива́новна. Она́ преподава́тель. Она́ белору́ска, из Ми́нска.
eh-tah ahn-nah ee-vah-nahv-nah. ah-nah pree-pah-dah-vah-teel'. ah-nah bee-lah-roos-kah eez meen-skah
This is Anna Ivanovna. She's a teacher. She's Belarusian, from Minsk.
А́нна Ива́новна! Иди́те сюда́!…Э́то А́нна Ива́новна. А́нна Ива́новна, э́то Ната́лья Петро́вна. Она́ рабо́тает в ба́нке.
ahn-nah ee-vah-nahv-nah. ee-dee-tyeh syoo-dah… eh-tah ahn-nah ee-vah-nahv-nah. ahn-nah ee-vah-nahv-nah eh-tah nah-tal'-yah peet-rov-nah. ah-nah rah-boh-tah-yet v bahn-kyeh
Anna Ivanovna! Come here!…This is Anna Ivanovna. Anna Ivanovna, this is Natalya Petrovna. She works in a bank.

Ната́лья О́чень прия́тно.
oh-chen' pree-yaht-nah
Nice to meet you.

GRAMMAR

1. NOUNS: MASCULINE, FEMININE AND NEUTER

Russian nouns are masculine, feminine or neuter. You have already come across some masculine and feminine nouns. The gender of nouns is important, and the adjectives that modify them must "agree" with them. A masculine noun takes the masculine form of an adjective, feminine the feminine form, and so on. For example:

A Russian (male) student = ру́сский студе́нт (*roos-k**eey** stoo-dyent*)
A Russian (female) student = ру́сская студе́нтка (*roos-k**ah-yah** stoo-dyent-kah*)
A new (male) student = но́вый студе́нт (*noh-v**iy** stoo-dyent*)
A new (female) student = но́вая студе́нтка (*noh-v**ah-yah** stoo-dyent-kah*)
A good (male) student = хоро́ший студе́нт (*khah-roh-sh**iy** stoo-dyent*)
A good (female) student = хоро́шая студе́нтка (*khah-roh-sh**ah-yah** stoo-dyent-kah*)

MASCULINE NOUNS

All nouns ending in a consonant in the nominative singular case – the form in which they appear in a dictionary – are masculine.
Here are some masculine nouns, some of which you have already seen:

уро́к *oo-rok* lesson	вопро́с *vahp-ros* question	отве́т *aht-vyet* answer	стол *stol* table
бага́ж *bah-gahzh* luggage	до́ллар *doh-lahr* dollar	това́рищ *tah-vah-reeshch* comrade	англича́нин *ahn-glee-chah-neen* Englishman
дом *dom* house, home	чемода́н *cheeh-mah-dahn* suitcase	америка́нец *ah-mee-ree-kah-neets* American	

All nouns ending in -й in the nominative singular are masculine:

чай *chie* tea	бой *boy* battle	геро́й *gee-roy* hero

Nouns ending in -ь are either masculine or feminine, never neuter. Here are some masculine examples:

слова́рь *slah-vahr'* dictionary	день *dyen'* day	конь *kon'* horse	зверь *zvyer'* beast

FEMININE NOUNS

Most nouns ending in -а or -я are feminine:

вода́ *vah-dah* water	у́лица *oo-lee-tsah* street	шко́ла *shkoh-lah* school	ба́нка *bahn-kah* jar/can/tin
война́ *vie-nah* war	газе́та *gah-zyeh-tah* newspaper	фа́брика *fahb-ree-kah* factory	конфере́нция *kahn-fee-ryen-tsih-yah* conference
земля́ *zeem-lyah* earth/land	пе́сня *pyes-nyah* song	ру́чка *rooch-kah* pen	кни́га *knee-gah* book

The suffixes -ка and -ница denote the feminine form of some words:

студе́нтка *stoo-dyent-kah* student (female)	америка́нка *ah-mee-ree-kahn-kah* American (female)	англича́нка *ahn-glee-chahn-kah* Englishwoman
иностра́нка *ee-nah-strahn-kah* foreigner (female)	украи́нка *oo-krah-een-kah* Ukrainian (female)	учи́тельница *oo-chee-tyel'-nee-tsah* school teacher (female)

Most nouns ending in -сть are feminine:

гла́сность *glahs-nahst'* openness	национа́льность *nah-tsih-ah-nahl'-nahst'* nationality	сто́имость *stoh-ee-mahst'* cost

An important exception is the *masculine noun* гость (*gost'*) guest.

Nouns ending in -жь, -чь, -шь, and -щь are feminine:

рожь	ночь	пу́стошь	вещь
rosh	*noch*	*poos-tahsh*	*vyeshch*
rye	night	neglected land	thing

NEUTER NOUNS

Nouns ending in -е are neuter:

упражне́ние	мо́ре	по́ле	со́лнце
oo-prahzh-nyeh-nee-yeh	*moh-ryeh*	*poh-lyeh*	*son-tseh* (л is not pronounced)
exercise	sea	field	sun

Almost all nouns ending in -о are neuter:

село́	письмо́	вино́	яйцо́	сло́во	де́ло
see-loh	*pees'-moh*	*vee-noh*	*yie-tsoh*	*sloh-vah*	*dyeh-lah*
village	letter	wine	egg	word	affair

A few neuter nouns end in -мя:

вре́мя	и́мя
vryeh-myah	*ee-myah*
time	first name

2. NOUNS: CASES – THE NOMINATIVE

All the nouns given above are in the nominative singular form. In English, nouns have only a singular and plural form:

question questions
language languages

In Russian, nouns have several singular and several plural forms. These forms are called "cases". Here are some examples of the nominative singular and nominative plural:

MASCULINE NOUNS

Nominative Singular	Nominative Plural
университе́т *oo-nee-veer-see-tyet* university	университе́ты *oo-nee-veer-see-tyeh-tih* universities
банк *bahnk* bank	ба́нки *bahn-kee* banks
язы́к *yah-zihk* language	языки́ *yah-zih-kee* languages
стол *stol* table	столы́ *stah-lih* tables
вопро́с *vahp-ros* question	вопро́сы *vahp-roh-sih* questions
отве́т *aht-vyet* answer	отве́ты *aht-vyeh-tih* answers

Masculine nouns ending in a consonant add -ы in the plural. If the final consonant is к, г, х, ж, ч, ш, щ, they add -и.

FEMININE NOUNS

Nominative Singular	Nominative Plural
кни́га *knee-gah* book	книги *knee-gee* books
студе́нтка *stoo-dyent-kah* student	студе́нтки *stoo-dyent-kee* students

америка́нка *ah-mee-ree-kahn-kah* American	америка́нки *ah-mee-ree-kahn-kee* Americans
газе́та *gah-zyeh-tah* newspaper	газе́ты *gah-zyeh-tih* newspapers
шко́ла *shkoh-lah* school	шко́лы *shkoh-lih* schools
война́ *vie-nah* war	во́йны *voy-nih* wars

Feminine nouns ending in -а change the last letter to -ы in the plural. If the last consonant is к, г, х, ж, ч, ш, щ, the ending is -и. Nouns ending in -я or -ь change the last letter to -и.

NEUTER NOUNS

Nominative Singular	**Nominative Plural**
упражне́ние *oo-prahzh-nyeh-nee-yeh* exercise	упражне́ния *oo-prahzh-nye-nee-yah* exercises
по́ле *poh-lyeh* field	поля́ *pah-lyah* fields
мо́ре *moh-ryeh* sea	моря́ *mah-ryah* seas
де́ло *dyeh-lah* affair, business	дела́ *dee-lah* affairs, business, things
окно́ *ahk-noh* window	о́кна *ohk-nah* windows
сло́во *sloh-vah* word	слова́ *slah-vah* words

In the plural, neuter nouns ending in -е change the last letter to -я, and those ending in -о change it to -а. This is also true in the genitive case. Cases will be explained in later lessons.

3. **AGREEMENT OF ADJECTIVES AND NOUNS**

Russian adjectives have a masculine, a feminine and a neuter form. In Russian, an adjective agrees with the noun it modifies. In the dialogue, Natalya said to Paul "Я ру́сская. А вы ру́сский?"
Ру́сск- (roosk-) is the stem of the adjective. -ая (-ah-yah) is a feminine ending because Natalya is female. -ий (eey) is a masculine ending because Paul is male. There is also a neuter ending for ру́сск: -ое (-oh-yeh).
The following adjectives are all in the nominative singular form. Note that there are several different endings. Try to memorize the forms given in the table.

THE NOMINATIVE SINGULAR OF ADJECTIVES

English	**Stem**	**Masculine**	**Feminine**	**Neuter**
new	нов- *nov-*	но́вый *<u>noh</u>-viy*	но́вая *<u>noh</u>-vah-yah*	но́вое *<u>noh</u>-vah-yeh*
pleasant	прия́т- *pree-yaht-*	прия́тный *pree-<u>yaht</u>-niy*	прия́тная *pree-<u>yaht</u>-nah-yah*	прия́тное *pree-<u>yaht</u>-nah-yeh*
Russian	ру́сск- *roosk-*	ру́сский *<u>roos</u>-keey*	ру́сская *<u>roos</u>-kah-yah*	ру́сское *<u>roos</u>-kah-yeh*
good	хоро́ш- *khah-rosh-*	хоро́ший *khah-<u>roh</u>-shiy*	хоро́шая *khah-<u>roh</u>-shah-yah*	хоро́шее *khah-<u>roh</u>-sheh-yeh*
young	молод- *mah-lahd-*	молодо́й *mah-lah-<u>doy</u>*	молода́я *mah-lah-<u>dah</u>-yah*	молодо́е *mah-lah-<u>doh</u>-yeh*

Here are some examples of adjectives modifying nouns in the nominative singular:

ADJECTIVE PLUS MASCULINE NOUN

1. Он мой но́вый студе́нт. He is my new student.
on moy noh-viy stoo-dyent

2. Пол – о́чень прия́тный америка́нец. Paul is a very pleasant American.
pol oh-chen' pree-yaht-niy ah-mee-ree-kah-neets

3. Я преподаю́ ру́сский язы́к. I teach Russian.
yah pree-pah-dah-yoo roos-keey yah-zihk

4. Э́то но́вый ру́сский па́спорт? Is this a new Russian passport?
eh-tah noh-viy roos-keey pahs-pahrt

5. Ива́н Петро́вич – хоро́ший преподава́тель. Ivan Petrovich is a good teacher.
ee-vahn peet-roh-veech khah-roh-shiy pree-pah-dah-vah-tyel'

6. Кто э́тот молодо́й челове́к? Who is this young man?
ktoh eh-taht mah-lah-doy chee-lah-vyek

ADJECTIVE PLUS FEMININE NOUN

1. Она́ моя́ но́вая студе́нтка. She is my new student.
ah-nah mah-yah noh-vah-yah stoo-dyent-kah

2. Она́ о́чень прия́тная америка́нка. She is a very pleasant American.
ah-nah oh-chen' pree-yaht-nah-yah ah-mee-ree-kahn-kah

3. У меня́ но́вая ру́сская книга. I have a new Russian book.
oo mee-nyah noh-vah-yah roos-kah-yah knee-gah

4. Э́то хоро́шая шко́ла. It is a good school.
eh-tah khah-roh-shah-yah shkoh-lah

5. Ната́лья Петро́вна не о́чень молода́я. Natalya Petrovna is not very young.
nah-tahl'-yah peet-rov-nah nyeh oh-chen' mah-lah-dah-yah

6. Молода́я аме́риканка – студе́нтка. The young (female) American is a student.
mah-lah-dah-yah ah-mee-ree-kahn-kah stoo-dyent-kah

ADJECTIVE PLUS NEUTER NOUN

1. Э́то но́вое упражне́ние. It is a new exercise.
eh-tah noh-vah-yeh oo-prahzh-nyeh-nee-yeh

2. У меня́ но́вое де́ло. I have a new business.
oo mee-nyah noh-vah-yeh dyeh-lah

3. Э́то о́чень неприя́тное вре́мя в Москве́. It is a very unpleasant time in Moscow.
eh-tah oh-chen' nyeh-pree-yaht-nah-yeh vryeh-myah v mahs-kvyeh

4. Э́то о́чень прия́тное ме́сто. It is a very pleasant place.
eh-tah oh-chen' pree-yaht-nah-yeh myes-tah

5. Э́то ру́сское сло́во. It is a Russian word.
eh-tah roos-kah-yeh sloh-vah

6. Моё и́мя ру́сское. My first name is Russian.
mah-yoh ee-myah roos-kah-yeh

---

4. **THE POSSESSIVE PRONOUN: MY**

The possesive pronoun мо́й also changes its form to agree with the gender of the noun it modifies.

Masculine: мой: мо́й оте́ц (*moy ah-tyets*) my father
Feminine: моя́: моя́ мать (*mah-yah maht'*) my mother
Neuter: моё: моё де́ло (*mah-yoh dyeh-lah*) my business

---

5. **PERSONAL PRONOUNS**

You already know the Russian for "I" – я (*yah*), "you (formal)", – ты (*tih*), "he" – он (*on*), "she" – она́ (*ah-nah*), and "you (informal)" – вы (*vih*). The Russian for "we" is мы (*mih*), and for "they" is они́ (*ah-nee*). Here are some short sentences giving people's occupations:

Я врач. I am a doctor.
yah vrahch

Ты студе́нт. You are a student.
tih stoo-dyent

Вы пило́т? Are you a pilot?
vih pee-lot

Он продаве́ц. He is a salesman.
on prah-dah-vyets

Она́ бухга́лтер. She is an accountant.
ah-nah boo-gahl-teer

Мы врачи́. We are doctors.
mih vrah-chee

Вы пило́ты. You are pilots.
vih pee-loh-tih

Они́ студе́нты. They are students. (either all male, or mixed male and female)
ah-nee stoo-dyen-tih

Они́ студе́нтки. They are students. (all female)
ah-nee stoo-dyent-kee

Note that you have learned two words for "doctor": до́ктор and врач. The word врач is used when talking about medical doctors: "I must see a doctor". The word до́ктор is used as a form of address, as in: "Doctor, I have a pain in my leg". It is also used, as in English, to address someone with an advanced degree.

PERSONAL PRONOUNS: NEUTER FORMS ОНО́ (*ah-noh*) **IT,** ОНИ́ (*ah-nee*) **THEY**

In English, we usually refer to a place or an object using the neutral word "it". Russian is more specific: a single masculine object is referred to as он (*on*), a single feminine object as она́ (*ah-nah*), and a single neuter object as оно́ (*ah-noh*). Two or more objects – masculine, feminine, neuter, or a mixture of genders – are referred to as они́ (*ah-nee*). Here are some questions and answers that illustrate this: где? (*gdyeh*) = Where?

1. Где па́спорт? Он на столе́. Where is the passport? It is on the table.
gdyeh pahs-pahrt. on nah stah-lyeh

2. Где кни́га? Она́ на столе́. Where is the book? It is on the table.
gdyeh knee-gah. ah-nah nah stah-lyeh

3. Где письмо́? Оно́ на столе́. Where is the letter? It is on the table.
gdyeh pees'-moh. ah-noh nah stah-lyeh

4. Где па́спорт, кни́га и письмо́? Они́ на столе́. Where are the passport, book and letter? They are on the table.
gdyeh pahs-pahrt knee-gah ee pees'-moh. ah-nee nah stah-lyeh

---

6. NUMBERS 21–30

21 два́дцать оди́н *dvah-tsaht' ah-deen*	22 два́дцать два *dvah-tsaht' dvah*	23 два́дцать три *dvah-tsaht' tree*
24 два́дцать четы́ре *dvah-tsaht' chee-tih-ryeh*	25 два́дцать пять *dvah-tsaht' pyaht'*	26 два́дцать шесть *dvah-tsaht' shest'*
27 два́дцать семь *dvah-tsaht' syem'*	28 два́дцать во́семь *dvah-tsaht' voh-seem'*	29 два́дцать де́вять *dvah-tsaht' dyeh-vyat'*
30 три́дцать *treet-tsaht'*		

SOME USEFUL EXPRESSIONS

Я америка́нец. I'm American (male).
yah ah-mee-ree-kah-neets

Я америка́нка. I'm American (female).
yah ah-mee-ree-kahn-kah

Я живу́ в Вашингто́не. I live in Washington.
yah zhih-voo v vah-shihng-toh-nyeh

Где вы живёте? Where do you live?
gdyeh vih zhih-vyoh-tyeh

Где вы рабо́таете? Where do you work?
gdyeh vih rah-boh-tah-yeh-tyeh

Я рабо́таю в Филаде́льфии. I work in Philadelphia.
yah rah-boh-tah-yoo f fee-lah-del'-fee-ee

VOCABULARY

♂ = masculine, ♀ = feminine, *n.* = neuter
знако́мство (*znah-kom-stvah*) introductions
Кто? (*ktoh*) Who?
Меня́ зову́т… (*mee-nyah zah-voot…*) My name is…
ру́сский♂/ру́сская♀/ру́сское *n.* (*roos-keey♂/roos-kah-yah♀/roos-kah-yeh n.*) Russian
украйнец♂/украйнка♀ (*oo-krah-ee-neets♂/oo-krah-een-kah♀*) a Ukrainian
по (*pah*) on, by
национа́льность♀ (*nah-tsih-ah-nahl'-nahst'♀*) nationality
кто вы по национа́льности? (*ktoh vih pahnah-tsih-ah-nahl'-nahs-tee*) What is your nationality?
белору́с♂/белору́ска♀ (*bee-lah-roos♂/bee-lah-roos-kah♀*) a Belarusian
Я роди́лся в Ми́нске (*yah rah-deel-syah v meen-skyeh*) I was born in Minsk.
Отку́да? (*aht-koo-dah*) Where are you from?
из (*eez*) from, out of
сейча́с (*seey-chahs*) now
Я живу́ в… (*yah zhih-voo v…*) I live in…
здесь (*zdyes'*) here
банк (*bahnk*) bank
Я рабо́таю в ба́нке. (*yah rah-boh-tah-yoo v bahn-kyeh*) I work in a bank.

Где? (*gdyeh*) Where?
университе́т (*oo-nee-vyer-see-<u>tyet</u>*) university
Я преподаю́ (*yah pree-pah-dah-<u>yoo</u>*) I teach
язы́к (*yah-<u>zihk</u>*) language, tongue
зна́чит (*<u>znah</u>-cheet*) it means, so
бухга́лтер (♂ or ♀) (*boo-<u>gahl</u>-teer*) accountant
преподава́тель (*pree-pah-dah-<u>vah</u>-tyel'*) teacher
же́нщина (*<u>zhen</u>-shchee-nah*) a woman
мой♂/моя́♀/моё *n.* (*moy♂/mah-<u>yah</u>♀/mah-<u>yoh</u> n.*) my
но́вый♂/но́вая♀/но́вое *n.* (*<u>noh</u>-viy♂/<u>noh</u>-vah-yah♀/<u>noh</u>-vah-yeh n.*) new
он♂/она́♀у́чит... (*on/ah-<u>nah</u> oo-cheet...*) he, she teaches...
англи́йский♂/англи́йская♀/англи́йское *n.* (*ahn-<u>gleey</u>-skeey♂/ ahn-<u>gleey</u>-skah-yah♀/ahn-<u>gleey</u>-skah-yeh n.*) English
францу́зский♂/францу́зская♀/францу́зское *n.* (*frahn-<u>tsoos</u>-keey♂/ frahn-<u>tsoos</u>-kah-yah♀/frahn-<u>tsoos</u>-kah-yeh n.*) French
коне́чно (*kah-<u>nyesh</u>-nah*) of course
иди́те сюда́ (*ee-<u>dee</u>-tyeh syoo-<u>dah</u>*) come here
он♂ /она́♀рабо́тает (*on♂/ah-<u>nah</u>♀ rah-<u>boh</u>-tah-yet*) he/she works
о́чень (*<u>oh</u>-chen'*) very
прия́тно (*pree-<u>yaht</u>-nah*) pleasant
рад♂/ра́да♀ (*raht♂/<u>rah</u>-dah♀*) pleased
познако́миться (*pah-znah-<u>koh</u>-mee-tsah*) to meet, to get to know someone
с ва́ми (*s <u>vah</u>-mee*) with you
чи́сла (*<u>chees</u>-lah*) numbers
бага́ж (*bah-<u>gahsh</u>*) baggage
до́ллар (*<u>doh</u>-lahr*) dollar
америка́нец♂/америка́нка♀ (*ah-mee-ree-<u>kah</u>-neets♂/ah-mee-ree-<u>kahn</u>-kah♀*) an American
англича́нин♂/англича́нка♀ (*ahn-glee-<u>chah</u>-neen♂/ahn-glee-<u>chahn</u>-kah♀*) Englishman/Englishwoman
дом (*dom*) house
чемода́н (*chee-mah-<u>dahn</u>*) suitcase
това́рищ (♂ or ♀) (*tah-<u>vah</u>-reeshch*) comrade
чай (*chie*) tea
бой (*boy*) battle
геро́й (*gee-<u>roy</u>*) hero
слова́рь (*slah-<u>vahr'</u>*) dictionary
день (*dyen'*) day
гость (*gost'*) guest
вода́ (*vah-<u>dah</u>*) water
у́лица (*<u>oo</u>-lee-tsah*) street
шко́ла (*<u>shkoh</u>-lah*) school
ба́нка (*<u>bahn</u>-kah*) jar, can, tin
война́ (*vie-<u>nah</u>*) war

газéта (*gah-zyeh-tah*) newspaper
фáбрика (*fahb-ree-kah*) factory
пéсня (*pyes-nyah*) song
студéнт♂/студéнтка♀ (*stoo-dyent*♂/*stoo-dyent-kah*♀) student
инострáнец♂/инострáнка♀ (*ee-nah-strahn-neets*♂/*ee-nah-strahn-kah*♀) foreigner
землЯ́ (*zeem-lyah*) earth, land
конферéнция (*kahn-fee-ryen-tsih-yah*) conference
глáсность (*glahs-nahst'*) openness
стóимость (*stoh-ee-mahst'*) cost, value
вещь (*vyeshch*) thing
письмó (*pees'-moh*) letter
сóлнце (*son-tseh*) sun
дéло (*dyeh-lah*) affair, work, business
селó (*see-loh*) village
винó (*vee-noh*) wine
яйцó (*yie-tsoh*) egg
слóво (*sloh-vah*) word
врéмя (*vryeh-myah*) time
упражнéние (*oo-prahzh-nyeh-nee-yeh*) exercise
мóре (*moh-ryeh*) sea
пóле (*poh-lyeh*) field
и́мя (*ee-myah*) first name
мы (*mih*) we
они́ (*ah-nee*) they
пилóт (*pee-lot*) pilot
хорóший♂/хорóшая♀/хорóшее *n.* (*kha-roh-shiy*♂/*kha-roh-shah-yah*♀/*kha-roh-sheh-yeh n.*) good
молодóй♂/молодая♀/молодое *n.* (*mah-lah-doy*♂/*mah-lah-dah-yah*♀/*mah-lah-doh-yeh n.*) young

EXERCISES

Exercise A

Translation. Here are some more words that are similar to their English counterparts. Translate and transliterate them, then check your answers against the answer key.

1. спорт ________
2. фильм ________
3. такси́ ________
4. телефо́н ________
5. центр ________
6. автомоби́ль ________
7. футбо́л ________
8. царь ________
9. экску́рсия ________
10. теа́тр ________
11. а́йсберг ________
12. а́втор ________

Exercise B

Are you from…? Reply to the following questions in the negative. For example:

Вы из Новосиби́рска? Are you from Novosibirsk?
vih eez nah-vah-see-<u>beer</u>-skah

You reply:
Нет, я не из Новосиби́рска. No, I'm not from Novosibirsk.
nyet yah nyeh eez nah-vah-see-<u>beer</u>-skah

Note how the endings of the words change after из. Минск – из Минск<u>а</u>.

1. Вы из Ло́ндон<u>а</u>?
____
2. Он из Новосиби́рск<u>а</u>?
____
3. Она́ из Москв<u>ы́</u>?
____
4. Они́ из Аме́рик<u>и</u>?
____
5. Вы из А́нгли<u>и</u>?
____
6. Он из Берли́н<u>а</u>?
____

7. Онá из Сан-Франци́ско? (no change from the nominative).

___

8. Они́ из Нью-Йóрка?

___

Exercise C

Are you a …? Give a positive reply to these questions.
For example:

Он врач? Is he a doctor?
on vrahch

You reply:
Да, он врач. Yes, he's a doctor.
dah on vrahch

Note the changes in endings in the plural. Он врач – они́ врачи́.

1. Вы профéссор?

___

2. Он бухгáлтер?

___

3. Онá студéнтка?

___

4. Они́ врачи́?

___

5. Вы преподавáтель?

___

6. Он пилóт?

___

7. Онá преподавáтель?

___

8. Они́ пилóты?

___

Exercise D

Agreement of adjectives and nouns. Remember, adjectives take the gender of the noun. Tick А (*ah*), Б (*beh*) or В (*veh*) as appropriate.

большóй big *bahl'-<u>shoy</u>*   мáленький small *<u>mah</u>-leen'-keey*

1.	Пол	А: молодóй	Б: молодáя	В: молодóе
2.	Натáлья	А: рýсский	Б: рýсская	В: рýсское
3.	кни́га	А: нóвый	Б: нóвая	В: нóвое
4.	стол	А: большóй	Б: большáя	В: большóе
5.	селó	А: мáленький	Б: мáленькая	В: мáленькое
6.	мóре	А: большóй	Б: большáя	В: большóе
7.	чемодáн	А: нóвый	Б: нóвая	В: нóвое
8.	упражнéние	А: хорóший	Б: хорóшая	В: хорóшее

Exercise E

Translate the following sentences into English.

1. Я óчень рад (рáда) познакóмиться с вáми.

   ____

2. Натáлья Ивáновна рабóтает в банк.

   ____

3. Пол живёт в Москвé, но он роди́лся в Сан-Франци́ско.

   ____

4. Áнна Ивáновна не бухгáлтер. Онá преподаёт в университéте.

   ____

5. Он не из Москвы́, но он рабóтает в Москвé.

   ____

6. Я рабóтаю в Амéрике.

   ____

7. Áнна не америкáнка и не рýсская. Онá белорýска.

   ____

8. Онá рýсская и́ли америкáнка?

   ____

9. Э́та кни́га на рýсском и́ли на англи́йском языкé?

   ____

Exercise F

True or false? Here are some statements based on the dialogue. Check your answers against the answer key.

1. Ната́лья Петро́вна ру́сская.
   nah-tahl'-yah peet-rov-nah roos-kah-yah
2. А́нна Ива́новна ру́сская.
   ahn-nah ee-vah-nov-nah roos-kah-yah
3. Пол студе́нт.
   pol stoo-dyent
4. Ната́лья Петро́вна рабо́тает в университе́те.
   nah-tahl'-yah peet-rov-nah rah-boh-tah-yet v oo-nee-veer-see-tyeh-tyeh
5. Пол рабо́тает в ба́нке.
   pol rah-boh-tah-yet v bahn-kyeh
6. Ната́лья Петро́вна бухга́лтер.
   nah-tahl'-yah peet-rov-nah boo-gahl-teer
7. А́нна Ива́новна преподава́тель.
   ahn-nah ee-vah-nov-nah pree-pah-dah-vah-tyel'
8. Она преподаёт ру́сский язы́к.
   ah-nah pree-pah-dah-yot roos-keey yah-zihk
9. Пол у́чит англи́йский язы́к.
   pol oo-cheet ahn-gleey-skeey yah-zihk
10. Вы у́чите ру́сский язы́к.
    vih oo-chee-tyeh roos-keey yah-zihk

Visit www.berlitzpublishing.com for a bonus internet activity—go to the downloads section and connect to the world in Russian!

Lesson

4

НАТА́ЛЬЯ Е́ДЕТ В КОМАНДИРО́ВКУ

nah-tahl'-yah yeh-deet f kah-mahn-dee-rof-koo

NATALYA GOES ON A BUSINESS TRIP

Anna Ivanovna Smirnova tells you a little about herself and Natalya Petrovna, and Natalya has a conversation with Paul:

А́нна Как вы зна́ете, я белору́ска. Я живу́ и рабо́таю в Москве́. Я о́чень люблю́ Москву́. Но я люблю́ и Минск, где живу́т мой оте́ц и моя́ мать.
kahk vih znah-yeh-tyeh yah beeh-lah-roos-kah. yah zhih-voo ee rah-boh-tah-yoo v mahs-kvyeh. yah oh-chen' lyoob-lyoo mahs-kvoo. noh yah lyoob-lyoo ee meensk gdyeh zhih-voot moy ah-tyets ee mah-yah maht'
As you know, I am Belarusian. I live and work in Moscow. I like Moscow very much. But I like Minsk too, where my father and my mother live.

Вы та́кже зна́ете, что Ната́лья Петро́вна из Новосиби́рска. Но сейча́с она́ живёт в Москве́. У неё своя́ отде́льная кварти́ра. Ей нра́вится жить в Москве́. Она́ рабо́тает в ба́нке. Она́ о́чень лю́бит свою́ рабо́ту.
vih tahk-zheh znah-yeh-tyeh shtoh nah-tahl'-yah peet-rov-nah eez nah-vah-see-beer-skah. noh sey-chahs ah-nah zhih-vyot v mahs-kvyeh. oo nee-yoh svah-yah aht-dyel'-nah-yah kvahr-tee-rah. yey nrah-vee-tsah zhiht' v mahs-kvyeh. ah-nah rah-boh-tah-yet v bahn-kyeh. ah-nah oh-chen' lyoo-beet svah-yoo rah-boh-too
You also know that Natalya Petrovna is from Novosibirsk. But now she lives in Moscow. She has her own separate apartment. She likes to live in Moscow. She works in a bank. She likes her work very much.

Сего́дня она́ е́дет в командиро́вку в Санкт-Петербу́рг. Сейча́с она́ говори́т с По́лом…
see-vod-nyah ah-nah yeh-deet f kah-mahn-dee-rof-koo f sahnkt-pee-teer-boork. sey-chahs ah-nah gah-vah-reet s poh-lahm…
Today she is going on a business trip to St. Petersburg. Just now she is talking with Paul…

Пол — Как вы е́дете в Санкт-Петербу́рг?
kahk vih yeh-dee-tyeh f sahnkt-pee-teer-boork
How are you going to St. Petersburg?

Ната́лья — Я лечу́ туда́ на самолёте, а возвраща́юсь на по́езде.
yah lee-choo too-dah nah sah-mah-lyoh-tyeh ah vahz-vrah-shchah-yoos' nah poh-eez-dyeh
I am flying there by plane, but I'm returning by train.

Пол — У вас есть биле́т на самолёт?
oo vahs yest' bee-lyet nah sah-mah-lyot
Do you have a ticket for the plane?

Ната́лья — Да. У меня́ есть биле́т на самолёт и обра́тный биле́т на по́езд.
dah. oo mee-nyah yest' bee-lyet nah sah-mah-lyot ee ahb-raht-niy bee-lyet nah poh-eest
Yes. I have a plane ticket, and a return ticket on the train.

Пол — Вы до́лго бу́дете в Санкт-Петербу́рге?
vih dol-gah boo-dee-tyeh f sahnkt-pee-teer-boor-gyeh
Will you be long in St. Petersburg?

Ната́лья — Я бу́ду там три дня. У меня́ там мно́го дел.
yah boo-doo tahm tree dnyah. oo mee-nyah tahm mnoh-gah dyel
I will be there three days. I have a lot of things to do there.

Пол Вы ча́сто туда́ е́здите?
vih chahs-tah too-dah yez-dee-tyeh
Do you often go there?

Ната́лья Да, дово́льно ча́сто. Я там быва́ю три-четы́ре дня ка́ждый ме́сяц.
dah dah-vol'-nah chahs-tah. yah tahm bih-vah-yoo tree-chee-tih-ryeh dnyah kahzh-diy myeh-syahts.
Yes, fairly often. I am there three to four days every month.

Пол Я о́чень хочу́ побыва́ть в Санкт-Петербу́рге.
yah oh-chen' khah-choo pah-bih-vaht'f sahnkt-pee-teer-boor-gyeh
I really want to spend some time in St. Petersburg.

Говоря́т, э́то о́чень интере́сный и краси́вый го́род.
gah-vah-ryaht eh-tah oh-chen' een-tee-ryes-niy ee krah-see-viy goh-raht
They say that it's a very interesting and beautiful city.

Ната́лья Да, э́то пра́вда. Но у меня́ никогда́ нет вре́мени там гуля́ть.
dah eh-tah prahv-dah. noh oo mee-nyah nee-kahg-dah nyet vryeh-myeh-nee tahm goo-lyaht'
Yes, that's true. But I never have time to wander around there.

Пол А почему́?
ah pah-chee-moo
But why?

Ната́лья Потому́ что у меня́ мно́го рабо́ты.
pah-tah-moo shtah oo mee-nyah mnoh-gah rah-boh-tih
Because I have a lot of work.

Пол Когда́ улета́ет ваш самолёт?
kahg-dah oo-lyeh-tah-yet vahsh sah-mah-lyot
When does your plane leave?

Ната́лья Че́рез четы́ре часа́. Из аэропо́рта Шереме́тьево-1.
cheh-ryes chee-tih-ryeh chah-sah. eez ah-eh-rah-por-tah sheh-ree-myet'-yeh-vah ah-deen
In four hours. From Sheryemyetyevo 1 Airport.

Пол И как вы туда́ е́дете?
ee kahk vih too-dah yeh-dee-tyeh
And how are you getting there?

Натáлья Обы́чно я идý к автóбусной останóвке и éду в аэропóрт на автóбусе. Но сегóдня я éду на такси́.
ah-bihch-nah yah ee-doo k ahf-toh-boos-nie ahs-tah-nof-kyeh ee yeh-doo v ah-eh-rah-port nah ahf-toh-boo-syeh. noh see-vod-nyah yah yeh-doo nah tahk-see
Usually I walk to the bus stop and go to the airport by bus. But today I am going by taxi.

Пол Я поéду с вáми, éсли хоти́те. Я хочý помóчь вам нести́ вáши чемодáны.
yah pah-yeh-doo s vah-mee yes-lee khah-tee-tyeh. yah khah-choo pah-moch vahm nees-tee vah-shih chee-mah-dah-nih
I will go with you, if you like. I want to help you carry your suitcases.

Натáлья Большóе спаси́бо, но у меня́ тóлько оди́н чемодáнчик, и он не тяжёлый. Он óчень лёгкий. Но проводи́ть меня́ за компáнию – пожáлуйста.
bahl'-shoh-yeh spah-see-bah noh oo mee-nyah tol'-kah ah-deen chee-mah-dahn-cheek ee on nyeh tyah-zhoh-liy. on oh-chen' lyokh-keey. noh prah-vah-deet'mee-nyah zah kahm-pah-nee-yoo. pah-zhahl-stah
Thanks a lot, but I have only one little suitcase, and it is not heavy. It is very light. But please come with me for the company.

Пол Да. С удовóльствием.
dah. s oo-dah-vol'-stvee-yem
Yes. With pleasure.

CAPITAL LETTERS IN RUSSIAN

As you have seen, the use of capital letters in Russian is not always the same as in English. Compare the Russian and English use of capitals in the two sentences which follow:

А я А́нна Ивáновна Смирнóва.
And I am Anna Ivanovna Smirnova.

Я белорýска, но я живý в Москвé.
I am a Belarusian, but I live in Moscow.

Although in English "I" is always a capital letter, я is only capitalized Я at the beginning of a sentence.
In English, the adjective forms of country names and nouns denoting nationality are capitalized, but not in Russian (Russian language, рýсский язы́к/Belarusian, белорýска). Proper nouns, as in English, are capitalized: А́нна, Москвá.

GRAMMAR

1. THE INFINITIVE OF VERBS

The infinitive (the "to…" form: "to work", "to live", etc.) of most Russian verbs ends in -ть. For example:

рабо́тать (*rah-boh-taht'*) to work	жить (*zhiht'*) to live
люби́ть (*lyoo-beet'*) to love/to like	говори́ть (*gah-vah-reet'*) to speak

Note that the "t" in ть is made soft by the soft sign that follows it, and is pronounced similarly to the "t" in "steer".
Some verbs do not end in -ть, for example, идти́ (*eet-tee*), "to go" (on foot). This verb will be introduced later in the lesson.

2. THE PRESENT TENSE

Just as different subjects take different verb forms in English (e.g., "I go", "he goes"), Russian verbs also change forms. Here are the infinitives of the verbs *to work, to live, to love/like* and *to speak*. Note the different endings.

рабо́тать	жить	люби́ть	говори́ть
rah-boh-taht'	*zhiht'*	*lyoo-beet'*	*gah-vah-reet'*
to work	to live	to love/like	to speak

Most Russian verbs end in -ю in the first person singular: я люблю.
Sometimes the ending is -у: я живу, я иду, but the first person singular (я …) *always* ends in -ю after a vowel: я рабо́таю.

я	рабо́таю	живу́	люблю́	говорю́
yah	*rah-boh-tah-yoo*	*zhih-voo*	*lyoob-lyoo*	*gah-vah-ryoo*
I	work	live	love/like	speak

The second person singular endings are -ешь, -ёшь or -ишь:

ты	рабóтаешь	живёшь	лю́бишь	говори́шь
tih	*rah-boh-tah-yesh*	*zhih-vyosh*	*lyoo-beesh*	*gah-vah-reesh*
you	work	live	love/like	speak

The third person singular ending is -ет, -ёт or -ит:

он *on* he				
онá *ah-nah* she	рабóтает *rah-boh-tah-yet* works	живёт *zhih-vyot* lives	лю́бит *lyoo-beet* loves/likes	говори́т *gah-vah-reet* speaks
онó *ano* it				

The first person plural endings are -ем, -ём or -им:

мы	рабóтаем	живём	лю́бим	говори́м
mih	*rah-boh-tah-yem*	*zhih-vyom*	*lyoo-beem*	*gah-vah-reem*
we	work	live	love/like	speak

The second person plural endings are -ете, -ёте or -ите:

вы	рабóтаете	живёте	лю́бите	говори́те
vih	*rah-boh-tah-yeh-tyeh*	*zhih-vyoh-tyeh*	*lyoo-bee-tyeh*	*gah-vah-ree-tyeh*
you	work	live	love/like	speak

The third person plural endings are -ют, -ут or -ят:

они́	рабóтают	живу́т	лю́бят	говоря́т
ah-nee	*rah-boh-tah-yoot*	*zhih-voot*	*lyoo-byaht*	*gah-vah-ryaht*
they	work	live	love/like	speak

The present tense in Russian is the same as the English present tense (I work) and present continuous (I am working). Like English, it can also indicate action in the future:

За́втра я рабо́таю в библиоте́ке.
zahf-trah yah rah-boh-tah-yoo v bee-blee-ah-tyeh-kyeh
Tomorrow I am working (will work) in the library.

Here are some examples:

present	Я рабо́таю в Москве́. *yah rah-boh-tah-yoo v mahs-kvyeh* I work in Moscow.
present continuous	Сейча́с он живёт в Ми́нске. *sey-chahs on zhih-vyot v meen-skyeh* He is currently living in Minsk.
future meaning	За́втра она́ е́дет в Москву́. *zahf-trah ah-nah yeh-dyet v mahs-kvoo* Tomorrow she is going to Moscow.

---

3. **VERBS OF MOTION**

Russian has two distinct verbs for the English "to go" – to go *on foot* and to go *by transport.*
In the dialogue, Paul asks Natalya how she is going to the airport: И как вы туда́ е́дете?
She replies that she usually goes on foot (я иду́) to the bus stop, but that today she is going (я е́ду) by taxi. These are two different verbs. я иду́ means "I am going on foot". я е́ду means "I am going" on some form of transport.

TO GO ON FOOT

идти To go on foot:
eet-tee

Я иду́. I'm going.
yah ee-doo

To go on foot to a specific destination:

Я иду́ домо́й. I'm going home
yah ee-doo dah-moy

It can also have a future meaning:

Я иду́ домо́й че́рез час. I am going home in an hour.
yah ee-doo dah-moy chyeh-rees chahs

ходи́ть To go on foot frequently or habitually.
khah-deet'

Я ча́сто хожу́ в теа́тр. I often go to the theater.
yah chahs-tah khah-zhoo f tee-ahtr

TO GO BY TRANSPORT

е́хать To be going by transport:
yeh-khat'

Я е́ду. I'm going. (*not* on foot)
yah yeh-doo

To be going to a specified place:

Я е́ду домо́й. I am going home. (*not* on foot)
yah yeh-doo dah-moy

It can also have a future meaning:

Я е́ду домо́й че́рез час. I'm going home in an hour. (*not* on foot)
yah yeh-doo dah-moy chyeh-rees chahs

е́здить To go frequently or habitually by some means of transport:
yez-deet'

Он ча́сто е́здит в Москву́. He often goes (travels) to Moscow.
on chahs-tah yez-deet v mahs-kvoo

TO FLY

лете́ть To be flying, to be flying to a specific destination:
lee-tyet'

Она́ лети́т в Минск. She is flying to Minsk.
ah-nah lee-teet v meensk

It can also have a future meaning:

Он лети́т в Москву́ че́рез час. He is flying to Moscow in an hour.
on lee-teet v mahs-kvoo chyeh-rees chahs

лета́ть To fly frequently or habitually:
lee-taht'

Она́ ча́сто лета́ет в Москву́. She often flies to Moscow.
ah-nah chahs-tah lee-tah-yet v mahs-kvoo

4. THE PRESENT TENSE OF VERBS OF MOTION

These are frequently used verbs. It is worthwhile to memorize them.

	ИДТИ́ to go (once) *eet-tee*	ÉХАТЬ to go (once) *yeh-khat'*	ЛЕТÉТЬ to fly (once) *lee-tyet'*
я	иду́ *ee-doo*	éду *yeh-doo*	лечу́ *lee-choo*
ты	идёшь *ee-dyosh*	éдешь *yeh-dyesh*	лети́шь *lee-teesh*
он она́ оно́	идёт *ee-dyot*	éдет *yeh-dyet*	лети́т *lee-teet*
мы	идём *ee-dyom*	éдем *yeh-dyem*	лети́м *lee-teem*
вы	идёте *ee-dyoh-tye*	éдете *yeh-dee-tyeh*	лети́те *lee-tee-tyeh*
они́	иду́т *ee-doot*	éдут *yeh-doot*	летя́т *lee-tyaht*

	ХОДИ́ТЬ to go (habitually) *khah-deet'*	ÉЗДИТЬ to go (habitually) *yez-deet'*	ЛЕТА́ТЬ to fly (habitually) *lee-taht'*
я	хожу́ *khah-zhoo*	éзжу *yezh-zhoo*	лета́ю *lee-tah-yoo*
ты	хо́дишь *khoh-deesh*	éздишь *yez-deesh*	лета́ешь *lee-tah-yesh*
он она́ оно́	хо́дит *khoh-deet*	éздит *yez-deet*	лета́ет *lee-tah-yet*
мы	хо́дим *khoh-deem*	éздим *yez-deem*	лета́ем *lee-tah-yem*
вы	хо́дите *khoh-dee-tyeh*	éздите *yez-dee-tyeh*	лета́ете *lee-tah-yeh-teh*
они	хо́дят *khoh-dyat*	éздят *yez-dyat*	лета́ют *lee-tah-yoot*

5. **PREPOSITIONS**

Here are some common Russian prepositions. Each can have several meanings in English, depending on the context in which they are used. Some of the most common meanings are given below, with examples. Note that the form of the noun following a preposition changes from the nominative case – the case in which it is given in a dictionary. These changes are explained in the next section.

ДО to, up to, as far as, until, before:
До Москвы́ 30 киломе́тров. It is 30 kilometers to Moscow.
dah mahs-kvih tree-tsaht' kee-lah-myet-rahf
До за́втра! See you tomorrow!
dah zahf-trah (за́втра = tomorrow)
До свида́ния! Goodbye! (свида́ние = meeting)
dah svee-dah-nee-yah

НА on, onto, in, to, by, for, during:
на у́лице on the street, outside (у́лица = street)
nah oo-lee-tseh
на по́езде on the train, by train (по́езд = train)
nah poh-eez-dyeh
биле́т на по́езд a train ticket
bee-lyet nah poh-eest
Они́ живу́т на Кавка́зе. They live in the Caucasus.
ah-nee zhih-voot nah kahf-kah-zyeh (Кавка́з = Caucasus)
по́езд на Кавка́з a train to the Caucasus
poh-eest nah kahf-kahs
на неде́лю for a week (неде́ля = week)
nah nee-dyeh-lyoo

У at, (can indicate possession), by:
у окна́ at/by the window (окно́ = window)
oo ahk-nah
Она́ у Ива́на. She's at Ivan's.
ah-nah oo ee-vah-nah
У меня́ биле́т на самолёт. I have a plane ticket.
oo mee-nyah bee-lyet nah sah-mah-lyot

ПО along, by, on, in, in a language
идти́ по у́лице to walk along/down the street
eet-tee pah oo-lee-tsyeh
по телефо́ну by phone (телефо́н = telephone)
pah tee-lee-foh-noo
кни́га по матема́тике a book on math (матема́тика = math)
knee-gah pah mah-tee-mah-tee-kyeh
по-америка́нски in the American way
pah ah-mee-ree-kahn-skee
она́ говори́т по-англи́йски she speaks English
ah-nah gah-vah-reet pah ahn-gleey-skee

в in, to, at,
в Москвé in Moscow
v mahs-kvyeh
в Москвý to Moscow
v mahs-kvoo
в 2 часá at 2 o'clock (час = hour)
v dvah chah-sah

с from, and/with (sometimes со before a consonant: со мной = with me).
с мóря from the sea (мóре = sea)
s moh-ryah
с утрá до нóчи from morning to night (ýтро = morning)
s oot-rah dah noh-chee (ночь = night)
два с половúной two and a half (половúна = half)
dvah s pah-lah-vee-nie
идúте со мнóй go with me
ee-dee-tyeh sah mnoy

из from, out of, of
Онú из Мúнска. They are from Minsk.
ah-nee eez meens-kah
из уважéния out of respect (уважéние = respect)
eez oo-vah-zheh-nee-yah
букéт из роз bouquet of roses (рóза a rose)
boo-kyet eez ros

к to, towards, by, for,
éхать к брáту to go to see one's brother
(брат = brother)
yeh-khat' k brah-too
к утрý towards/by morning (ýтро = morning)
k oot-roo
к вéчеру towards/by evening (вéчер = evening)
k vyeh-chee-roo
ходúть от дóма к дóму to go from house to house
khah-deet'aht doh-mah k doh-moo

о about, on,
кнúга о Москвé a book about Moscow
knee-gah ah mahs-kvyeh
О чём вы говорúте? What are you talking about? (чём = что? = what?)
ah chyom vih gah-vah-ree-tyeh

---

6. THE SIX CASES OF NOUNS IN THE SINGULAR

When nouns follow prepositions, they change their endings from the nominative form and are "declined" (put into cases). There are six of these cases in both the singular and the plural. In Russian, case endings (the endings tacked onto the noun stem) can serve the same sorts of functions prepositions serve. A good example of this is:

Письмó напи́сано преподава́телем. The letter was written by the teacher.
pees'-moh nah-pee-sah-noh pree-pah-dah-vah-tee-lyem

The nominative form of "teacher" is преподава́тель. The -ем ending on преподава́телем expresses the concept of "by": by the teacher. There are many examples of such constructions in this course where the preposition is expressed through in the noun ending.

Here are some examples of the singular forms of nouns in the six cases:

NOMINATIVE

masculine	**feminine**	**neuter**
стол table *stol*	Москва́ Moscow *mahs-kvah*	мóре sea *moh-ryeh*

The nominative is mainly used for the subject of a sentence:

Стол большóй. The table is big.
stol bahl'-shoy

Москва́ большóй гóрод. Moscow is a big city.
mahs-kvah bahl'-shoy goh-raht

The nominative is used for a *predicative noun*:

Ната́лья бухга́лтер. Natalya is an accountant.
nah-tahl'-yah boo-gahl-teer

А́нна преподава́тельница. Anna is a teacher.
ahn-nah pree-pah-dah-vah-teel'-nee-tsa

The nominative is also used in forms of address:

Пол! Иди́те сюда́! Paul! Come here!
pol. ee-dee-tye syoo-dah

ACCUSATIVE

masculine	**feminine**	**neuter**
стол *stol*	Москвý *mahs-kvoo*	мóре *moh-ryeh*

Without a preposition, the accusative is used for the *direct object* of an action or feeling:

Я не óчень люблю́ Москву́. I don't like Moscow very much.
yah nyeh oh-chen' lyoob-lyoo mahs-kvoo

Я óчень люблю́ Минск. I like Minsk a lot.
yah oh-chen' lyoob-lyoo meensk

Where в and на are used to indicate motion, nouns also take the accusative:

Сегóдня онá éдет в Москву́. Today she is going to Moscow.
see-vod-nyah ah-nah yeh-dyet v mahs-kvoo

А́нна éдет в Минск. Anna is going to Minsk.
ahn-nah yeh-dyet v meensk

Они́ éдут нá море. They are going to the sea/coast.
ah-nee yeh-doot nah moh-ryeh

GENITIVE

masculine	feminine	neuter
столá *stah-lah*	Москвы́ *mahs-kvih*	мóря *moh-ryah*

The genitive without a preposition indicates "of":

чемодáн Ивáна Ivan's suitcase (nominative Иван)
chee-mah-dahn ee-vah-nah

центр Москвы́ the center of Moscow
tsentr mahs-kvih

The genitive is used after из, до, у, с:

Я из Новосиби́рска. I'm from Novosibirsk. (nom. Новосиби́рск)
yah eez nah-vah-see-beer-skah

до свидáния goodbye (nom. свидáние)
dah svee-dah-nee-yah

у меня́ I have (nom. я)
oo mee-nyah

У Ивáна есть чемодáн. Ivan has a suitcase.
oo ee-vah-nah yest' chee-mah-dahn

у Ивáна can also mean "at Ivan's place": Онá у Ивáна. She's at Ivan's.
ah-nah oo ee-vah-nah

Он идёт с <u>рабóты</u>. He is coming from work. (nom. рабóта)
on ee-<u>dyot</u> s rah-<u>boh</u>-tih

DATIVE

masculine	**feminine**	**neuter**
столý *stah-<u>loo</u>*	Москвé *mahs-<u>kvyeh</u>*	мóрю *<u>moh</u>-ryoo*

The dative conveys the idea of "to" in the sense of giving, sending or saying something to someone or approaching (going toward) a person or place. Here are some examples of the dative without a preposition:

Я хочý помóчь <u>Пóлу</u>. I want to help Paul.
yah khah-<u>choo</u> pah-<u>moch</u> <u>poh</u>-loo

Помоги́те <u>Áнне</u>, пожáлуйста. Help Anna, please.
pah-mah-<u>gee</u>-tyeh <u>ahn</u>-nyeh pah-<u>zhahl</u>-stah

<u>Ивáну</u> хóлодно. Ivan is cold.
ee-<u>vah</u>-noo <u>khoh</u>-lahd-nah

Here are some examples of the dative case with the prepositions к and по:

Он говори́т по <u>телефóну</u>. He is talking on the phone.
on gah-vah-<u>reet</u> pah tee-lee-<u>foh</u>-noo

Онá идёт по <u>ýлице</u>. She is walking along the street.
ah-<u>nah</u> ee-<u>dyot</u> pah <u>oo</u>-lee-tseh

Я еду к <u>врачу</u>. I am going to the doctor.
yah <u>yeh</u>-doo k vrah-<u>choo</u>

INSTRUMENTAL

masculine	**feminine**	**neuter**
столóм *stah-<u>lom</u>*	Москвóй *mahs-<u>kvoy</u>*	мóрем *<u>moh</u>-ryem*

Without a preposition, the instrumental is used for the instrument by or with which something is done. In the dialogue, Natalya said:

Я лечý тудá на самолёте… I am going there by plane…
yah lee-<u>choo</u> too-<u>dah</u> nah sah-mah-<u>lyoh</u>-tyeh…

…а возвращáюсь на пóезде …but I'm returning by train.
…ah vahz-vrah-<u>shchah</u>-yoos' nah <u>poh</u>-eez-dyeh

She could have said:

Я лечу́ туда́ самолётом… I am going there by plane… (nom. самолёт)
yah lee-choo too-dah sah-mah-lyoh-tahm…

…а возвраща́юсь по́ездом. …but I'm returning by train. (nom. по́езд)
…ah vahz-vrah-shchah-yoos' poh-eez-dahm.

самолётом = by plane
по́ездом = by train

Here are some examples of the instrumental with с:

с удово́льствием with pleasure (nominative удово́льствие)
s oo-dah-vol'-stvee-yem

По́л говори́т с Ната́льей. Paul is speaking with Natalya.
pol gah-vah-reet s nah-tahl'-yey

Я пое́ду с ва́ми. I will go with you. (nominative вы).
yah pah-yeh-doo s vah-mee

PREPOSITIONAL

masculine	feminine	neuter
столе́ *stah-lyeh*	Москве́ *mahs-kvyeh*	мо́ре *moh-ryeh*

This case is always preceded by a preposition.
When в and на are used to indicate *being in* a place – as opposed to *going to* a place – they are followed by the prepositional:

Она́ на рабо́те. She's at work. (nom. рабо́та)
ah-nah nah rah-boh-tyeh

Он в ба́нке. He's in the bank. (nom. банк)
on v bahn-kyeh

Кни́га на столе́. The book is on the table. (nom. стол)
knee-gah nah stah-lyeh

Профе́ссор в университе́те. The professor is at the university. (nom. университе́т)
prah-fyeh-sahr v oo-nee-veer-see-tyeh-tyeh

The preposition о means "about":

Они́ говоря́т о командиро́вке. They are talking about the business trip. (nom. командиро́вка)
ah-nee gah-vah-ryaht ah kah-mahn-dee-rof-kyeh

7. **NUMBERS 31–40**

31 тридцать оди́н tree-tsaht' ah-deen	32 тридцать два tree-tsaht' dvah	33 тридцать три tree-tsaht' tree
34 тридцать четы́ре tree-tsaht' chee-tih-ryeh	35 тридцать пять tree-tsaht' pyat'	36 тридцать шесть tree-tsaht' shest'
37 тридцать семь tree-tsaht' syem	38 тридцать во́семь tree-tsaht' voh-syem'	39 тридцать де́вять tree-tsaht' dyeh-vyat'
40 со́рок soh-rahk		

SOME USEFUL EXPRESSIONS

Как вы пожива́ете? How are you? How are you getting on?
kahk vih pah-zhih-vah-yeh-tyeh

Норма́льно. Alright/Okay.
nahr-mahl'-nah

Всё в поря́дке. Everything's in order/fine.
fsyoh f pah-ryaht-kyeh

Как ва́ша жена́? How is your wife?
kahk vah-shah zheh-nah

Как ваш муж? How is your husband?
kahk vahsh moosh

VOCABULARY

The infinitive of verbs and the nominative singular of nouns, pronouns and adjectives are given in parentheses where necessary.

е́хать (*yeh-khat'*) to go, be going
в командиро́вку (командиро́вка) (*f kah-mahn-dee-rof-koo*) on a business trip
как (*kahk*) as, how, like, how is/are
вы зна́ете (знать) (*vih znah-yeh-tyeh*) you know
люби́ть (*lyoo-beet'*) to love/like
жить (*zhiht'*) to live
оте́ц (*ah-tyets*) father

мать (*maht'*) mother
та́кже (*tahg-zheh*) also
что (*shtoh*) that, what
но (*noh*) but
у неё (*oo nee-yoh*) she has/at her place
свой♂/своя́♀/своё *n.* (*svoy♂/svah-yah♀/svah-yoh n.*) reflexive pronoun meaning "one's own". [This is explained later.]
отде́льный♂/отде́льная♀/отде́льное *n.* (*aht-dyel'-niy♂/aht-dyel'-nah-yah♀/aht-dyel'-nah-yeh n.*) separate, individual
кварти́ра (*kvahr-tee-rah*) apartment
ей (она́) (*yey*) to her
ей нра́вится (нра́виться) (*yey nrah-vee-tsah*) she likes
рабо́та (*rah-boh-tah*) work
сего́дня (*see-vod-nyah*) today
говори́ть (*gah-vah-reet'*) to speak, be speaking
лете́ть (*lee-tyet'*) to fly, be flying (now/to a specific place)
туда́ (*too-dah*) there
самолётом (самолёт) (*sah-mah-lyoh-tahm*) by plane
я возвраща́юсь (возвраща́ться) (*yah vahz-vrah-shchah-yoos'*) I am returning
по́ездом (по́езд) (*poh-eez-dahm*) by train
у меня́ есть (*oo mee-nyah yest'*) I have
биле́т (*bee-lyet*) ticket
биле́т на самолёт (*bee-lyet nah sah-mah-lyoht*) a plane ticket
обра́тный♂/обра́тная♀/обра́тное *n.* (ahb-raht-niy♂/*ahb-raht-nah-yah♀/ahb-raht-nah-yeh n.*) back, return
до́лго (*dol-gah*) long (time)
вы бу́дете (быть) (*vih boo-dee-tyeh*) you will be
бу́ду (быть) (*boo-doo*) I will be (note that in Russian я is often omitted)
там (*tahm*) there
три дня (день) (*tree dnyah*) three days
мно́го (*mnoh-gah*) a lot, many
мно́го дел (де́ло) (*mnoh-gah dyel*) a lot of things/affairs/work
ча́сто (*chahs-tah*) often
е́здить (*yez-deet'*) to go (frequently/habitually by transport)
дово́льно (*dah-vol'-nah*) enough, sufficiently, rather
я быва́ю (*yah bih-vah-yoo*) I am (somewhere), I spend some time in…
быва́ть (*bih-vaht'*) to be in/to visit/to go
побыва́ть (*pah-bih-vaht'*) to be in, to spend some time in, to visit
ка́ждый♂/ка́ждая♀/ка́ждое *n.* (*kahzh-diy♂/kahzh-dah-yah♀/kahzh-dah-yeh n.*) every, each
ме́сяц (*myeh-syats*) month
мне хо́чется (*mnyeh khoh-chee-tsah*) I want
интере́сный♂/интере́сная♀/интере́сное *n.* (*een-tee-ryes-niy♂/een-tee-ryes-nah-yah♀/een-tee-ryes-nah-yeh n.*) interesting

краси́вый♂/краси́вая♀/краси́вое *n.* (*krah-see-viy♂/krah-see-vah-yah♀/krah-see-vah-yeh n.*) beautiful
го́род (*goh-raht*) town, city
пра́вда (*prahv-dah*) truth, it is true
никогда́ (*nee-kahg-dah*) never
нет вре́мени (вре́мя) (*nyet vryeh-mee-nee*) there is no time
гуля́ть (*goo-lyat'*) This is a versatile verb with a lot of idiomatic meanings, such as: to walk, to enjoy oneself, to go out, to fool around, to do nothing, to be unfaithful to one's husband or wife…
Почему́? (*pah-chee-moo*) Why?
потому́ что… (*pah-tah-moo-shtah…*) because…
Когда́? (*kahg-dah*) When?
он улета́ет (улета́ть) (*on oo-lee-tah-yet*) he flies away/is flying away
че́рез (*cheh-rees*) in, after
че́рез четы́ре часа́ (час) (*cheh-rees chee-tih-ryeh chah-sah*) in four hours
из аэропо́рта (аэропо́рт) (*eez ah-eh-rah-por-tah*) from/out of the airport
обы́чно (*ah-bihch-nah*) usually
идти́ (*eet-tee*) to go, be going
к (*k*) to, towards, up to
авто́бусная остано́вка (*ahf-toh-boos-nah-yah ahs-tah-nof-kah*) bus stop
на авто́бусе (авто́бус) (*nah ahf-toh-boo-syeh*) by bus, on a bus
я пое́ду (пое́хать) (*yah pah-yeh-doo*) I will go
я хочу́ (хоте́ть) (*yah khah-choo*) I want
помо́чь (*pah-moch*) to help
нести́ (*nees-tee*) to carry
чемода́нчик (*chee-mah-dahn-cheek*) little suitcase (a diminutive form of чемода́н)
то́лько (*tol'-kah*) only
тяжёлый♂/тяжёлая♀/тяжёлое *n.* (*tyah-zhoh-liy♂/tyah-zhoh-lah-yah♀/tyah-zhoh-lah-yeh n.*) heavy, difficult
лёгкий♂/лёгкая♀/лёгкое *n.* (*lyokh-keey♂/lyokh-kah-yah♀/lyokh-kah-yeh n.*) light, not heavy
проводи́ть (*prah-vah-deet'*) to accompany/see off
за компа́нию (компа́ния) (*zah kahm-pah-nee-yoo*) for the company
с удово́льствием (удово́льствие) (*s oo-dah-vol'-stvee-yem*) with pleasure
профе́ссор (♂ and ♀) (*prah-fyeh-sahr*) a professor
жена́ (*zheh-nah*) wife
муж (*moosh*) husband

EXERCISES

Exercise A

In the following sentences, the words given in parentheses are in the nominative. Put them into the correct case, where necessary, and write out the full sentence, complete with stress marks. For example:

Пол е́дет в (Аме́рика). Пол е́дет в Аме́рику.

1. Ива́н е́дет в (командиро́вка).

   ____

2. А́нна живёт в (Москва́).

   ____

3. Ната́лья рабо́тает в (банк).

   ____

4. У неё есть биле́т на (самолёт).

   ____

5. У (Ива́н) есть чемода́н.

   ____

6. Ната́лья лю́бит (своя́ рабо́та).

   ____

7. Сейча́с он на (рабо́та) в (университе́т).

   ____

8. Они́ е́дут от (Москва́) до (Минск).

   ____

9. Пол идёт по (у́лица).

   ____

10. У (я) биле́т на (по́езд).

    ____

11. Они́ лета́ют на (Кавка́з) (самолёт).

    ____

12. А́нна говори́т с (Ива́н) по (телефо́н).

    ____

13. Мы из (Минск), а живём в (Москва́).

14. Э́то хоро́шая кни́га по (матема́тика).

15. Пол о́чень лю́бит (Москва́), а я о́чень люблю́ (Нью-Йо́рк).

Exercise B

Agreement of subject and verb. Put the infinitive of the verb into its correct form, and write out the completed sentence.

1. Я (идти́) домо́й.

2. Ната́лья (е́хать) в Москву́ по́ездом.

3. Мы (лете́ть) в Вашингто́н че́рез час.

4. Вы ча́сто (лета́ть) в Ми́нск?

5. А́нна - профе́ссор. Она (рабо́тать) в университе́те.

6. Я не (люби́ть) Москву́.

7. Ната́лья (люби́ть) говори́ть с Ива́ном.

8. Пол (идти́) домо́й.

9. Мы ча́сто (ходи́ть) в теа́тр.

10. Оте́ц и мать Ива́на (жить) в Новосиби́рске.

Exercise C

Translate the following sentences into English.

1. Я америка́нка.

 ____

2. Я живу́ в кварти́ре в Нью-Йо́рке.

 ____

3. Мой оте́ц и моя́ мать не живу́т в Нью-Йо́рке.

 ____

4. Они́ живу́т и рабо́тают в Калифо́рнии.

 ____

5. Мой оте́ц – бухга́лтер, а мать – врач.

 ____

6. Я рабо́таю в о́фисе.

 ____

7. Я о́чень люблю́ свою́ рабо́ту.

 ____

8. Обы́чно я е́ду в аэропо́рт на авто́бусе, но сего́дня я е́ду туда́ на такси́.

 ____

9. Моя́ рабо́та тяжёлая, но о́чень интере́сная.

 ____

10. Сейча́с я е́ду домо́й с рабо́ты.

 ____

Exercise D

Translate the following sentences into Russian with stress marks.

1. My mother and my father live in Moscow.

 ____

2. How is your mother?

 ____

3. I do not like St. Petersburg.

 ____

4. The big suitcase is heavy.

 ____

5. The little suitcase is light.

   ____

6. I am in Moscow three to four days a month.

   ____

7. Natalya is at Ivan's.

   ____

8. We are flying to Moscow in three hours.

   ____

Exercise E

True or false?

1. А́нна Ива́новна Смирно́ва живёт и рабо́тает в Ми́нске.
2. Оте́ц и мать А́нны Ива́новны живу́т в Белору́ссии.
3. Ната́лья Петро́вна из Новосиби́рска.
4. Сего́дня Пол е́дет в командиро́вку в Санкт-Петербу́рг.
5. Ната́лья не лю́бит свою́ рабо́ту в ба́нке.
6. Ната́лья лети́т в Санкт-Петербу́рг на самолёте.
7. У неё тяжёлый чемода́н.
8. Она́ улета́ет из аэропо́рта Шереме́тьево-2.
9. Она́ е́дет в аэропо́рт на авто́бусе.
10. Она́ е́дет в аэропо́рт с Полом.

Visit www.berlitzpublishing.com for a bonus internet activity—go to the downloads section and connect to the world in Russian!

Lesson

5 ВСТРЕ́ЧА *<u>fstryeh</u>-chah* A MEETING

NOTE ON TRANSLITERATION
From this lesson on, you will notice a minor change in the transliteration: we are now indicating where words run together naturally in spoken Russian. Most notably, prepositions often blend with the nouns that follow them, for example: в Санкт-Петербу́рге = *fsahnkt-pee-teer-<u>boor</u>-gyeh*; в конце́ концо́в = *fkahn-<u>tseh</u> kahn-<u>tsof</u>*.

"Natasha" and "Volodya" are diminutives of "Natalya" and "Vladimir".

Сего́дня Ната́ша в Санкт-Петербу́рге. Сейча́с она́ в гости́нице. Она пыта́ется позвони́ть своему́ колле́ге Воло́де. Но э́то не легко́. Э́то про́сто тру́дно. Иногда́ но́мер за́нят, а иногда́ никто́ не отвеча́ет. Э́то о́чень доса́дно! Но в конце́ концо́в ей удаётся дозвони́ться и поговори́ть с ним…
see-<u>vod</u>-nyah nah-<u>tah</u>-shah fsahnkt-pee-teer-<u>boor</u>-gyeh. sey-<u>chahs</u> ah-<u>nah</u> vgahs-<u>tee</u>-nee-tseh. ah-<u>nah</u> pih-<u>tah</u>-yet-tsah pah-zvah-<u>neet'</u> svah-yeh-<u>moo</u> kah-<u>lyeh</u>-gyeh vah-<u>loh</u>-dyeh. noh <u>eh</u>-tah nyeh lyekh-<u>koh</u>. <u>eh</u>-tah <u>pros</u>-tah <u>trood</u>-nah. ee-nahg-<u>dah</u> <u>noh</u>-meer <u>zah</u>-

nyaht ah ee-nahg-dah nee-ktoh nyeh aht-vyeh-chah-yet. eh-tah oh-chen' dah-sahd-nah. noh fkahn-tseh kahn-tsof yey oo-dah-yot-tsah dah-zvah-nee-tsah ee pah-gah-vah-reet' sneem…
Today Natasha is in St. Petersburg. Right now she is in the hotel. She is trying to phone her colleague, Volodya. But it is not easy. It is very difficult. Sometimes the number is busy, and sometimes nobody answers. It is very frustrating! But finally, she manages to get through and speak with him…

Воло́дя	Слу́шаю вас. *sloo-shah-yoo vahs* Hello. (Lit. "I'm listening to you".)
Ната́ша	Воло́дя? Здра́вствуйте. Э́то Ната́ша. *vah-loh-dyah. zdrah-stvooy-tyeh. eh-tah nah-tah-shah* Volodya? Hello. This is Natasha.
Воло́дя	До́брый день, Ната́ша. Вы отку́да? *dob-riy dyen' nah-tah-shah. vih aht-koo-dah* Good afternoon, Natasha. Where are you calling from?
Ната́ша	Я здесь, в гости́нице "Нева́". Я уже́ це́лый час звоню́ вам. *yah zdyes' vgahs-tee-nee-tseh nyeh-vah. yah oo-zheh tseh-liy chahs zvah-nyoo vahm* I am here, in the Hotel Neva. I've been calling you for a whole hour already.
Воло́дя	Я был о́чень за́нят. Майк звони́л мне из Аме́рики. Мы говори́ли о́чень до́лго. *yah bihl oh-chen' zah-nyat. miek zvah-neel mnyeh eez ah-myeh-ree-kee. mih gah-vah-ree-lee oh-chen' dol-gah* I was very busy. Mike was calling me from America. We talked a very long time.
Ната́ша	Когда́ мы мо́жем встре́титься? У меня́ к вам мно́го вопро́сов. *kahg-dah mih moh-zhem fstryeh-tee-tsah. oo mee-nyah kvahm mnoh-gah vah-proh-sahf* When can we meet? I have a lot of questions for you.
Воло́дя	Кото́рый час сейча́с? *kah-toh-riy chahs sey-chahs* What time is it now?
Ната́ша	Сейча́с де́сять часо́в. *sey-chahs dyeh-syat' chah-sof* It's ten o'clock.

Воло́дя	Вы мо́жете прие́хать сейча́с? *vih <u>moh</u>-zheh-tyeh pree-<u>yeh</u>-khaht' sey-<u>chas</u>* Can you come now?
Ната́ша	К сожале́нию, сейча́с не могу́. У меня́ ещё одна́ встре́ча сего́дня, в оди́ннадцать часо́в. *k sah-zhah-<u>lyeh</u>-nee-yoo sey-<u>chahs</u> nyeh mah-<u>goo</u>. oo mee-<u>nyah</u> yeh-<u>shchoh</u> ahd-<u>nah</u> f <u>stryeh</u>-chah see-<u>vod</u>-nyah vah-<u>dee</u>-nah-tsat' chah-<u>sof</u>* Unfortunately, I can't at the moment. I have another meeting today at eleven o'clock.
Воло́дя	Мо́жет быть, пообе́даем вме́сте в час дня? *<u>moh</u>-zhet biht' pah-ah-<u>byeh</u>-dah-yem <u>vmyes</u>-tyeh fchas dnyah* Perhaps, we will have lunch together at one o'clock?
Ната́ша	Извини́те, но я уже́ договори́лась пообе́дать с колле́гами, с кото́рыми я встреча́юсь в оди́ннадцать. Мо́жет быть, встре́тимся в три? *eez-vee-<u>nee</u>-tyeh noh yah oo-<u>zheh</u> dah-gah-vah-<u>ree</u>-lahs' pah-ah-<u>byeh</u>-daht' skah-<u>lyeh</u>-gah-mee skah-<u>toh</u>-rih-mee yah fstryeh-<u>chah</u>-yoos' vah-<u>dee</u>-nah-tsahts. <u>moh</u>-zhet biht' <u>fstryeh</u>-tee-msyah ftree* I am sorry, but I already agreed to have lunch with the colleagues with whom I am meeting at eleven. Perhaps we could meet at three?
Воло́дя	В три не могу́. А е́сли в полпя́того? Вам удо́бно? *ftree nyeh mah-<u>goo</u>. ah <u>yes</u>-lee fpol-<u>pyah</u>-tah-vah. vahm oo-<u>dob</u>-nah* At three I can't. And what about half past four? Does that suit you?
Ната́ша	Замеча́тельно! *zah-mee-<u>chah</u>-teel'-nah* Great!
Воло́дя	Договори́лись! Я бу́ду ждать вас в четы́ре три́дцать у себя́ в кабине́те. *dah-gah-vah-<u>ree</u>-lees'. yah <u>boo</u>-doo zhdaht' vahs fchee-<u>tih</u>-ryeh <u>tree</u>-tsaht' oo see-<u>byah</u> fkah-bee-<u>nyeh</u>-tyeh* Agreed! I will wait for you at four-thirty in my office.
Ната́ша	Воло́дя, я хочу́ спроси́ть, есть ли у вас кака́я-нибу́дь информа́ция о фи́рме, где рабо́тает Майк? Мы хоте́ли бы созда́ть совме́стное предприя́тие с америка́нской фи́рмой. *vah-<u>loh</u>-dyah yah khah-<u>choo</u> sprah-seet' yest' lee oo vahs kah-<u>kah</u>-yah-nee-<u>boot'</u> een-fahr-<u>mah</u>-tsih-yah ah <u>feer</u>-myeh gdyeh rah-<u>boh</u>-tah-yet miek. mih khah-<u>tyeh</u>-*

	lee bih sahz-daht'sahv-myes-nah-yeh preet-pree-yah-tee-yeh sah-mee-ree-kahn-skoy feer-mie Volodya, I want to ask if you have any information about the firm where Mike works? We would like to set up a joint venture with an American firm.
Воло́дя	Да, они́ присла́ли нам свой рекла́мные проспе́кты. *dah ah-nee pree-slah-lee nahm svah-yee reek-lahm-nih-yeh prahs-pyek-tih* Yes, they sent us their promotional brochures.
Ната́ша	Чуде́сно! Тогда́ до встре́чи! *choo-dyes-nah. tahg-dah dah-fstryeh-chee* Marvelous! So, see you later!
Воло́дя	До встре́чи, Ната́ша! Всего́ до́брого. *dah-fstryeh-chee nah-tah-shah. fsyeh-voh dob-rah-vah* See you later, Natasha! All the best.
Ната́ша	До свида́ния, Воло́дя! *dah-svee-dah-nee-yah vah-loh-dyah* Goodbye, Volodya.

GRAMMAR

Note: You will find abbreviations for case names throughout the book. Nom. = nominative, acc. = accusative, gen. = genitive, dat. = dative, instr. = instrumental, and prep. = prepositional.

1. THE DECLENSION OF PERSONAL PRONOUNS

Lesson 4 looked at the declension of nouns in the singular. Pronouns also have several forms in both the singular and the plural. You will see that we have put "н" in parentheses before его́, ему́, им, её, е́й, их, им and и́ми. This is because sometimes in Russian, an "n" sound is inserted to make it easier to pronounce a combination of letters: for example, у его́ (*oo yeh-voh*) has two vowel sounds together and is more difficult to pronounce than у него́ (*oo nyeh-voh*), which slides more easily off the tongue. Remember that, whereas in English there is only one genderless form of the pronoun "it", in Russian "it" must agree in gender with the object it represents: кни́га is feminine and referred to as она́, and стол is masculine and referred to as он. Мо́ре, on the other hand, is neuter and is referred to as оно́.

PERSONAL PRONOUNS

Singular:

	I	you	he/it	she/it
Nom.	я *yah*	ты *tih*	он/оно́ *on/ah-noh*	она́ *ah-nah*
Acc.	меня́ *mee-nyah*	тебя́ *tee-byah*	(н)его́ *(n)yeh-voh*	(н)её *(n)yeh-yoh*
Gen.	меня́ *mee-nyah*	тебя́ *tee-byah*	(н)его́ *(n)yeh-voh*	(н)её *(n)yeh-yoh*
Dat.	мне *mnyeh*	тебе́ *tee-byeh*	(н)ему́ *(n)yeh-moo*	(н)ей *(n)yey*
Instr.	мно́й * *mnoy*	тобо́й * *tah-boy*	(н)им *(n)eem*	(н)е́й * *(n)yey*
Prep.	мне *mnyeh*	тебе́ *tee-byeh*	нём *nyom*	не́й *nyey*

* The instrumental forms мно́ю, тобо́ю, е́ю, не́ю also exist, but are less common.

Plural:

	we	you	they
Nom.	мы *mih*	вы *vih*	они́ *ah-nee*
Acc.	нас *nahs*	вас *vahs*	(н)их *(n)eekh*
Gen.	нас *nahs*	вас *vahs*	(н)их *(n)eekh*
Dat.	нам *nahm*	вам *vahm*	(н)им *(n)eem*
Instr.	на́ми *nah-mee*	ва́ми *vah-mee*	(н)и́ми *(n)eeh-mee*
Prep.	нас *nahs*	вас *vahs*	них *neekh*

Here are some examples of how personal pronouns change depending on the case.

Nominative:
Я иду́ домо́й. I am going home.
yah ee-doo dah-moy
Ты идёшь домо́й. You are going home.
tih ee-dyosh dah-moy
Он♂ /она♀ идёт домо́й. He/she is going home.
on♂/ah-nah♀ ee-dyot dah-moy
Мы идём домо́й. We are going home.
mih ee-dyom dah-moy
Вы идёте домо́й. You are going home.
vih ee-dyoh-tyeh dah-moy
Они́ иду́т домо́й. They are going home.
ah-nee ee-doot dah-moy

Accusative:
Воло́дя о́чень лю́бит её. Volodya likes her a lot.
vah-loh-dyah oh-chen' lyoo-beet yeh-yoh
Ната́ша о́чень лю́бит его́. Natasha likes him very much.
nah-tah-shah oh-chen' lyoo-beet yeh-voh
Я люблю́ тебя́. I love you. (Here you must use the ты form!)
yah lyoob-lyoo tee-byah
Пол проводи́л нас в аэропо́рт. Paul accompanied us to the airport.
pol prah-vah-deel nahs vah-eh-rah-port

Genitive:
У меня́ есть па́спорт. I have a passport.
oo mee-nyah yest' pahs-pahrt
У тебя́ есть па́спорт? Do you have a passport?
oo tee-byah yest' pahs-pahrt
У него́ есть биле́т на самолёт. He has a plane ticket.
oo nyeh-voh yest' bee-lyet nah sah-mah-lyot
У неё есть большо́й чемода́н. She has a big suitcase.
oo nyeh-yoh yest' bahl'-shoy chee-mah-dahn
У нас есть хоро́шая кварти́ра. We have a good apartment.
oo nahs yest' khah-roh-shah-yah kvahr-tee-rah
У вас есть биле́ты в теа́тр? Do you have tickets for the theater?
oo vahs yest' bee-lye-tih fteh-yahtr
У них есть но́вая маши́на. They have a new car.
oo neekh yest' noh-vah-yah mah-shih-nah

Note the expressions:
Его́ нет в Москве́. He is not in Moscow.
yeh-voh nyet vmahs-kvyeh
Её нет до́ма. She is not at home.
yeh-yoh nyet doh-mah
Их нет в о́фисе. They are not in the office.
eekh nyet voh-fee-syeh

Dative:

Мне нра́вится жить в Москве́. I like living in Moscow.
mnyeh nrah-vee-tsah zhiht' vmahs-kvyeh
Ему́ нра́вится рабо́тать в университе́те. He likes to work in the university.
yeh-moo nrah-vee-tsah rah-boh-taht' voo-nee-veer-see-tyeh-tyeh
Они́ присла́ли нам свои́ проспе́кты. They sent us their brochures.
ah-nee pree-slah-lee nahm svah-ee prahs-pyek-tih
Мы присла́ли им биле́ты на самолёт. We sent them (some) plane tickets.
mih pree-slah-lee eem bee-lyeh-tih nah sah-mah-lyot
Я хочу́ помо́чь вам. I want to help you.
yah khah-choo pah-moch vahm

Instrumental:

Я пое́ду с ва́ми. I will go with you.
yah pah-yeh-doo svah-mee
Она́ говори́ла с ни́ми. She was talking with them.
ah-nah gah-vah-ree-lah snee-mee
Иди́те с не́й. Go with her.
ee-dee-tyeh snyey
Ната́ша идёт со мно́й в теа́тр. Natasha is going with me to the theater.
nah-tah-shah ee-dyot sah-mnoy fteh-y ahtr

Prepositional:

Пол и Ната́ша говоря́т о них. Paul and Natasha are talking about them.
pol ee nah-tah-shah gah-vah-ryaht ah neekh
Не говори́те обо мне́! Don't speak about me!
nyeh gah-vah-ree-tyeh ah-bah-mnyeh
информа́ция о не́й information about her
een-fahr-mah-tsih-yah ah-nyey

---

2. THE DECLENSION OF NOUNS

As you know, Russian nouns have three genders: masculine, feminine and neuter. We will now look at examples of all three in some detail. Do not try to memorize them. You will have lots of practical examples in the dialogues that follow. Use this section for reference, as necessary, as you work through the course.

MASCULINE NOUNS

All nouns that end with -й or with a consonant in the nominative are masculine: сара́й (*sah-rie*) shed, геро́й (*gee-roy*) hero, кра́й (*krie*) edge/border, дом (*dom*) house/home, авто́бус (*ahf-toh-boos*) bus, по́езд (*poh-yeest*) train.

Some nouns ending in -ь are masculine, such as преподава́тель (*pree-pah-dah-vah-tyel'*) teacher, день (*dyen'*) day, слова́рь (*slah-vahr'*) dictionary, рубль (*roobl'*) ruble.

A few nouns ending in -а or -я are masculine, such as мужчи́на (*moosh-<u>chee</u>-nah*) man, дя́дя (*<u>dyah</u>-dyah*) uncle. Although they are masculine, they are declined like feminine nouns. Here are some examples:

Singular:

	table	border	day	uncle
Nom.	стол *stol*	кра́й *krie*	день *dyen'*	дя́дя *<u>dyah</u>-dyah*
Acc.	стол *stol*	кра́й *krie*	день *dyen'*	дя́дю *<u>dyah</u>-dyoo*
Gen.	стола́ *stah-<u>lah</u>*	кра́я *<u>krah</u>-yah*	дня *dnyah*	дя́ди *<u>dyah</u>-dee*
Dat.	столу́ *stah-<u>loo</u>*	кра́ю *<u>krah</u>-yoo*	дню *dnyoo*	дя́де *<u>dyah</u>-dyeh*
Instr.	столо́м *stah-<u>lom</u>*	кра́ем *<u>krah</u>-yem*	днём *dnyom*	дя́дей *<u>dyah</u>-dyey*
Prep.	столе́ *stah-<u>lyeh</u>*	кра́е *<u>krah</u>-yeh*	дне *dnyeh*	дя́де *<u>dyah</u>-dyeh*

Plural:

	tables	borders	days	uncles
Nom.	столы́ *stah-<u>lih</u>*	края́ *krah-<u>yah</u>*	дни *dnee*	дя́ди *<u>dyah</u>-dee*
Acc.	столы́ *stah-<u>lih</u>*	края́ *krah-<u>yah</u>*	дни *dnee*	дя́дей *<u>dyah</u>-dey*
Gen.	столо́в *stah-<u>lof</u>*	краёв *krah-<u>yof</u>*	дне́й *dnyey*	дя́дей *<u>dyah</u>-dyey*
Dat.	стола́м *stah-<u>lahm</u>*	края́м *krah-<u>yahm</u>*	дням *dnyahm*	дя́дям *<u>dyah</u>-dyahm*
Instr.	стола́ми *stah-<u>lah</u>-mee*	края́ми *krah-<u>yah</u>-mee*	дня́ми *<u>dnyah</u>-mee*	дя́дями *<u>dyah</u>-dyah-mee*
Prep.	стола́х *stah-<u>lahkh</u>*	края́х *krah-<u>yakh</u>*	днях *dnyakh*	дя́дях *<u>dyah</u>-dyahkh*

FEMININE NOUNS

All nouns ending in -ия are feminine: истóрия (*ees-toh-ree-yah*) history, фамúлия (*fah-mee-lee-yah*) surname, Россúя (*rahs-see-yah*) Russia, Áнглия (*ahng-lee-yah*) England.

All nouns ending in -сть are feminine. The only common exception is гость (*gost'*), guest, which is masculine, whether the guest is male or female. They include глáсность (*glahs-nahst'*) openness, крéпость (*kryeh-pahst'*) castle, скрóмность (*skrom-nahst'*) modesty, устáлость (*oo-stah-lahst'*) tiredness.

Almost all nouns ending in -а or -я are feminine: кнúга (*knee-gah*) book, дорóга (*dah-roh-gah*) road, земля́ (*zeem-lyah*) land, семья́ (*seem'-yah*) family, кýхня (*kookh-nyah*) kitchen.

Here are some examples of the declension of feminine nouns:

Singular:

	history	castle	road	land
Nom.	истóрия *ees-toh-ree-yah*	крéпость *kryeh-pahst'*	дорóга *dah-roh-gah*	земля́ *zeem-lyah*
Acc.	истóрию *ees-toh-ree-yoo*	крéпость *kryeh-pahst'*	дорóгу *dah-roh-goo*	зéмлю *zyem-lyoo*
Gen.	истóрии *ees-toh-ree-ee*	крéпости *kryeh-pahs-tee*	дорóги *dah-roh-gee*	землú *zeem-lee*
Dat.	истóрии *ees-toh-ree-ee*	крéпости *kryeh-pahs-tee*	дорóге *dah-roh-gyeh*	землé *zeem-lyeh*
Instr.	истóрией *ees-toh-ree-yey*	крéпостью *kryeh-pahs-tyoo*	дорóгой *dah-roh-gie*	землёй *zeem-lyoy*
Prep.	истóрии *ees-toh-ree-ee*	крéпости *kryeh-pahs-tee*	дорóге *dah-roh-gyeh*	землé *zeem-lyeh*

Plural:

	histories	castles	roads	lands
Nom.	истóрии *ees-toh-ree-ee*	крéпости *kryeh-pahs-tee*	дорóги *dah-roh-gee*	зéмли *zyem-lee*
Acc.	истóрии *ees-toh-ree-ee*	крéпости *kryeh-pahs-tee*	дорóги *dah-roh-gee*	зéмли *zyem-lee*
Gen.	истóрий *ees-toh-reey*	крéпостей *kryeh-pahs-tyey*	дорóг *dah-rog*	земéль *zee-myel'*
Dat.	истóриям *ees-toh-ree-yahm*	крéпостям *kryeh-pahs-tyahm*	дорóгам *dah-roh-gahm*	зéмлям *zyem-lyahm*
Instr.	истóриями *ees-toh-ree-yah-mee*	крéпостями *kryeh-pahs-tyah-mee*	дорóгами *dah-roh-gah-mee*	зéмлями *zyem-lyah-mee*
Prep.	истóриях *ees-toh-ree-yahkh*	крéпостях *kryeh-pahs-tyahkh*	дорóгах *dah-roh-gahkh*	зéмлях *zyem-lyahkh*

NEUTER NOUNS

Neuter nouns have no "shared endings" with masculine and feminine nouns. They all end in one of the following:

-о : селó (*see-loh*) village, винó (*vee-noh*) wine, дéло (*dyeh-lah*) affair/ business

-е : сóлнце (*son-tseh*) sun, мóре (*moh-ryeh*) sea, пóле (*poh-lyeh*) field

-ие : здáние (*zdah-nee-yeh*) building, собрáние (*sah-brah-nee-yeh*) meeting

-ье : ожерéлье (*ah-zheh-ryel'-yeh*) necklace

-ьё : враньё (*vrahn'-yoh*) a lie, мытьё (*miht'-yoh*) (the process of) washing

-мя: врéмя (*vryeh-myah*) time, íмя (*ee-myah*) first name

Here are some examples of the declension of neuter nouns:

Singular:

	affair	field	first name
Nom.	де́ло *dyeh-lah*	по́ле *poh-lyeh*	и́мя *ee-myah*
Acc.	де́ло *dyeh-lah*	по́ле *poh-lyeh*	и́мя *ee-myah*
Gen.	де́ла *dyeh-lah*	по́ля *poh-lyah*	и́мени *ee-mee-nee*
Dat.	де́лу *dyeh-loo*	по́лю *poh-lyoo*	и́мени *ee-mee-nee*
Instr.	де́лом *dyeh-lahm*	по́лем *poh-lyem*	и́менем *ee-mee-nyem*
Prep.	де́ле *dyeh-lyeh*	по́ле *poh-lyeh*	и́мени *ee-mee-nee*

Plural:

	affairs	fields	first names
Nom.	дела́ *dee-lah*	поля́ *pah-lyah*	имена́ *ee-mee-nah*
Acc.	дела́ *dee-lah*	поля́ *pah-lyah*	имена́ *ee-mee-nah*
Gen.	дел *dyel*	поле́й *pah-lyey*	имён *ee-myon*
Dat.	дела́м *dee-lahm*	поля́м *pah-lyahm*	имена́м *ee-mee-nahm*
Instr.	дела́ми *dee-lah-mee*	поля́ми *pah-lyah-mee*	имена́ми *ee-mee-nah-mee*
Prep.	дела́х *dee-lahkh*	поля́х *pah-lyahkh*	имена́х *ee-mee-nahkh*

3. THE FUTURE TENSE OF THE VERB "TO BE"

In Lesson 4, Paul asked Natasha: Вы до́лго бу́дете в Санкт-Петербу́рге? "Will you be in St. Petersburg for long?" She replied: Я бу́ду там три дня, "I'll be there for 3 days".

In Lesson 5, Volodya says: Я бу́ду ждать вас, I'll wait for you. (Here вас is the genitive form of вы.)

The future tense of быть "to be" is not complicated:

Singular:	**Plural:**
я бу́ду *yah boo-doo* I will be	мы бу́дем *mih boo-dyem* we will be
ты бу́дешь *tih boo-dyesh* you (informal) will be	вы бу́дете *vih boo-dee-tyeh* you will be
он/она́/оно́ бу́дет *on/ah-nah/ah-noh boo-dyet* he, she, it will be	они бу́дут *ah-nee boo-doot* they will be

A compound future tense can be formed using the future of быть + the infinitive of another verb as in Я бу́ду ждать вас, I'll wait for you.

Here are some more examples of the future tense of быть:

Где вы бу́дете за́втра ве́чером?
gdyeh vih boo-dee-tyeh zahf-trah vyeh-chee-rahm
Where will you be tomorrow evening?

Я бу́ду до́ма.
yah boo-doo doh-mah
I'll be at home.

Мы бу́дем жить в Москве́.
mih boo-dyem zhiht' v mahs-kvyeh
We will live in Moscow./We are going to live in Moscow.

Они бу́дут рабо́тать в Санкт-Петербу́рге.
ah-nee boo-doot rah-boh-taht' fsahnkt-pee-teer-boor-gyeh
They will work in St. Petersburg./They are going to work in St. Petersburg.

You are already familiar with у меня́ есть. There is also a future form:

У меня́ бу́дет своя отде́льная кварти́ра.
oo mee-nyah boo-dyet svah-yah aht-dyel'-nah-yah kvahr-tee-rah
I will have my own separate apartment.

За́втра у них бу́дут биле́ты.
zahft-rah oo neekh boo-doot bee-lyeh-tih
Tomorrow they will have tickets.

---

4. THE PAST TENSE OF VERBS

The past tense of Russian verbs is less complicated than the present. For most verbs, it is formed by removing the -ть from the infinitive and adding -л (masculine singular), -ла (feminine singular), -ло (neuter singular) and -ли for all genders of all plural forms. Here are some conjugations:

Plural:

	to work	to live	to love/like	to speak
	рабо́тать *rah-boh-taht'*	жи́ть *zhiht'*	люби́ть *lyoo-beet'*	говори́ть *gah-vah-reet'*
я ♂	рабо́тал *rah-boh-tahl*	жил *zhihl*	люби́л *lyoo-beel*	говори́л *gah-vah-reel*
я ♀	рабо́тала *rah-boh-tah-lah*	жила́ *zhih-lah*	люби́ла *lyoo-bee-lah*	говори́ла *gah-vah-reeh-lah*
ты ♂	рабо́тал *rah-boh-tahl*	жил *zhihl*	люби́л *lyoo-beel*	говори́л *gah-vah-reel*
ты ♀	рабо́тала *rah-boh-tah-lah*	жила́ *zhih-lah*	люби́ла *lyoo-bee-lah*	говори́ла *gah-vah-reeh-lah*
он	рабо́тал *rah-boh-tahl*	жил *zhihl*	люби́л *lyoo-beel*	говори́л *gah-vah-reel*
она	рабо́тала *rah-boh-tah-lah*	жила́ *zhih-lah*	люби́ла *lyoo-bee-lah*	говори́ла *gah-vah-reeh-lah*
оно	рабо́тало *rah-boh-tah-lah*	жи́ло *zhih-lah*	люби́ло *lyoo-bee-lah*	говори́ло *gah-vah-reeh-lah*
мы вы они	рабо́тали *rah-boh-tah-lee*	жи́ли *zhih-lee*	люби́ли *lyoo-bee-lee*	говори́ли *gah-vah-ree-lee*

Here are some examples:

Вчерá мы рабóтали в Мúнске. Yesterday we worked in Minsk.
fchee-rah mih rah-boh-tah-lee fmeens-kyeh

В прóшлом годý я жил в Москвé. Last year I lived in Moscow.
f prosh-lahm gah-doo yah zhihl fmas-kvye

Я óчень любúл егó. I liked him very much.
yah oh-chen' lyoo-beel yeh-voh

Ивáн говорúл с Мáйком. Ivan was talking with Mike.
ee-vahn gah-vah-reel smie-kahm

---

5. NUMBERS 40–100

40 сóрок *soh-rahk*	50 пятьдеся́т *pyah-dee-syaht*	55 пятьдеся́т пять *pyah-dee-syaht pyaht'*
60 шестьдеся́т *shez-dee-syaht*	63 шестьдеся́т три *shez-dee-syaht tree*	70 сéмьдесят *syem-dee-syaht*
73 сéмьдесят три *syem-dee-syaht tree*	80 вóсемьдесят *voh-seem-dee-syaht*	82 вóсемьдесят два *voh-seem-dee-syaht dvah*
90 девянóсто *dee-vyah-nos-tah*	91 девянóсто одúн *dee-vyah-nos-tah ah-deen*	100 сто *stoh*

SOME USEFUL EXPRESSIONS

Котóрый час? What time is it?
kah-toh-riy chahs

В котóром часý улетáет самолёт? What time does the plane leave?
fkah-toh-rahm chah-soo oo-lee-tah-yet sah-mah-lyot

В котóром часý прилетáет самолёт? What time does the plane arrive?
fkah-toh-rahm chah-soo pree-lee-tah-yet sah-mah-lyot

Я вас не понимáю. I don't understand you.
yah vahs nyeh pah-nee-mah-yoo

Говорúте мéдленно, пожáлуйста. Speak slowly, please.
gah-vah-ree-tyeh myed-leen-nah pah-zhahl-stah

VOCABULARY

For the rest of the course, verbs will be given in the infinitive and nouns in the nominative singular. The form of the word in the dialogue will also be given if necessary. The gender of the noun will only be given in cases where this is not clear from the form.

договори́ться (*dah-gah-vah-ree-tsah*) to agree (about)
гости́ница (*gahs-tee-nee-tsah*) hotel
пыта́ться (*pih-tah-tsah*) to try
позвони́ть (*pah-zvah-neet'*) to phone (used only in the past or future tenses)
звони́ть (*zvah-neet'*) to phone, to be phoning
дозвони́ться (*dah-zvah-nee-tsah*) to let the phone ring until it is answered, to get through to someone
колле́га (*kah-lyeh-gah*) a colleague
легко́ (*lekh-koh*) easy
про́сто (*pros-tah*) simply
тру́дно (*trood-nah*) difficult
иногда́ (*ee-nahg-dah*) sometimes
но́мер (*noh-meer*) number, hotel room
за́нят (*zah-nyaht*) busy, engaged
никто́ (*nee-ktoh*) nobody
отвеча́ть (*aht-veh-chat'*) to answer, to reply
доса́дно (*dah-sahd-nah*) frustrating
коне́ц (*kah-nyets*) end
в конце́ концо́в (*f kahn-tseh kahn-tsof*) in the end
ей удаётся (*yey oo-dah-yot-tsah*) she succeeds
поговори́ть (*pah-gah-vah-reet'*) to speak, to have a talk
слу́шать (*sloo-shaht'*) to listen
до́брый♂/до́брая♀/до́брое *n.* (*dob-riy♂/dob-rah-yah♀/dob-rah-yeh n.*) good, kind
Отку́да? (*aht-koo-dah*) Where from?
здесь (*zdyes'*) here
уже́ (*oo-zheh*) already
це́лый♂/це́лая♀/це́лое *n.* (*tseh-liy♂/tseh-lah-yah♀/tseh-lah-yeh n.*) whole
час (*chahs*) hour
до́лго (*dol-gah*) a long time
мочь (*moch*) to be able to
я могу́ (*yah mah-goo*) I can
мы мо́жем (*mih moh-zhem*) we can
вы мо́жете (*vih moh-zheh-tyeh*) you can
мо́жет быть (*moh-zhet biht'*) perhaps, maybe
встре́титься (*fstreh-tee-tsah*) to meet
кото́рый♂/кото́рая♀/кото́рое *n.* (*kah-toh-riy♂/kah-toh-rah-yah♀/kah-toh-rah-yeh n.*) which

приéхать (*pree-yeh-khaht'*) to come
сожалéние (*sah-zhah-lyeh-nee-yeh*) pity, regret
к сожалéнию (*k sah-zhah-lyeh-nee-yoo*) unfortunately, regrettably
пообéдать (*pah-ah-byeh-daht'*) to have dinner
вмéсте (*vmyes-tyeh*) together
извинить (*eez-vee-neet'*) to forgive, to excuse
встречáться (*fstryeh-chaht-tsah*) to meet (one another)
удóбно (*oo-dob-nah*) suitable, convenient
Замечáтельно! (*zah-mee-chah-teel'-nah*) Great!, Wonderful!
ждать (*zhdaht'*) to wait
кабинéт (*kah-bee-nyet*) office
у себя́ в кабинéте (*oo see-byah f kah-bee-nyeh-tyeh*) in my office
хотéть (*khah-tyet'*) to want
я хочу́ (*yah khah-choo*) I want
Мы хотéли бы… (*mih khah-tyeh-lee bih…*) We would like…
спросить (*sprah-seet'*) to ask
какóй♂/какáя♀/какóе *n.* (*kah-koy♂/kah-kah-yah♀/kah-koh-yeh n.*) what sort of, what a, which
какóй-нибу́дь (*kah-koy nee-boot'*) some, any
информáция (*een-fahr-mah-tsih-yah*) information
фи́рма (*feer-mah*) firm, company
создáть (*sahz-daht'*) to found, to set up
совмéстный♂/совмéстная♀/совмéстное *n.* (*sahv-myes-niy♂/sahv-myes-nah-yah♀/sahv-myes-nah-yeh n.*) joint
предприя́тие (*preet-pree-yah-tee-yeh*) enterprise
прислáть (*pree-slaht'*) to send
реклáмный♂/реклáмная♀/реклáмное *n.* (*reek-lahm-niy♂/reek-lahm-nah-yah♀/reek-lahm-nah-yeh n.*) advertising, promotional
проспéкт (*prahs-pyekt*) brochure
чудéсно (*choo-dyes-nah*) wonderful, marvelous
тогдá (*tahg-dah*) then
всегó дóброго (*fsee-voh dob-rah-vah*) all the best
сарáй (*sah-rie*) shed
герóй (*gee-roy*) hero
крáй (*krie*) border, edge, territory
день♂ (*dyen'*) day
дя́дя♂ (*dyah-dyah*) uncle
истóрия (*ees-toh-ree-yah*) history
фами́лия (*fah-mee-lee-yah*) surname
скрóмность (*skrom-nahst'*) modesty
земля́ (*zeem-lyah*) land
семья́ (*seem'-yah*) family
ку́хня (*kookh-nyah*) kitchen
винó (*vee-noh*) wine
здáние (*zdah-nee-yeh*) building

собрáние (*sahb-rah-nee-yeh*) meeting
ожерéлье (*ah-zheh-ryel'-yeh*) necklace
ймя *n.* (*ee-myah*) first name
улетáть (*oo-lee-taht'*) to fly out
прилетáть (*pree-lee-taht'*) to fly in
понимáть (*pah-nee-maht'*) to understand
мéдленно (*myed-leen-nah*) slowly
зáвтра (*zahf-trah*) tomorrow
вчерá (*fchyeh-rah*) yesterday
вéчер (*vyeh-cher*) evening
вéчером (*vyeh-chee-rahm*) in the evening

EXERCISES

Exercise A

Translate the following sentences into Russian.

1. Mike lives and works in New York.
2. Natasha works in a bank in Moscow.
3. Her father and her mother live in Minsk.
4. I have my own separate apartment.
5. Right now, Natasha is in a hotel.
6. It is difficult for her to call her colleague, Volodya.
7. Volodya and Mike were very busy.
8. When can we meet?

Exercise B

Put the word in parentheses into the appropriate case.

1. Я иду́ (дом). ____
2. Ната́ша в (кабине́т) Воло́ди. ____
3. Воло́дя не рабо́тает. Он (дом).

   ____
4. Кни́га на (стол). ____
5. (Я) не нра́вится жить в (Москва́).

   ____
6. Ива́н о́чень лю́бит (она́). ____
7. У (я) есть па́спорт. ____
8. У (мы) больша́я кварти́ра. ____
9. (Он) нет в (Москва́). ____

Exercise C

Give the appropriate form of the verb, so that subject and verb agree.

1. За́втра я (быть) рабо́тать до́ма.

   ____
2. Вчера́ они́ (рабо́тать) в ба́нке.

   ____
3. Сейча́с Ната́ша (говори́ть) с Ива́ном.

   ____
4. Где они́ (быть) вчера́ ве́чером?

   ____
5. Сего́дня я (идти́) в теа́тр. ____
6. Воло́дя ча́сто (е́здить) в Москву́.

   ____
7. Сейча́с Пол (жить) в Москве́. ____
8. За́втра у меня́ (быть) биле́т на самолёт.

   ____
9. Вчера́ Воло́дя (быть) о́чень за́нят.

   ____
10. Вчера́ Ма́йк (звони́ть) мне из Аме́рики.

    ____

Exercise D

Translate the following sentences into English.

1. Мне не нра́вится рабо́тать в Москве́.
____
2. Сейча́с во́семь часо́в. ______________________________
3. Вам удо́бно встре́титься в три часа́?
____
4. Они́ бу́дут ждать нас в пять три́дцать в ба́нке.
____
5. Ма́йк присла́л нам мно́го вина́.
____
6. Мо́й оте́ц о́чень лю́бит свою́ рабо́ту.
____
7. У меня́ есть четы́ре биле́та в теа́тр.
____
8. Где Андре́й? Его́ нет до́ма. ______________________________
9. Воло́дя пое́дет с ва́ми, е́сли хоти́те.
____

Exercise E

True or false?

1. Сего́дня Ната́ша не в Москве́.
2. Ната́ше о́чень тру́дно позвони́ть своему́ колле́ге Воло́де.
3. Ма́йк звони́л Ната́ше из Аме́рики.
4. Ната́ше не удаётся поговори́ть с Воло́дей.
5. У Ната́ши к Воло́де мно́го вопро́сов.
6. Сего́дня у Ната́ши ещё одна́ встре́ча.
7. Ната́ша договори́лась пообе́дать с Воло́дей.
8. Воло́дя бу́дет ждать Ната́шу в 4.30.

Visit www.berlitzpublishing.com for a bonus internet activity—go to the downloads section and connect to the world in Russian!

REVIEW: LESSONS 1–5

A. Read aloud these useful expressions from Lesson 1.

1. Здра́вствуйте!
2. До свида́ния!
3. Спаси́бо.
4. Пожа́луйста.

B. Listen to dialogues 2 through 5, then read them out loud.

Dialogue 2 ЗДРА́ВСТВУЙТЕ

А́нна	Здра́вствуйте, Пол. Как ва́ши дела́?
Пол	Здра́вствуйте. У меня́ всё хорошо́, спаси́бо. А как ва́ши дела́?
А́нна	Спаси́бо, хорошо́. Сади́тесь, пожа́луйста. Дава́йте начнём наш уро́к.
Пол	С удово́льствием.

А́нна	Оди́н вопро́с, Пол.
Пол	Да, пожа́луйста.
А́нна	Вот, посмотри́те. Э́то ру́чка?
Пол	Да, э́то ру́чка.
А́нна	А э́то? Э́то ру́чка и́ли ключ?
Пол	Э́то ключ.
А́нна	А э́то? Э́то то́же ключ?
Пол	Нет, э́то не ключ.
А́нна	Что э́то?
Пол	Э́то кни́га. Э́то кни́га на ру́сском языке́.
А́нна	О́чень хорошо́, Пол. До свида́ния.
Пол	До свида́ния, А́нна Ива́новна. До ско́рой встре́чи!

Dialogue 3 ЗНАКО́МСТВО

Пол	Здра́вствуйте. Я – Пол. А вы кто?
Ната́лья	А меня́ зову́т Ната́лья Петро́вна Ивано́ва. Я ру́сская. А вы ру́сский?
Пол	Я не ру́сский. И не украи́нец, и не белору́с.
Ната́лья	Кто вы по национа́льности?
Пол	Я америка́нец. Я роди́лся в Сан-Франци́ско. А вы отку́да?
Ната́лья	Я из Новосиби́рска. А сейча́с я живу́ здесь, в Москве́. Я рабо́таю в ба́нке. А где вы рабо́таете?
Пол	Я? Я не рабо́таю. Я студе́нт. Я учу́ ру́сский язы́к.
Ната́лья	Зна́чит, я бухга́лтер, а вы студе́нт … А кто э́та же́нщина?
Пол	Э́то А́нна Ива́новна. Она преподава́тель. Она белору́ска, из Ми́нска. А́нна Ива́новна! Иди́те сюда́! …Э́то А́нна Ива́новна. А́нна Ива́новна, э́то Ната́лья Петро́вна. Она́ рабо́тает в ба́нке.
Ната́лья	О́чень прия́тно.

Dialogue 4 НАТА́ЛЬЯ ПЕТРО́ВНА Е́ДЕТ В КОМАНДИРО́ВКУ

А́нна	Как вы зна́ете, я белору́ска. Я живу́ и рабо́таю в Москве́. Я о́чень люблю́ Москву́. Но я люблю́ и Минск, где живу́т мой оте́ц и моя́ мать. Вы та́кже зна́ете, что Ната́лья Петро́вна из Новосиби́рска. Но сейча́с она́ живёт в Москве́. У неё своя́ отде́льная кварти́ра. Ей нра́вится жить в Москве́. Она́ рабо́тает в ба́нке. Она́ о́чень лю́бит свою́ рабо́ту. Сего́дня она́ е́дет в командиро́вку в Санкт-Петербу́рг. Сейча́с она́ говори́т с По́лом …
Пол	Как вы е́дете в Санкт-Петербу́рг?
Ната́лья	Я лечу́ туда́ на самолёте, а возвраща́юсь на по́езде.
Пол	У вас есть биле́т на самолёт?
Ната́лья	Да. У меня́ есть биле́т на самолёт и обра́тный биле́т на по́езд.
Пол	Вы до́лго бу́дете в Санкт-Петербу́рге?
Ната́лья	Я бу́ду там три дня. У меня́ там мно́го дел.
Пол	Вы ча́сто туда́ е́здите?
Ната́лья	Да, дово́льно ча́сто. Я там быва́ю три-четы́ре дня ка́ждый ме́сяц.
Пол	Я о́чень хочу́ побыва́ть в Санкт-Петербу́рге. Говоря́т, э́то о́чень интере́сный и краси́вый го́род.
Ната́лья	Да, э́то пра́вда. Но у меня́ никогда́ нет вре́мени там гуля́ть.
Пол	А почему́?
Ната́лья	Потому́ что у меня́ мно́го рабо́ты.
Пол	Когда́ улета́ет ваш самолёт?
Ната́лья	Че́рез четы́ре часа́. Из аэропо́рта Шереме́тьево-1.
Пол	И как вы туда́ е́дете?
Ната́лья	Обы́чно я иду́ к авто́бусной остано́вке и е́ду в аэропо́рт на авто́бусе. Но сего́дня я е́ду на такси́.
Пол	Я пое́ду с ва́ми, е́сли хоти́те. Я хочу́ помо́чь вам нести́ ва́ши чемода́ны.
Ната́лья	Большо́е спаси́бо, но у меня́ то́лько оди́н чемода́нчик, и он не тяжёлый. Он о́чень лёгкий. Но проводи́ть меня́ за компа́нию – пожа́луйста.
Пол	Да. С удово́льствием.

Dialogue 5 ВСТРЕ́ЧА

Сего́дня Ната́ша в Санкт-Петербу́рге. Сейча́с она́ в гости́нице. Она пыта́ется позвони́ть своему́ колле́ге Воло́де. Но э́то не легко́. Э́то про́сто тру́дно. Иногда́ но́мер за́нят, а иногда́ никто́ не отвеча́ет. Э́то о́чень доса́дно! Но в конце́ концо́в ей удаётся дозвони́ться и поговори́ть с ним…

Воло́дя	Слу́шаю вас.
Ната́ша	Воло́дя? Здра́вствуйте! Э́то Ната́ша.
Воло́дя	До́брый день, Ната́ша. Вы отку́да?
Ната́ша	Я здесь, в гости́нице "Нева́". Я уже́ це́лый час звоню́ вам.
Воло́дя	Я был о́чень за́нят. Майк звони́л мне из Аме́рики. Мы говори́ли о́чень до́лго.
Ната́ша	Когда́ мы мо́жем встре́титься? У меня́ к вам мно́го вопро́сов.
Воло́дя	Кото́рый час сейча́с?
Ната́ша	Сейча́с де́сять часо́в.
Воло́дя	Вы мо́жете прие́хать сейча́с?
Ната́ша	К сожале́нию, сейча́с не могу́. У меня́ ещё одна́ встре́ча сего́дня, в оди́ннадцать часо́в.
Воло́дя	Мо́жет быть, пообе́даем вме́сте в час дня?
Ната́ша	Извини́те, но я уже́ договори́лась пообе́дать с колле́гами, с кото́рыми я встреча́юсь в оди́ннадцать. Мо́жет быть, встре́тимся в три?
Воло́дя	В три не могу́. А е́сли в полпя́того? Вам удо́бно?
Ната́ша	Замеча́тельно!
Воло́дя	Договори́лись! Я бу́ду ждать вас в четы́ре три́дцать у себя́ в кабине́те.
Ната́ша	Воло́дя, я хочу́ спроси́ть, есть ли у вас кака́я-нибу́дь информа́ция о фи́рме, где рабо́тает Майк? Мы хоте́ли бы созда́ть совме́стное предприя́тие с америка́нской фи́рмой.
Воло́дя	Да, они́ присла́ли нам свои́ рекла́мные проспе́кты.
Ната́ша	Чуде́сно! Тогда́ до встре́чи!
Воло́дя	До встре́чи, Ната́ша! Всего́ до́брого.
Ната́ша	До свида́ния, Воло́дя!

EXERCISES

Exercise A

Here are some English words that are the same – or almost the same – as their Russian counterparts. Translate them into Russian and check your answers against the key.

1. America ____________________
2. New York ____________________
3. the president ____________________
4. an office ____________________
5. (a male) student ____________________
6. (a female) student ____________________
7. vodka ____________________
8. a pilot ____________________
9. students (male, or male and female)

   ____
10. airport ____________________

Exercise B

Read these Russian numbers aloud and then write them down (1, 5, etc).

А. во́семь
Б. три
В. семь
Г. четы́ре
Д. два
Е. оди́н
Ё. пять
Ж. шесть
З. де́вять
И. де́сять
Й. два́дцать два
К. три́дцать шесть
Л. со́рок
М. пятьдеся́т пять
Н. шестьдеся́т де́вять
О. се́мьдесят
П. сто
Р. девяно́сто четы́ре
С. во́семьдесят
Т. се́мьдесят три
У. четы́рнадцать
Ф. двена́дцать
Х. пятна́дцать
Ц. со́рок четы́ре
Ч. се́мьдесят оди́н
Ш. восемна́дцать
Щ. шестьдеся́т во́семь

Ь. три́дцать семь Ы. со́рок два Ъ. оди́ннадцать

Э. во́семьдесят три Ю. девятна́дцать Я. два́дцать де́вять

Exercise C

Put the nouns and pronouns given in parentheses into the appropriate case where necessary.

1. Ива́н и Ната́ша е́дут в (Москва́) в (командиро́вка).

   ____________________, ____________________

2. Сейча́с Воло́дя и Ната́ша на (рабо́та) в (банк) в (Минск).

   ____________________, ____________________,

   ____

3. Ива́н не лю́бит (своя́ рабо́та) в (университе́т).

   ____________________, ____________________

4. Ната́ша говори́т с (Майк).

   ____

5. Э́то чемода́н (Ива́н).

   ____

6. А́нна Ива́новна Смирно́ва живёт в (кварти́ра) в (центр) (Москва́).

   ____________________, ____________________,

   ____

7. Ната́ша из (Новосиби́рск).

   ____

8. Сейча́с А́нна Ива́новна идёт (дом) с (рабо́та).

   ____________________, ____________________

9. Я хочу́ помо́чь (вы).

   ____

10. Помоги́те (я), пожа́луйста.

    ____

11. Сейча́с Ната́ша у (Ива́н).

    ____

12. Да, с (удово́льствие).

    ____

13. Мы поéдем с (вы).

____

14. Пол и Натáша говори́ли о (командирóвка) (Натáша).

____________________, ____________________

15. В (конéц) (конéц).

____________________, ____________________

Exercise D

Agreement of subject and verb: put the verb into the correct form.

1. Сейчáс Пол óчень (люби́ть) Москвý, и я тóже (люби́ть) Москвý.

   ____________________, ____________________

2. Сейчáс мой отéц (жить) в Ми́нске, а я (жить) в Лóндоне.

   ____________________, ____________________

3. Вчерá мы (рабóтать) в Ми́нске, а сегóдня мы (рабóтать) в Москвé.

   ____________________, ____________________

4. Вчерá мы (быть) в Амéрике, где сейчáс (рабóтать) Майк и Ивáн.

   ____________________, ____________________

5. Вчерá Майк (звони́ть) Волóде из Амéрики, но Волóди не (быть) дóма.

   ____________________, ____________________

6. Где вы (быть) зáвтра вéчером, и где вы (быть) вчерá вéчером?

   ____________________, ____________________

7. Зáвтра вéчером я (быть) дóма, а вчерá вéчером я (быть) у Ивáна.

   ____________________, ____________________

8. Мы (быть) ждать вас зáвтра вéчером в шесть у нас дóма.

   ____

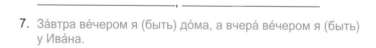

Visit www.berlitzpublishing.com for a bonus internet activity—go to the downloads section and connect to the world in Russian!

Lesson

7 НА РАБО́ТЕ *nah rah-boh-tyeh*
AT THE OFFICE

Воло́дя рабо́тает недалеко́ от гости́ницы "Нева́". Ната́ша идёт к нему́ на рабо́ту пешко́м. По пути́ она́ покупа́ет газе́ту. Она́ прихо́дит то́чно в полпя́того…
vah-loh-dyah rah-boh-tah-yet nyeh-dah-lee-koh aht-gahs-tee-nee-tsih nyeh-vah. nah-tah-shah ee-dyot knyeh-moo nah-rah-boh-too peesh-kom. pah-poo-tee ah-nah pah-koo-pah-yet gah-zyeh-too. ah-nah pree-khoh-deet toch-nah fpol-pyah-tah-vah…
Volodya works not far from the Hotel Neva. Natasha goes to his workplace on foot. On the way she buys a newspaper. She arrives exactly at four-thirty…

Воло́дя	Здра́вствуйте, Ната́ша! *zdrah-stvooy-tyeh nah-tah-shah* Hello, Natasha.
Ната́ша	Здра́вствуйте, Воло́дя! Как дела́? *zdrah-stvooy-tyeh vah-loh-dyah. kahk dyeh-lah* Hello, Volodya. How are things?
Воло́дя	Норма́льно. А что но́вого у вас? *nahr-mahl'-nah. ah shtoh noh-vah-vah oo vahs* Okay. And what's new with you?

Ната́ша	У меня́ всё по-ста́рому. Как всегда́ мно́го рабо́ты. *oo-mee-nyah fsyoh pah-stah-rah-moo. kahk fseeg-dah mnoh-gah rah-boh-tih* The same old thing. As always, a lot of work.
Воло́дя	Хоти́те ча́ю? И́ли ко́фе? *khah-tee-tyeh chah-yoo. ee-lee koh-fyeh* Would you like some tea? Or coffee?
Ната́ша	Нет, спаси́бо. Я о́чень мно́го пила́ ко́фе сего́дня. *nyet spah-see-bah. yah oh-chen' mnoh-gah pee-lah koh-fyeh see-vod-nyah* No, thank you. I drank a lot of coffee today. Мо́жно минера́льную во́ду? *mozh-nah mee-nee-rahl'-noo-yoo voh-doo* Can I have some mineral water?
Воло́дя	Коне́чно! Вот минера́льная во́да, а вот ко́пии рекла́мных проспе́ктов из Аме́рики. *kah-nyesh-nah. vot mee-nee-rahl'-nah-yah vah-dah ah vot koh-pee-ee reek-lahm-nihkh prahs-pyek-tahf eez-ah-myeh-ree-kee* Of course! Here is some mineral water, and here are copies of the promotional brochures from America.
Ната́ша	Спаси́бо. Хмм…интере́сно. Я ду́маю, э́то как раз то, что нам ну́жно…Здесь жа́рко. Мо́жно откры́ть окно́? *spah-see-bah. khmm…een-tee-ryes-nah. yah doo-mah-yoo eh-tah kahk rahs toh shtoh nahm noozh-nah… zdyes' zhahr-kah. mozh-nah aht-kriht'ahk-noh* Thanks. Hmm…interesting. I think it is just what we need…It's hot here. Is it possible to open the window?
Воло́дя	Коне́чно. Я откро́ю. *kah-nyesh-nah. yah aht-kroh-yoo* Of course. I'll open it.
Ната́ша	Когда́ вы смо́жете прие́хать к нам в Москву́? Мы с ва́ми должны́ обсуди́ть вопро́с о совме́стном предприя́тии с мои́м но́вым нача́льником, Ники́той Серге́евичем Кали́ниным. *kahg-dah vih smoh-zheh-tyeh pree-yeh-khaht' knahm vmahs-kvoo. mih svah-mee dahlzh-nih ahp-soo-deet'vahp-ros ah-sahv-myes-nahm preed-pree-yah-tee-ee smah-eem noh-vihm nah-chahl'-nee-kahm nee-kee-tie seer-gyeh-yeh-vee-chem kah-lee-nee-nihm* When will you be able to come to us in Moscow? You and I have to discuss the question of the joint venture with my new boss, Nikita Sergeyevich Kalinin.

Володя	Какое сегодня число? Двадцать первое? *kah-koh-yeh see-vod-nyah chees-loh dvah-tsaht' pyer-vah-yeh* What's the date today? The twenty-first?
Наташа	Двадцать первое ноября, вторник. *dvah-tsaht' pyer-vah-yeh nah-yahb-ryah ftor-neek* The twenty-first of November, Tuesday.
Володя	Я смогу приехать к вам через неделю. Скажем, в среду, двадцать девятого. *yah smah-goo pree-yeh-khaht' kvahm cheh-ryes nee-dyeh-lyoo. skah-zhem fsryeh-doo dvah-tsaht' dee-vyah-tah-vah* I'll be able to come to you in a week's time. Let's say on Wednesday, the twenty-ninth.
Наташа	Отлично! Я знаю, что Никита Сергеевич будет свободен в среду. *aht-leech-nah. yah znah-yoo shtoh nee-keet-ah seer-gyeh-yeh-veech boo-deet svah-boh-deen fsryeh-doo.* Great! I know that Nikita Sergeyevich will be free on Wednesday.

GRAMMAR

1. ASPECTS OF THE VERB: IMPERFECTIVE AND PERFECTIVE

Most Russian verbs have two aspects: the *imperfective aspect* and the *perfective aspect.* It is important to learn these in their corresponding pairs.

Broadly speaking, the *imperfective* indicates that an action is *not completed* or "imperfect", while the *perfective* indicates that an action *is completed* or "perfect".

The Russian language therefore has two verbs for every action, for example the verb делать (*dyeh-laht'*) is imperfective and means "to do" in the sense of "to be doing", and the verb сделать (*zdyeh-laht'*) is perfective and means "to do completely or once only".

Compare the following examples: if someone poses the question, что делать? (*shtoh dyeh-laht'*) "What to do?"/"What should we (I) be doing?", the answer will be in the imperfective aspect:

читáть кни́гу (*chee-taht' knee-goo*) to read a book, to be reading a book

писáть письмó (*pee-saht' pees'-moh*) to write a letter, to be writing a letter

пить кóфе (*peet' koh-fyeh*) to drink coffee, to be drinking coffee

In contrast, the question что сдéлать? (*shtoh zdyeh-laht'*) implies completion of the action, and the answer will be in the perfective aspect:

прочитáть кни́гу (*prah-chee-taht' knee-goo*) to read a book, to have read a book, to read a book from the beginning to the end

написáть письмó (*nah-pee-saht' pees'-moh*) to write a letter, to have written a letter, to completely write a letter

вы́пить кóфе (*vih-peet' koh-fyeh*) to drink coffee, to have drunk coffee, to drink a cup of coffee to the last drop

Most perfective verbs are formed by adding a prefix to the corresponding imperfective verb. Common prefixes of perfective verbs are вы- (*vih-*), за- (*zah-*), по- (*pah-*), про- (*prah-*), при- (*pree-*), с- (*s-*) and со- (*sah-*). However, sometimes the *suffix* changes:

давáть (*dah-vaht'*) (impf) to give, to be giving
дать (*daht'*) (perf) to give, to have given
начинáть (*nah-chee-naht'*) (impf) to begin, to be beginning
начáть (*nah-chaht'*) (perf) to begin, to have begun
сообщáть (*sah-ahp-shchaht'*) (impf) to inform, to be informing; to communicate, to be communicating
сообщи́ть (*sah-ahp-shcheet'*) (perf) to inform, to have informed; to communicate, to have communicated
Sometimes the **stem** itself changes:
встречáть (*fstree-chat'*) (impf) to meet, to be meeting
встрéтить (*fstryeh-teet'*) (perf) to meet, to have met
кричáть (*kree-chaht'*) (impf) to shout, to be shouting
кри́кнуть (*kreek-noot'*) (perf) to shout, to have shouted

Usually, the imperfective and perfective verbs are similar to one another, and it is easy to learn them in pairs. However, this is not always the case. You are already familiar with the imperfective verb говори́ть (*gah-vah-reet'*) "to talk, to be talking". The perfective is поговори́ть (*pah-gah-vah-reet'*) "to talk, to have talked". But when говори́ть means "to say, to be saying" or "to tell, to be telling", it is paired with the perfective verb сказáть (*skah-zaht'*) "to say, to have said; to tell, to have told".

Here are some examples:

Натáша говори́ла с Ивáном.
nah-tah-shah gah-vah-ree-lah s ee-vah-nahm
Natasha talked/was talking to Ivan.

Натáша поговори́ла с Ивáном.
nah-tah-shah pah-gah-vah-ree-lah s ee-vah-nahm
Natasha talked/has talked to Ivan.

Ната́ша говори́ла Ива́ну, что…
nah-tah-shah gah-vah-ree-lah ee-vah-noo shtoh…
Natasha was saying to/telling Ivan that…

Ната́ша сказа́ла Ива́ну, что…
nah-tah-shah skah-zah-lah ee-vah-noo shtoh…
Natasha said to/told Ivan that…

USAGE OF IMPERFECTIVE VERBS:

1. To express unfinished or continuous action:

Ива́н пи́шет кни́гу.
ee-vahn pee-shet knee-goo
Ivan is writing a book.

Ива́н писа́л кни́гу.
ee-vahn pee-sahl knee-goo
Ivan was writing a book.

Ива́н бу́дет писа́ть кни́гу.
ee-vahn boo-deet pee-saht' knee-goo
Ivan will be writing a book.

2. To express habitual or repetitive action:

Она́ пьёт ко́фе по утра́м.
ah-nah pyot koh-fyeh pah-oot-rahm
She drinks coffee in the morning.

Он е́здит в Санкт-Петербу́рг ка́ждый ме́сяц.
on yez-deet fsahnkt-pee-teer-boork kahzh-diy myeh-syahts
He travels to St. Petersburg every month.

Ра́ньше она́ пила́ ко́фе по утра́м, а тепе́рь она́ пьёт ча́й.
rahn'-sheh ah-nah pee-lah koh-fyeh pah-oot-rahm ah tee-pyer' ah-nah pyot chie
Before, she used to drink coffee in the morning, but now she drinks tea.

В про́шлом году́ он е́здил в Минск ка́ждый ме́сяц.
fprosh-lahm gah-doo on yez-deel vmeensk kahzh-diy myeh-syahts
Last year he traveled to Minsk every month.

Вско́ре он бу́дет е́здить в Минск ка́ждую неде́лю.
fskoh-ryeh on boo-deet yez-deet' vmeensk kahzh-doo-yoo nee-dyeh-lyoo
Soon he will travel to Minsk every week.

THE USAGE OF PERFECTIVE VERBS:

1. To express the completion of an action:

Ива́н написа́л кни́гу.
ee-vahn nah-pee-sahl knee-goo
Ivan wrote/has written a book.

2. To express the definite completion of an action in the future:

Ско́ро Ива́н напи́шет кни́гу.
skoh-rah ee-vahn nah-pee-shet knee-goo
Soon Ivan will write a book.

3. To express instantaneous actions:

Пол откры́л дверь.
pol aht-krihl dvyer'
Paul opened the door.

Ната́ша вскри́кнула.
nah-tah-shah fskreek-noo-lah
Natasha screamed.

TENSES OF IMPERFECTIVE AND PERFECTIVE VERBS:

Imperfective verbs have past, present and future tenses. Perfective verbs have past and future tenses, but *no present tense*, since they describe only *completed* actions. An action taking place in the present is, by definition, incomplete and therefore imperfect.

The future tense of an imperfective verb is formed with бу́ду (*boo-doo*), бу́дешь (*boo-dyesh*), бу́дет (*boo-deet*), бу́дем (*boo-deem*), бу́дете (*boo-dee-tye*), бу́дут (*boo-doot*) plus the infinitive of the imperfective verb:

Мы бу́дем ждать вас здесь.
mih boo-deem zhdaht' vahs zdyes'
We are going to wait/will be waiting for you here.

The future tense of a perfective verb is similar in conjugation to the present tense of imperfective verbs.

Let's have a look at the verbs писа́ть (*pee-saht'*) – to write, to be writing (imperfective) – and написа́ть (*nah-pee-saht'*) – to write, to have written (perfective).

ПИСА́ТЬ **(imperfective)**	НАПИСА́ТЬ **(perfective)**
Present tense	
я пишу́ *yah pee-shoo*	THE
ты пи́шешь *tih pee-shesh*	PERFECTIVE
он/она́ пи́шет *on/ah-nah pee-shet*	HAS
мы пи́шем *mih pee-shem*	NO
вы пи́шете *vih pee-sheh-tyeh*	PRESENT
они пи́шут *ah-nee pee-shoot*	TENSE

ПИСА́ТЬ **(imperfective)**	НАПИСА́ТЬ **(perfective)**
Future tense	
я бу́ду писа́ть *yah boo-doo pee-saht'*	я напишу́ *yah nah-pee-shoo*
ты бу́дешь писа́ть *tih boo-deesh pee-saht'*	ты напи́шешь *tih nah-pee-shesh*
он/она́ бу́дет писа́ть *on/ah-nah boo-deet pee-saht'*	он/она́ напи́шет *on/ah-nah nah-pee-shet*
мы бу́дем писа́ть *mih boo-deem pee-saht'*	мы напи́шем *mih nah-pee-shem*
вы бу́дете писа́ть *vih boo-dee-tyeh pee-saht'*	вы напи́шете *vih nah-pee-sheh-tyeh*
они бу́дут писа́ть *ah-nee boo-doot pee-saht'*	они напи́шут *ah-nee nah-pee-shoot*

ПИСА́ТЬ **(imperfective)**	НАПИСА́ТЬ **(perfective)**
Past tense	
я писа́л *yah pee-sahl*	я написа́л *yah nah-pee-sahl*
ты писа́л *tih pee-sahl*	ты написа́л *tih nah-pee-sahl*
он писа́л *on pee-sahl*	он написа́л *on nah-pee-sahl*
она́ писа́ла *ah-nah pee-sah-lah*	она́ написа́ла *ah-nah nah-pee-sah-lah*
мы писа́ли *mih pee-sah-lee*	мы написа́ли *mih nah-pee-sah-lee*
вы писа́ли *vih pee-sah-lee*	вы написа́ли *vih nah-pee-sah-lee*
они́ писа́ли *ah-nee pee-sah-lee*	они́ написа́ли *ah-nee nah-pee-sah-lee*

NOTE ON THE USE OF ПО-

Sometimes the prefix по- conveys the idea of spending a little time doing something. For example: погуля́ть *pah-goo-lyaht'* (perfective):

Они́ погуля́ли в па́рке. *ah-nee pah-goo-lyah-lee fpahr-kyeh*
They strolled in the park for a while.

посиде́ть *pah-see-dyet'* (perfective):

Воло́дя посиде́л с Ната́шей. *vah-loh-dyah pah-see-dyel snah-tah-shey*
Volodya sat a while with Natasha.

There is, however, one commonly used verb that is an exception and should be memorized:

покупа́ть (*pah-koo-paht'*) to buy, to be buying: *imperfective* despite the prefix по-

купи́ть (*koo-peet'*) (perfective) to buy, to have bought/to complete the action of buying

2. THE OMISSION OF VOWELS IN MASCULINE NOUNS

Some masculine nouns with the letters о, ё, and е in the last syllable in the nominative case drop these letters when they are declined. In Lesson 5 we saw this happen to коне́ц *kah-nyets* (end):

в конце́ концо́в
fkahn-tseh kahn-tsof
Eventually, in the end

Similarly:

оте́ц *ah-tyets* father	с отцо́м *saht-tsom* with father
продаве́ц *prah-dah-vyets* salesperson	продавца́ *prah-dahf-tsah* of the salesperson
у́гол *oo-gahl* corner	в углу́ *voog-loo* in the corner

3. NUMBERS 100–1,000

100 сто
stoh

101 сто оди́н
stoh ah-deen

102 сто два
stoh dvah

105 сто пять
stoh pyaht'

110 сто де́сять
stoh dyeh-syaht'

150 сто пятьдеся́т
stoh pyaht'-dyeh-syaht

200 две́сти
dvyes-tee

299 две́сти девяно́сто де́вять
dvyes-tee dee-vyah-nos-tah dyeh-vyaht'

300 три́ста
tree-stah

340 три́ста со́рок
tree-stah soh-rahk

430 четы́реста три́дцать
chee-<u>tih</u>-rees-tah <u>tree</u>-tsaht'

500 пятьсо́т
pyaht'-<u>sot</u>

555 пятьсо́т пятьдеся́т пять
pyaht'-<u>sot</u> pyaht'-dee-<u>syaht</u> pyaht'

600 шестьсо́т
shes-<u>sot</u>

622 шестьсо́т два́дцать два
shes-<u>sot</u> <u>dvah</u>-tsat' dvah

700 семьсо́т
seem-<u>sot</u>

800 восемьсо́т
vah-seem-<u>sot</u>

900 девятьсо́т
dee-vyaht-<u>sot</u>

999 девятьсо́т девяно́сто де́вять
dee-vyaht-<u>sot</u> dee-vyah-<u>nos</u>-tah <u>dyeh</u>-vyaht'

1,000 одна́ ты́сяча
ahd-<u>nah</u> <u>tih</u>-syah-chah

SOME USEFUL EXPRESSIONS

Я вас не понима́ю.
yah vahs nyeh pah-nee-<u>mah</u>-yoo
I don't understand you.

Повтори́те, пожа́луйста.
pahf-tah-<u>ree</u>-tyeh pah-<u>zhahl</u>-stah
Repeat, please.

Где здесь туале́т?
gdyeh zdyes' too-ah-<u>lyet</u>
Where is the restroom?

Когда́ мы встре́тимся?
kahg-<u>dah</u> mih <u>fstryeh</u>-teem-syah
When will we meet?

Когда́ я смогу́ прие́хать к вам?
kahg-<u>dah</u> yah smah-<u>goo</u> pree-<u>yeh</u>-khaht' kvahm
When can I come to (visit) you?

DAYS OF THE WEEK

Note that these are not capitalized in Russian except at the beginning of a sentence.

понеде́льник	*pah-nee-dyel'-neek*	Monday
вто́рник	*ftor-neek*	Tuesday
среда́	*sree-dah*	Wednesday
четве́рг	*chet-vyerk*	Thursday
пя́тница	*pyaht-nee-tsah*	Friday
суббо́та	*soo-boh-tah*	Saturday
воскресе́нье	*vahs-kree-syen'-yeh*	Sunday

VOCABULARY

на рабо́те (*nah rah-boh-tyeh*) at work, at the office
рабо́тать (impf) (*rah-boh-taht'*) to work
далеко́ (*dah-lee-koh*) far, a long way, far away
недалеко́ (*nee-dah-lee-koh*) not far
от (*aht*) from
идти́ пешко́м (*eet-tee peesh-kom*) to go on foot, to walk
путь (*poot'*) way, path, route
по пути́ (*pah poo-tee*) on the way
покупа́ть (impf) (*pah-koo-paht'*) to buy
газе́та (*gah-zyeh-tah*) newspaper
приходи́ть (perf) (*pree-khah-deet'*) to arrive, to come
то́чно (*toch-nah*) exactly
полпя́того (*pol-pyah-tah-vah*) half past four
норма́льно (*nahr-mahl'-nah*) okay, normal
Что но́вого у вас? (*shtoh noh-vah-vah oo vahs*) What's new?
ста́рый♂/ста́рая♀/ста́рое *n.* (*stah-riy♂/stah-rah-yah♀/stah-rah-yeh n.*) old
по-ста́рому (*pah-stah-rah-moo*) as before, as usual
всегда́ (*fseeg-dah*) always
как всегда́ (*kahk fseeg-dah*) as always, as usual
хоте́ть (impf) (*khah-tyet'*) to want
пить (impf) (*peet'*) to drink
минера́льный♂/минера́льная♀/минера́льное *n.* (*mee-nee-rahl'-niy♂/mee-nee-rahl'-nah-yah♀/mee-nee-rahl'-nah-yeh n.*) mineral

водá (*vah-dah*) water
конéчно (*kah-nyesh-nah*) of course
кóпия (*koh-pee-yah*) copy, duplicate
проспéкт (*prahs-pyekt*) brochure, prospectus
интерéсный♂/интерéсная♀/интерéсное *n.* (*een-tee-ryes-niy♂/een-tee-ryes-nah-yah♀/een-tee-ryes-nah-yeh n.*) interesting
интерéсно (*een-tee-ryes-nah*) it is interesting
дýмать (impf) (*doo-maht'*) to think
как раз то, что… (*kahk rahs toh, shtoh…*) just what…
здесь (*zdyes'*) here
Мóжно? (*mozh-nah*) Is it possible?, May I…?
открывáть (impf) (*aht-krih-vaht'*) to open
откры́ть (perf) (*aht-kriht'*) to open
окнó (*ahk-noh*) window
мочь (impf) (*moch*) to be able to
смочь (perf) (*smoch*) to be able to
смóжете (*smoh-zhih-tyeh*) you will be able to
éхать (impf) (*yeh-khaht'*) to go (by transport), to drive
приéхать (perf) (*pree-yeh-khaht'*) to come (by transport)
я/он дóлжен♂ (*yah/on dol-zhen*) I/he must
я/онá должнá♀ (*yah/ah-nah dahlzh-nah*) I/she must
мы/вы/онú должны́ (*mih/vih/ah-nee dahlzh-nih*) we/you/they must
обсудúть (perf) (*ahp-soo-deet'*) to discuss
вмéсте (*vmyes-tyeh*) together
начáльник (*nah-chahl'-neek*) chief, boss
числó (*chees-loh*) number, date
чéрез (*cheh-rees*) through, in (of time)
недéля (*nee-dyeh-lyah*) week
чéрез недéлю (*cheh-rees nee-dyeh-lyoo*) in a week
сказáть (perf) (*skah-zaht'*) to say
скáжем (*skah-zhem*) let's say, we'll say
отлúчно (*aht-leech-nah*) it's excellent, great
знать (impf) (*znaht'*) to know
свобóдный♂/свобóдная♀/свобóдное *n.* (*svah-bod-niy♂/svah-bod-nah-yah♀/svah-bod-nah-yeh n.*) free
я/он свобóден♂ (*yah/on svah-boh-dyen*) I am/he is free
я/онá свобóдна♀ (*yah/ah-nah svah-bod-nah*) I am/she is free
мы/вы/онú свобóдны (*mih/vih/ah-nee svah-bod-nih*) we/you/they are free

EXERCISES

Exercise A

Perfective or imperfective? If the underlined verb is an imperfective verb, write "impf". If it is a perfective verb, write "perf".

1. Вчера́ Воло́дя <u>чита́л</u> кни́гу. ________
2. Сего́дня у́тром Ната́ша <u>прочита́ла</u> но́вую кни́гу. ________
3. Что <u>де́лать</u>? ________
4. Что <u>сде́лать</u>? ________
5. Мы <u>дава́ли</u> ему́ кни́ги ка́ждый ме́сяц. ________
6. Они́ <u>да́ли</u> ей кни́гу вчера́. ________
7. Ната́ша и Воло́дя <u>рабо́тают</u> в ба́нке. ________
8. Ка́ждый день она́ <u>покупа́ет</u> минера́льную во́ду. ________
9. Вчера́ Ната́ша <u>купи́ла</u> англи́йскую газе́ту. ________
10. Когда́ Майк <u>смо́жет</u> прие́хать к нам в Москву́? ________

Exercise B

Numbers. Write out the following numbers in Russian and check your answers against the key.

А 5 ________	Б 10 ________	В 15 ________	Г 20 ________
Д 25 ________	Е 30 ________	Ё 35 ________	Ж 40 ________
З 45 ________	И 50 ________	Й 55 ________	К 60 ________
Л 65 ________	М 70 ________	Н 75 ________	О 80 ________
П 85 ________	Р 90 ________	С 95 ________	Т 100 ________
У 101 ________	Ф 111 ________	Х 200 ________	Ц 222 ________

Exercise C

Translate the following sentences into English.

1. Хоти́те ча́ю, ко́фе, минера́льную во́ду или во́дку?

____

2. Како́е сего́дня число́?

____

3. Сего́дня два́дцать девя́тое апре́ля.

____

4. Извини́те, пожа́луйста. Здесь есть туале́т?

____

5. Когда́ вы бу́дете свобо́дны?

____

6. Мы бу́дем свобо́дны во вто́рник, в шесть часо́в ве́чера.

____

7. По пути́ к Воло́де Ната́ша купи́ла газе́ту.

____

8. Воло́дя дал Ната́ше ко́пии америка́нских рекла́мных проспе́ктов.

____

9. Ра́ньше я пил ча́й по утра́м, а тепе́рь я пью минера́льную во́ду.

____

10. Воло́дя дал Ната́ше проспе́кты, и она́ поду́мала, что они́ как раз то, что ей ну́жно.

____

Exercise D

Translate the following sentences into Russian.

1. Yesterday I was talking with Mike in the office.

____

2. Natasha walks to the bank every day.

____

3. I used to drink tea in the morning, but now I drink coffee.

____

4. The pen and the key are on the table.

____

5. Last year we traveled to New York every week.

____

6. I opened the door.

____

7. We have talked with Mike.

____

8. Soon I will travel to Moscow every month.

____

Exercise E

True or false?

1. Воло́дя рабо́тает о́чень далеко́ от гости́ницы “Нева́”.
2. Ната́ша е́дет к Воло́де на авто́бусе.
3. По пути́ она́ покупа́ет газе́ту.
4. Она́ не прихо́дит к Воло́де то́чно в полпя́того.
5. У Ната́ши немно́го рабо́ты.
6. Сего́дня Ната́ша не пила́ ко́фе.
7. У Воло́ди нет минера́льной воды́.
8. У Воло́ди есть ко́пии рекла́мных проспе́ктов из Аме́рики.
9. Сего́дня два́дцать пя́тое ноября́.

Visit www.berlitzpublishing.com for a bonus internet activity—go to the downloads section and connect to the world in Russian!

НАТА́ША ДЕ́ЛАЕТ ПОКУ́ПКИ

nah-tah-shah dyeh-lah-yet pah-koop-kee

NATASHA GOES SHOPPING

Как мы уже́ зна́ем, у Ната́ши мно́го рабо́ты. Коне́чно, в Москве́ она́ покупа́ет проду́кты в магази́нах. Но у неё почти нет вре́мени ходи́ть по магази́нам, что́бы купи́ть оде́жду, о́бувь и други́е ве́щи.

kahk mih oo-zheh znah-yem oo-nah-tah-shih mnoh-gah rah-boh-tih. kah-nyesh-nah vmahs-k vyeh ah-nah pah-koo-pah-yet prah-dook-tih vmah-gah-zee-nahkh. noh oo nee-yoh pach-tee nyet vryeh-mee-nee khah-deet' pah mah-gah-zee-nahm shtoh-bih koo-peet' ah-dyezh-doo oh-boof' ee droo-gee-yeh vyeh-shchee

As we already know, Natasha has a lot of work. Of course, in Moscow she buys groceries in stores. But she has almost no time to go shopping in order to buy clothes, footwear and other things.

Сего́дня она́ всё ещё в Санкт-Петербу́рге. У неё есть немно́го свобо́дного вре́мени. По́этому она́ реши́ла пойти́ по магази́нам и купи́ть себе́ тёплую ша́пку, перча́тки и сапоги́. У нас в Росси́и хо́лодно зимо́й! Ну́жно име́ть тёплые ве́щи, что́бы не замёрзнуть.

see-vod-nyah ah-nah fsyoh yeh-shchoh fsahnkt-pee-teer-boor-gyeh. oo-nee-yoh yest' neem-noh-gah svah-bod-nah-vah vryeh-mee-nee. pah-eh-tah-moo ah-nah ree-shih-lah pie-tee pah-mah-gah-zee-nahm ee koo-peet' see-byeh tyop-loo-yoo shahp-koo

peer-chaht-kee ee sah-pah-gee. oo nahs vrah-see-ee khoh-lahd-nah zee-moy. noozh-nah ee-myet' tyop-lih-yeh vyeh-shchee shtoh-bih nyeh zah-myorz-noot'
Today she is still in St. Petersburg. She has a little free time. She has therefore decided to go shopping and to buy herself a warm hat, gloves and boots. It's cold in the winter here in Russia! It's necessary to have warm things, in order not to freeze.

Сейча́с Ната́ша в магази́не "Гости́ный Двор". Она́ говори́т с продавцо́м…
seey-chahs nah-tah-shah vmah-gah-zee-nyeh gahs-tee-niy dvor. ah-nah gah-vah-reet sprah-dahf-tsom…
Now Natasha is in the "Gostiniy Dvor" store. She is talking with a salesperson…

Ната́ша	Пожа́луйста, покажи́те мне э́ти сапоги́. *pah-zhahl-stah pah-kah-zhih-tyeh mnyeh eh-tee sah-pah-gee* Show me those boots, please.
Продаве́ц	Каки́е? *kah-kee-yeh* Which ones?
Ната́ша	Вот те чёрные, в углу́. *vot tyeh chor-nih-yeh voog-loo* Those black ones, in the corner.
Продаве́ц	Вот э́ти? *vot eh-tee* These?
Ната́ша	Да, спаси́бо. Ско́лько они́ сто́ят? *dah spah-see-bah. skol'-kah ah-nee stoh-yaht* Yes, thank you. How much are they?
Продаве́ц	Во́семь ты́сяч. *voh-syem' tih-syach* Eight thousand (rubles).
Ната́ша	О́й, до́рого! У вас есть подеше́вле? *oy doh-rah-gah. oo-vahs yest' pah-dee-shev-lyeh* Oh, expensive! Do you have anything cheaper?
Продаве́ц	Да. Вот э́ти сто́ят четы́ре ты́сячи. *dah. vot eh-tee stoh-yaht chee-tih-ree tih-syah-chee* Yes. These cost four thousand.
Ната́ша	Хорошо́. А мо́жно посмотре́ть э́ти перча́тки? *khah-rah-shoh. ah mozh-nah pah-smah-tryet' eh-tee peer-chaht-kee* Good. And can I have a look at those gloves?

Продаве́ц Чёрные?
chor-nih-yee
The black ones?

Ната́ша Нет, кра́сные, пожа́луйста.
nyet krahs-nih-yeh pah-zhahl-stah
No, the red ones, please.

Продаве́ц Пожа́луйста.
pah-zhahl-stah
Here you are.

Ната́ша Спаси́бо. Ду́маю, э́ти мне подойду́т. И ещё покажи́те мне, пожа́луйста, ша́пку.
spah-see-bah. doo-mah-yoo eh-tee mnyeh pah-die-doot. ee yeh-shchoh pah-kah-zhih-tyeh mnyeh pah-zhahl-stah shah-pkoo
Thank you. I think these will suit me. Please also show me a hat.

Продаве́ц Мехову́ю и́ли шерстяну́ю?
mee-khah-voo-yoo ee-lee sher-styah-noo-yoo
A fur or woolen one?

Ната́ша Кра́сную шерстяну́ю. Ско́лько она́ сто́ит?
krahs-noo-yoo sher-styah-noo-yoo. skol'-kah ah-nah stoh-eet
The red woolen one. How much does it cost?

Продаве́ц Две ты́сячи.
dvyeh tih-syah-chee
Two thousand.

Ната́ша Я возьму́ её, хоть и до́рого. Она́ така́я краси́вая и тёплая! И, коне́чно, сапоги́ и перча́тки. Посчита́йте, пожа́луйста, всё вме́сте.
yah vahz'-moo yeh-yoh khot' ee doh-rah-gah. ah-nah tah-kah-yah krah-see-vah-yah ee tyop-lah-yah. ee kah-nyesh-nah sah-pah-gee ee peer-chaht-kee. pah-shchee-tie-tyeh pah-zhahl-stah fsyoh vmyes-tyeh
I'll take it, even though it's expensive. It's so beautiful and warm! And of course the boots and gloves. Please add up everything together.

Продаве́ц Ша́пка – две ты́сячи, перча́тки – одна ты́сяча и четы́ре ты́сячи за сапоги́. Всего́ семь ты́сяч.
shahp-kah dveh tih-syah-chee peer-chaht-kee ahd-nah tih-syah-chah ee chee-tih-ryet tih-syah-chee zah sah-pah-gee. fsee-voh syem' tih-syahch
The hat, two thousand, the gloves, one thousand and four thousand for the boots. In all, seven thousand.

Наташа	Платить вам? *plah-teet' vahm* Should I pay you?
Продавец	Нет, в кассу. *nyet fkah-soo* No, at the cash register.
Наташа	А где касса? *ah gdyeh kah-sah* And where is the cash register?
Продавец	Вон там, налево. *von tahm nah-lyeh-vah* Over there, on the left.
Наташа	Спасибо. *spah-see-bah* Thank you.

GRAMMAR

1. THE TWO CONJUGATIONS OF RUSSIAN VERBS

Most Russian verbs belong to one of two groups: 1st conjugation or 2nd conjugation, depending on their endings.

1ST CONJUGATION VERBS, PRESENT TENSE

The present tense endings for 1st conjugation verbs are:
-у (*-oo*)/-ю (*-yoo*), -ешь (*-yesh*)/-ёшь (*yosh*), -ет (*-yet*)/-ёт (*-yot*), -ем (*-yem*), -ете (*yeh-tyeh*)/-ёте (*yoh-tyeh*), -ут (*oot*)/-ют (*yoot*).

For example: писать (*pee-saht'*) "to write, to be writing" and читать (*chee-taht'*) "to read, to be reading":

	писать *pee-saht'*	читать *chee-taht'*
я *yah*	пишу *pee-shoo*	читаю *chee-tah-yoo*
ты *tih*	пишешь *pee-shesh*	читаешь *chee-tah-yesh*
он/она/оно *on/ah-nah/ah-noh*	пишет *pee-shet*	читает *chee-tah-yet*

мы *mih*	пи́шем *pee-shem*	чита́ем *chee-tah-yem*
вы *vih*	пи́шете *pee-sheh-tyeh*	чита́ете *chee-tah-yeh-tyeh*
они́ *ah-nee*	пи́шут *pee-shoot*	чита́ют *chee-tah-yoot*

Here are a couple of similar 1st conjugation verbs that are often confused by people learning Russian: петь (*pyet'*) "to sing, to be singing" and пить (*peet'*) "to drink, to be drinking":

	петь *pyet'*	пить *peet'*
я *yah*	пою́ *pah-yoo*	пью *pyoo*
ты *tih*	поёшь *pah-yosh*	пьёшь *pyosh*
он/она́/оно́ *on/ah-nah/ah-noh*	поёт *pah-yot*	пьёт *pyot*
мы *mih*	поём *pah-yom*	пьём *pyom*
вы *vih*	поёте *pah-yoh-tyeh*	пьёте *pyoh-tyeh*
они́ *ah-nee*	пою́т *pah-yoot*	пьют *pyoot*

Remember that the Russian present tense corresponds to both the English present continuous and the present simple. Я рабо́таю (*yah rah-boh-tah-yoo*) can be translated as "I am working" or as "I work", depending on the context.

Remember also that only imperfective verbs can have a present tense. If an action is taking place *now*, it cannot have been completed or perfected!

2ND CONJUGATION VERBS, PRESENT TENSE

The present tense endings for 2nd conjugation verbs are:
-ю (*-yoo*)/-у (*-oo*), -ишь (*-eesh*), -ит (*-eet*), -им (*-eem*), -ите (*-ee-tyeh*), -ат (*aht*)/-ят (*yaht*).

Three frequently used 2nd conjugation verbs are:

ходи́ть (*khah-deet'*) "to go", "to be going" (on foot)
говори́ть (*gah-vah-reet'*) "to talk/say", "to be talking/saying"
крича́ть (*kree-chaht'*) "to shout", "to be shouting"

These are conjugated as follows:

	ходи́ть *khah-deet'*	говори́ть *gah-vah-reet'*	крича́ть *kree-chaht'*
я *yah*	хожу́ *khah-zhoo*	говорю́ *gah-vah-ryoo*	кричу́ *kree-choo*
ты *tih*	хо́дишь *khoh-deesh*	говори́шь *gah-vah-reesh*	кричи́шь *kree-cheesh*
он/она́/оно́ *on/ah-nah/ah-noh*	хо́дит *khoh-deet*	говори́т *gah-vah-reet*	кричи́т *kree-cheet*
мы *mih*	хо́дим *khoh-deem*	говори́м *gah-vah-reem*	кричи́м *kree-cheem*
вы *vih*	хо́дите *khoh-dee-tyeh*	говори́те *gah-vah-ree-tyeh*	кричи́те *kree-chee-tyeh*
они́ *ah-nee*	хо́дят *khoh-dyaht*	говоря́т *gah-vah-ryaht*	крича́т *kree-chaht*

Note that д changes to ж in the first person singular of ходи́ть. This occurs in several 2nd conjugation verbs ending in -дить (*-deet'*), -деть (*dyet'*), such as:

води́ть (*vah-deet'*) "to lead", "to be leading" (e.g., a child by the hand)
води́ть маши́ну (*vah-deet' mah-shih-noo*) "to drive/be driving a car"
я вожу́ маши́ну (*yah vah-zhoo mah-shih-noo*) I am driving a car
сиде́ть (*see-dyet'*) "to sit", "to be sitting"; "to stay", "to be staying"
я сижу́ до́ма (*yah see-zhoo doh-mah*) "I am sitting/staying at home"
ви́деть (*vee-deet'*) "to see", "to be seeing"
я ви́жу его́ ка́ждый день (*yah vee-zhoo yeh-voh kahzh-diy dyen'*) I see him every day.

Note also that the ending of the first person singular after -ж, -ш, -ч, -щ is always -у:

я вяжу́ (*yah vyah-zhoo*) I am knitting (вяза́ть), я служу́ (*yah sloo-zhoo*) I am serving (in the army, etc.) (служи́ть)
я ношу́ (*yah nah-shoo*) I am wearing/carrying (носи́ть), я прошу́ (*yah prah-shoo*) I am asking (проси́ть)

я молчу́ (*yah mahl-choo*) I am remaining silent (молча́ть), я учу́ (*yah oo-choo*) I am learning/teaching (учи́ть)
я чи́щу (*yah chee-shchoo*) I am cleaning (чи́стить)

Otherwise it is usually -ю but sometimes -у:

я рабо́таю, гуля́ю, лета́ю, покупа́ю (*yah rah-boh-tah-yoo, goo-lyah-yoo, lee-tah-yoo, pah-koo-pah-yoo*)
я веду́ (*yah vee-doo*) I am leading (вести), я несу́ (*yah nee-soo*) I am carrying (нести́), я кладу́ (*yah klah-doo*) I am putting (класть)

---

2. A NOTE ON THE FUTURE TENSE

1. Imperfective verbs use the future of быть (*biht'*) "to be" with the infinitive to form the future tense. You saw an example in Lesson 5, when Volodya said to Natasha Я бу́ду ждать вас… (*yah boo-doo zhdaht' vahs*) "I will wait for you".

2. As mentioned above, perfective verbs do not have a present tense. They conjugate the same way imperfective verbs do, but this conjugation forms the future tense rather than the present.

---

3. REFLEXIVE AND RECIPROCAL VERBS

Broadly speaking, a *reflexive* verb refers back to its subject. The best way to translate reflexive verbs is with the pronoun "oneself". The infinitive of these verbs ends in –ться (*-tsah)*:

умыва́ться
oo-mih-vah-tsah
to wash oneself, to wash up

я умыва́юсь
yah oo-mih-vah-yoos'
I wash/am washing myself, I am washing up

ты умыва́ешся
tih oo-mih-vah-yesh-syah
you wash/are washing yourself, you are washing up

он♂/она́♀ умыва́ется
on♂/ah-nah♀ oo-mih-vah-yeh-tsah
he/she washes/is washing himself/herself, washing up

мы умыва́емся
mih oo-mih-vah-yem-syah
we wash/are washing ourselves, washing up

они́ умыва́ются
ah-nee oo-mih-vah-yoo-tsah
They wash/are washing themselves, washing up

A *reciprocal* verb has two or more agents and conveys the idea of the English phrase "one another". You saw a reciprocal verb in Lesson 3, when Natasha said "I'm very happy to meet you". In Russian, because the action of meeting or being introduced has been completed, the meaning is "I'm very happy to have met you":

Я о́чень рад♂/ра́да♀познако́миться с ва́ми.
yah oh-chen' raht♂/rah-dah♀ pah-znah-koh-mee-tsah svah-mee

познако́миться (*pah-znah-koh-mee-tsah*) to have met, to have been introduced (to one another) is the perfective form of the imperfective verb знако́миться (*znah-koh-mee-tsah).*

Reflexive and reciprocal verbs are formed by adding -ся (*-syah*)or -сь (*-s'*) to the non-reflexive or non-reciprocal form, for example: умыва́ть (*oo-mih-vaht'*) – умыва́ться (*oo-mih-vah-tsah*), знако́мить (*znah-koh-meet'*) – знако́миться (*znah-koh-mee-tsah*). After a consonant, ь- or й-, -ся (*-syah*) is added; -сь (*-s'*) is added after a vowel. Please note that combinations -тся and -ться are pronounced *-tsah*. Here are two examples, this time without transliteration:

Reflexive	**Reciprocal**
одева́ться to dress oneself	знако́миться to get to know someone
я одева́юсь	я знако́млюсь
ты одева́ешься	ты знако́мишься
он, она́ одева́ется	он, она́ знако́мится
мы одева́емся	мы знако́мимся
вы одева́етесь	вы знако́митесь
они одева́ются	они знако́мятся

Not all verbs ending in -сь (*-s'*) or -ся (*-syah*) are reflexive or reciprocal. For example:

находи́ть (*nah-khah-deet'*) to find
находи́ться (*nah-khah-dee-tsah*) to be, to be situated, (to be found)
смея́ться (*smeeh-yah-tsah*) to laugh

4. СЕБЯ́ (*see-byah*) — ONESELF

In the dialogue at the beginning of this lesson, Natasha went shopping:

…купи́ть себе́ тёплую ша́пку…
…koo-peet' see-byeh tyop-loo-yoo shahp-koo…
…to buy herself a warm hat…

Себе́ (*see-byeh*) in this phrase is the dative form of the word себя́ (*see-byah*). Себя́, the dictionary form, is the accusative. There is no nominative form of себя́. Себя́ can mean myself, yourself, himself, herself, ourselves, yourselves and themselves (you can figure out which one by looking at the subject of the sentence). Note that there is *no separate plural form*, even though it can have a plural meaning.

Here is its declension, alongside that of я.

Nom.	я *yah*	——
Acc.	меня́ *mee-nyah*	себя́ *see-byah*
Gen.	меня́ *mee-nyah*	себя́ *see-byah*
Dat.	мне *mnyeh*	себе́ *see-byeh*
Instr.	мно́й *mnoy*	собо́й[1] *sah-boy*
Prep.	мне *mnyeh*	себе́ *see-byeh*

Here are some examples of the usage of себя́:

Я бу́ду ждать вас у себя́ в кабине́те.
yah boo-doo zhdaht' vahs oo see-byah fkah-bee-nyeh-tyeh
I will wait for you in my office.

Вчера́ я купи́л себе́ но́вую ша́пку.
fchyeh-rah yah koo-peel see-byeh noh-voo-yoo shahp-koo
Yesterday I bought myself a new hat.

Он уви́дел себя́ в зе́ркале.
on oo-vee-dyel see-byah vzyer-kah-lyeh
He saw himself in the mirror.

Я возьму́ э́ту кни́гу с собо́й.
yah vahz'-moo eh-too knee-goo ssah-boy
I'll take this book with me.

Она́ всегда́ говори́т о себе́.
ah-nah fseeg-dah gah-vah-reet ah see-byeh
She always talks about herself.

---

[1] Sometimes мно́ю (*mnoh-yoo*), собо́ю (*sah-boh-yoo*)

5. ORDINAL NUMBERS 1ST–10TH

1st пéрвый♂/пéрвая♀/пéрвое *n.*
pyer-viy♂/pyer-vah-yah♀/pyer-vah-yeh n.

2nd вторóй♂/вторáя♀/вторóе *n.*
ftah-roy♂/ftah-rah-yah♀/ftah-roh-yeh n.

3rd трéтий♂/трéтья♀/трéтье *n.*
tryeh-teey♂/tryeh-tyah♀/tryeh-tyeh n.

4th четвёртый♂/четвёртая♀/четвёртое *n.*
chet-vyor-tiy♂/chet-vyor-tah-yah♀/chet-vyor-tah-yeh n.

5th пя́тый♂/пя́тая♀/пя́тое *n.*
pyah-tiy♂/pyah-tah-yah♀/pyah-tah-yeh n.

6th шестóй♂/шестáя♀/шестóе *n.*
shes-toy♂/shes-tah-yah♀/shes-toh-yeh n.

7th седьмóй♂/седьмáя♀/седьмóе *n.*
seed'-moy♂/seed'-mah-yah♀/seed'-moh-yeh n.

8th восьмóй♂/восьмáя♀/восьмóе *n.*
vahs'-moy♂/vahs'-mah-yah♀/vahs'-moh-yeh n.

9th девя́тый♂/девя́тая♀/девя́тое *n.*
dee-vyah-tiy♂/dee-vyah-tah-yah♀/dee-vyah-tah-yeh n.

10th деся́тый♂/деся́тая♀/деся́тое *n.*
dee-syah-tiy♂/dee-syah-tah-yah♀/dee-syah-tah-yeh n.

In Russian, ordinal numbers decline like adjectives.

6. THE DECLENSION OF ORDINAL NUMBERS

	masculine	**feminine**	**neuter**
	the first house	the second street	the third window
Nom.	пéрвый дом *pyer-viy dom*	вторáя ýлица *ftah-rah-yah oo-lee-tsah*	трéтье окнó *tryet'-yeh ahk-noh*
Acc.	пéрвый дом *pyer-viy dom*	вторýю ýлицу *ftah-roo-yoo oo-lee-tsoo*	трéтье окнó *tryet'-yeh ahk-noh*
Gen.	пéрвого дóма *pyer-vah-vah doh-mah*	вторóй ýлицы *ftah-roy oo-lee-tsih*	трéтьего окнá *tryet'-yeh-vah ahk-nah*

Dat.	пе́рвому до́му *pyer-vah-moo* *doh-moo*	второ́й у́лице *ftah-roy* *oo-lee-tseh*	тре́тьему окну́ *tryet'-yeh-moo* *ahk-noo*
Instr.	пе́рвым до́мом *pyer-vihm* *doh-mahm*	второ́й у́лицей *ftah-roy* *oo-lee-tsey*	тре́тьим окно́м *tryet'-yeem* *ahk-nom*
Prep.	пе́рвом до́ме *pyer-vahm* *doh-myeh*	второ́й у́лице *ftah-roy* *oo-lee-tseh*	тре́тьем окне́ *tryet'-yem* *ahk-nyeh*

VOCABULARY

поку́пка (*pah-koop-kah*) a purchase
де́лать поку́пки (*dyeh-laht' pah-koop-kee*) to go shopping
магази́н (*mah-gah-zeen*) shop, store
проду́кт (*prah-dookt*) product, grocery item
за проду́ктами (*zah prah-dook-tah-mee*) for food, groceries
оде́жда (*ah-dyezh-dah*) clothing
о́бувь (*oh-boof'*) footwear
друго́й♂/друга́я♀/друго́е *n.* (*droo-goy*♂/*droo-gah-yah*♀/*droo-goh-yeh n.*) other
вещь (*vyeshch*) thing
реши́ть (perf) (*ree-siht'*) to decide
пойти́ (perf) (*pie-tee*) to go
пойти́ по магази́нам (*pie-tee pah mah-gah-zee-nahm*) to go from store to store
себя́ (*see-byah*) oneself
мехово́й♂/мехова́я♀/мехово́е *n.* (*meeh-khah-voy*♂/*meeh-khah-vah-yah*♀/*meeh-khah-voh-yeh n.*) fur, of fur
шерстяно́й♂/шерстяна́я♀/шерстяно́е *n.* (*sher-styah-noy*♂/*sher-styah-nah-yah*♀/*sher-styah-noh-yeh n.*) woolen
ша́пка (*shahp-kah*) hat
перча́тка (*peer-chaht-kah*) glove
продаве́ц (*prah-dah-vyets*) salesperson
сапо́г (*sah-pog*) boot
хо́лодно (*khoh-lahd-nah*) it is cold
зима́ (*zee-mah*) winter
зимо́й (*zee-moy*) in winter
ну́жно (*noozh-nah*) it is necessary
име́ть (impf) (*ee-myet'*) to have, to own
тёплый♂/тёплая♀/тёплое *n.* (*tyop-liy*♂/*tyop-lah-yah*♀/*tyop-lah-yeh n.*) warm
замёрзнуть (perf) (*zah-myorz-noot'*) to freeze, to be very cold

показа́ть (perf) (*pah-kah-zaht'*) to show
кото́рый♂/кото́рая♀/кото́рое n. (*kah-toh-riy♂/kah-toh-rah-yah♀/kah-toh-rah-yeh n.*) which
чёрный♂/чёрная♀/чёрное n. (*chor-niy♂/chor-nah-yah♀/chor-nah-yeh n.*) black
у́гол (*oo-gahl*) corner
в углу́ (*v oog-loo*) in the corner
Ско́лько? (*skol'-kah*) How much?, How many?
сто́ить (impf) (*stoh-eet'*) to cost, to be worth
дорого́й♂/дорога́я♀/дорого́е n. (*dah-rah-goy♂/dah-rah-gah-yah♀/dah-rah-goh-yeh n.*) expensive
до́рого (*doh-rah-gah*) it's expensive
дешёвый♂/дешёвая♀/дешёвое n. (*dee-shoh-viy♂/dee-shoh-vah-yah♀/dee-shoh-vah-yeh n.*) cheap
деше́вле (*dee-shev-lyeh*) cheaper
подеше́вле (*pah-dee-shev-lyeh*) a bit cheaper
посмотре́ть (perf) (*pah-smah-tryet'*) to have a look at
кра́сный♂/кра́сная♀/кра́сное n. (*krahs-niy♂/krahs-nah-yah♀/krahs-nah-yeh n.*) red
ду́мать (impf) (*doo-maht'*) to think
подходи́ть (impf) (*paht-khah-deet'*) to suit, to match, to approach
подойти́ (perf) (*pah-die-tee*) to suit, to match, to approach
ещё (*yeh-shchoh*) also, again
взять (perf) (*vzyaht'*) to take
брать (impf) (*braht'*) to take
возьму́ (*vahz'-moo*) I'll take
хоть (*khot'*) even though
тако́й♂/така́я♀/тако́е n. (*tah-koy♂/tah-kah-yah♀/tah-koh-yeh n.*) such, so
коне́чно (*kah-nyesh-nah*) of course
счита́ть (impf) (*shchee-taht'*) to calculate, to add up
посчита́ть (perf) (*pah-schee-taht'*) to calculate, to add up
всё (*fsyoh*) all
вме́сте (*vmyes-tyeh*) together
всего́ (*fsee-voh*) in all, of all
плати́ть (impf) (*plah-teet'*) to pay
ка́сса (*kah-sah*) cash register
нале́во (*nah-lyeh-vah*) to the left
петь (impf) (*pyet'*) to sing
пить (impf) (*peet'*) to drink
крича́ть (impf) (*kree-chaht'*) to shout
умыва́ться (impf) (*oo-mih-vah-tsah*) to wash oneself
одева́ться (impf) (*ah-dee-vah-tsah*) to dress oneself
знако́мить (impf) (*znah-koh-meet'*) to introduce
знако́миться (impf) (*znah-koh-mee-tsah*) to meet, to be introduced, to become acquainted
познако́мить (perf) (*pah-znah-koh-meet'*) to introduce

познакóмиться (perf) (*pah-znah-koh-mee-tsah*) to meet, to be introduced
находи́ть (impf) (*nah-khah-deet'*) to find
находи́ться (impf) (*nah-khah-dee-tsah*) to be, to be situated
смея́ться (impf) (*smee-yah-tsah*) to laugh
ви́деть (impf) (*vee-dyet'*) to see
уви́деть (perf) (*oo-vee-dyet'*) to see, to have seen
зéркало (*zyer-kah-lah*) mirror
маши́на (*mah-shih-nah*) car

EXERCISES

Exercise A

Put these 1st conjugation verbs into the correct form of the present tense.

1. Я (писáть) ________
2. Они́ (читáть) ________
3. Мы (петь) ________
4. Они́ (пить) ________
5. Вы (ждать) ________
6. Он (преподавáть) ________
7. Я (знать) ________
8. Они́ (гуля́ть) ________
9. Онá (понимáть) ________
10. Вы (идти́) ________
11. Мы (éхать) ________
12. Вы (дéлать) ________
13. Я (петь) ________
14. Они́ (отвечáть) ________
15. Я (слýшать) ________

Exercise B

Put these 2nd conjugation verbs into the present tense.

1. Я (ходи́ть) ________
2. Они́ (говори́ть) ________
3. Онá (кричáть) ________
6. Они́ (кричáть) ________
7. Я (смотрéть) ________
8. Мы (сидéть) ________
11. Они́ (звони́ть) ________
12. Мы (покупáть) ________
13. Онá (стоя́ть) ________

4. Мы (ходи́ть) ________	9. Он (лете́ть) ________	14. Я (ви́деть) ________
5. Вы (говори́ть) ________	10. Она́ (молча́ть) ________	15. Я (води́ть) ________

Exercise C

Put the verb in parentheses into the correct form.

1. Мы (знать), что у Ната́ши мно́го рабо́ты. ________
2. Вчера́ они́ (стоя́ть) в о́череди в магази́не, что́бы купи́ть проду́кты. ________
3. Сейча́с Воло́дя (говори́ть) с Ната́шей. ________
4. Когда́ Ната́ша была́ в магази́не, продаве́ц (показа́ть) ей кра́сные перча́тки. ________
5. Вчера́ сапоги́ (сто́ить) четы́ре ты́сячи, сего́дня они́ (сто́ить) во́семь ты́сяч, а за́втра они́ (сто́ить) де́сять ты́сяч.

   ________, ________, ________
6. Сейча́с Ната́ша (смотре́ть) на перча́тки. ________
7. Воло́дя не (знать), ско́лько сейча́с вре́мени.

   ____
8. Сейча́с Ната́ша (покупа́ть) ша́пку, сапоги́ и перча́тки, а продаве́ц (счита́ть), ско́лько всё (сто́ить).

   ________, ________, ________
9. Когда́ продаве́ц посчита́ла, Ната́ша (заплати́ть) в ка́ссу.

   ____
10. Хотя́ ша́пка сто́ила до́рого, Ната́ша (реши́ть) взять её.

   ____

Exercise D

On a separate piece of paper, translate the following text into English.

Бори́с рабо́тает недалеко́ от своего́ до́ма в Москве́. У него́ есть маши́на, но он хо́дит на рабо́ту пешко́м. Ка́ждое у́тро по пути́ в о́фис он покупа́ет газе́ту. Но вчера́ газе́т не́ было. Что он сде́лал? Он купи́л кни́гу. Он о́чень лю́бит чита́ть газе́ты, кни́ги и журна́лы. Он лю́бит кино́, но совсе́м не лю́бит смотре́ть телеви́зор: у него́ да́же телеви́зора нет.

Сейча́с зима́. На у́лице хо́лодно. Но Бори́су не хо́лодно, когда́ он хо́дит на рабо́ту. У него́ тёплое пальто́, ша́пка, шерстяны́е перча́тки и па́ра хоро́ших сапо́г.

журна́л	*zhoor-nahl*	magazine
чита́ть	*chee-taht'*	to read
кино	*kee-noh*	movie theater
да́же	*dah-zheh*	even
телеви́зор	*tee-lee-vee-zahr*	television
совсе́м	*sahf-syem*	completely, at all
па́ра	*pah-rah*	pair
у́лица	*oo-lee-tsah*	street
на у́лице	*nah-ool-ee-tseh*	outside, on the street
пальто́	*pahl'-toh*	coat
пешко́м	*pyesh-kom*	on foot

Exercise E

Translate the following sentences into Russian.

1. Every morning I buy a newspaper on my way to work.

   ____

2. Right now she is talking to Ivan.

   ____

3. Can I have a look at that hat, please?

   ____

4. I will take it even though it's expensive.

   ____

5. Show me those gloves, please.

   ____

6. Can I have a look at that coat, please?

   ____

7. Today we have a little free time.

____

8. Where is the cash register?

____

9. The cash register is over there, on the left.

____

Exercise F

True or false?

1. У Ната́ши мно́го рабо́ты.
2. Чёрные сапоги́ в углу́ сто́ят во́семь ты́сяч рубле́й.
3. В Росси́и не о́чень хо́лодно зимо́й.
4. Ната́ше хо́чется купи́ть кра́сные перча́тки.
5. Ната́ша покупа́ет чёрные перча́тки.
6. Ша́пка сто́ит пять ты́сяч.
7. Ната́ша пла́тит в ка́ссу.
8. В Росси́и ну́жно име́ть тёплые ве́щи, что́бы не замёрзнуть зимо́й.

Visit www.berlitzpublishing.com for a bonus internet activity—go to the downloads section and connect to the world in Russian!

ОБРА́ТНО В МОСКВУ́ ПО́ЕЗДОМ
ahb-raht-nah vmahs-kvoo poh-yeez-dahm
BACK TO MOSCOW BY TRAIN

Сего́дня пя́тница. Весь день прошёл в дела́х и спе́шке. А сейча́с рабо́та зако́нчена. Всё сде́лано. Пора́ е́хать домо́й!
see-vod-nyah pyaht-nee-tsah. vyes' dyen' prah-shol vdee-lahkh ee spyesh-kyeh. ah seey-chahs rah-boh-tah zah-kon-chee-nah. fsyoh zdyeh-lah-nah. pah-rah yeh-khaht' dah-moy
Today is Friday. The whole day was spent working and rushing around. But now work is finished. Everything is done. It's time to go home!

Ната́ша прилете́ла в Санкт-Петербу́рг самолётом. Но обра́тный биле́т на самолёт ей купи́ть не удало́сь. Не́ было мест. Поэ́тому она́ купи́ла биле́т на по́езд. Э́тот по́езд называ́ется "Кра́сная Стрела́". Он идёт из Санкт-Петербу́рга в Москву́ ка́ждую ночь.
nah-tah-shah pree-lee-tyeh-lah fsahnkt-pee-teer-boork sah-mah-lyoh-tahm. noh ahb-raht-niy bee-lyet nah-sah-mah-lyot yey koo-peet' nyeh oo-dah-los'. nyeh-bih-lah myest. pah-eh-tah-moo ah-nah koo-pee-lah bee-lyet nah poh-yeest. eh-taht poh-yeest

nah-zih-vah-yeh-tsah krahs-nah-yah stree-lah. on ee-dyot ees sahnkt-pee-teer-boor-gah vmahs-kvoo kahzh-doo-yoo noch'
Natasha flew to St. Petersburg. But she didn't manage to buy a return plane ticket. There were no seats. So she bought a ticket for the train. This train is called the "Red Arrow". It goes from St. Petersburg to Moscow every night.

В шесть часо́в ве́чера она́ хорошо́ пообе́дала с Воло́дей. Пото́м они́ немно́го гуля́ли по на́бережной Невы́. Зате́м Воло́дя проводи́л Ната́шу в гости́ницу. В гости́нице они́ попроща́лись.
fshest' chah-sof vyeh-chee-rah ah-nah khah-rah-shoh pah-ah-byeh-dah-lah svah-loh-dyey. pah-tom ah-nee nee-mnoh-gah goo-lyah-lee pah nah-bee-reezh-nie nee-vih. zah-tyem vah-loh-dyah prah-vah-deel nah-tah-shoo vgahs-tee-nee-tsoo. vgahs-tee-nee-tseh ah-nee pah-prah-shchah-lees'
At six o'clock in the evening she had a nice meal with Volodya. Then they strolled for a while on the Neva embankment. After that, Volodya accompanied Natasha to the hotel. They said goodbye at the hotel.

Сейча́с де́вять часо́в ве́чера. Ната́ша уже́ в по́езде, в двухме́стном купе́. Она́ разгова́ривает со свои́м попу́тчиком.
sey-chahs dyeh-vyat' chah-sof vyeh-chee-rah. nah-tah-shah oo-zheh fpoh-yeez-dyeh vdvookh-myes-nahm koo-peh. ah-nah rahz-gah-vah-ree-vah-yet sah-svah-eem pah-poot-chee-kahm
It's now nine o'clock in the evening. Natasha is already on the train in a two-seat compartment. She is talking with her traveling companion.

Ната́ша — До́брый ве́чер!
dob-riy vyeh-cheer
Good evening.

Игорь — До́брый ве́чер! Нам е́хать вме́сте. Дава́йте знако́миться. Я – Игорь Григо́рьевич Милосла́вский.
dob-riy vyeh-cheer. nahm yeh-khaht' vmyes-tyeh. dah-vie-tyeh znah-koh-mee-tsah. yah ee-gahr' gree-gor'-yeh-veech mee-lah-slahf-skeey
Good evening. We are traveling together. Let's introduce ourselves. I am Igor Grigoryevich Miloslavsky.

Ната́ша — А я Ната́лья Петро́вна Ивано́ва… Вы мо́жете чуть-чуть откры́ть окно́?
ah yah nah-tahl'-yah peet-rov-nah ee-vah-noh-vah…vih moh-zheh-tyeh choot'-choot' aht-kriht' ahk-noh
And I am Natalya Petrovna Ivanova…Can you open the window just a little?

Игорь	Да, конечно. Здесь ужа́сно жа́рко…Вы живёте в Санкт-Петербу́рге? *dah kah-<u>nyesh</u>-nah. zdyes' oo-<u>zhahs</u>-nah <u>zhahr</u>-kah. vih zhih-<u>vyoh</u>-tyeh fsahnkt-pee-teer-<u>boor</u>-gyeh* Yes, certainly. It's terribly hot in here. Do you live in St. Petersburg?
Ната́ша	Нет, я была́ здесь в командиро́вке то́лько три дня. Я живу́ в Москве́. А вы? *nyet yah bih-<u>lah</u> zdyes' fkah-mahn-dee-<u>rof</u>-kyeh <u>tol'</u>-kah tree dnyah. yah <u>zhih</u>-voo vmahs-<u>kvyeh</u>. ah vih* No, I was here on a business trip for just three days. I live in Moscow. And you?
Игорь	Я живу́ о́чень далеко́ отсю́да, в Ирку́тске. Я худо́жник и прие́хал посмотре́ть Эрмита́ж. *yah zhih-<u>voo</u> <u>oh</u>-chen' dah-lee-<u>koh</u> aht-<u>syoo</u>-dah vihr-<u>koots</u>-kyeh. yah khoo-<u>dozh</u>-neek ee pree-<u>yeh</u>-khahl pah-smaht-<u>ryet</u>' er-mee-<u>tahsh</u>* I live very far from here, in Irkutsk. I'm an artist, and I came to have a look at the Hermitage.
Ната́ша	Я была́ там то́лько оди́н раз. Э́то великоле́пно! Я бы с удово́льствием провела́ там це́лую неде́лю. Но нет вре́мени! *yah bih-<u>lah</u> tahm <u>tol'</u>-kah ah-<u>deen</u> rahs. <u>eh</u>-tah vee-lee-kah-<u>lyep</u>-nah. yah bih soo-dah-<u>vol'</u>-stvee-yem prah-vee-<u>lah</u> tahm <u>tseh</u>-loo-yoo nee-<u>dyeh</u>-lyoo. noh nyet <u>vryeh</u>-mee-nee* I've been there only once. It's wonderful! I would gladly spend a whole week there. But there's no time!
Игорь	Жаль! А я был там почти́ ка́ждый день в тече́ние це́лого ме́сяца. И всё равно́ бы́ло ма́ло – хоте́лось ещё бо́льше. Там так мно́го экспона́тов! И все шеде́вры! *zhal'. ah yah bihl tahm pahch-<u>tee</u> <u>kahzh</u>-diy dyen' ftee-<u>cheh</u>-nee-ee <u>tseh</u>-lah-vah <u>myeh</u>-syah-tsah. ee fsyoh rahv-<u>noh</u> <u>bih</u>-lah <u>mah</u>-lah – khah-<u>tyeh</u>-lahs' yeh-<u>shchoh</u> <u>bol'</u>-sheh. tahm tahk <u>mnoh</u>-gah eks-pah-<u>nah</u>-tahf. ee fsyeh sheh-<u>dev</u>-rih* What a pity! And I was there almost every day over the course of a whole month. All the same, it was too little – I wanted even more. There are so many things on exhibit there. And they're all masterpieces!
Ната́ша	Да, пра́вда…А как вы поéдете домо́й? *dah <u>prahv</u>-dah…ah kahk vih pah-<u>yeh</u>-dee-tyeh dah-<u>moy</u>* Yes, that's true…And how will you get home?

Игорь Ох, э́то сло́жный вопро́с! Из Москвы́ вылета́ю самолётом в Ирку́тск. Пото́м из аэропо́рта пое́ду на авто́бусе в центр го́рода. Зате́м возьму́ такси́ и́ли ча́стную маши́ну до нача́ла мое́й о́чень дли́нной у́лицы. Там доро́га така́я плоха́я, что маши́не не прое́хать. Да́же ле́том. А сейча́с, когда́ снег…
okh eh-tah slozh-niy vahp-ros. eez mahs-kvih vih-lee-tah-yoo sah-mah-lyoh-tahm vihr-kootsk. pah-tom eez-ah-eh-rah-por-tah pah-yeh-doo nah-ahf-toh-boo-syeh ftsentr goh-rah-dah. zah-tyem vahz'-moo tahk-see ee-lee chahs-noo-yoo mah-shih-noo dah nah-chah-lah mah-yey oh-chen' dlee-nie oo-lee-tsih. tahm dah-roh-gah tah-kah-yah plah-khah-yah shtoh mah-shih-nyeh nyeh prah-yeh-khaht'. dah-zheh lyeh-tahm. ah sey-chahs kahg-dah snyek…
Oh, that's a difficult question! From Moscow, I will fly to Irkutsk. Then from the airport, I'll go by bus to the center of town. Then I'll take a taxi or a private car to the beginning of my very long street.The road there is so bad that a car can't get through. Even in summer. And now, when there's snow…

Ната́ша А что же вы бу́дете де́лать?
ah shtoh-zheh vih boo-dee-tyeh dyeh-laht'
But what on earth will you do?

Игорь К сча́стью, Бог дал мне две ноги́. Э́то са́мый надёжный тра́нспорт. Я пойду́ пешко́м!
kshchahs-tyoo, bog dahl mnyeh dvyeh nah-gee. eh-tah sah-miy nah-dyozh-niy trahns-pahrt. yah pie-doo peesh-kom
Fortunately, God gave me two legs. That's the most reliable transportation. I'll walk.

GRAMMAR

1. THE IMPERATIVE

In this lesson we have the imperative дава́йте (*dah-vie-tyeh*) "let us", "let's". It is based on the verb дава́ть (*dah-vaht'*), which can be translated in a number of ways: "to give", "to allow" and "to let".

Дава́йте is usually followed by another verb:

Дава́йте знако́миться.
dah-vie-tyeh znah-koh-mee-tsah
Let's introduce ourselves.

Давайте начнём наш урóк.
dah-vie-tyeh nahch-nyom nahsh oo-rok
Let's start our lesson.

Садитесь, пожáлуйста.
sah-dee-tyes' pah-zhahl-stah
Sit down, please.

Посмотрите.
pah-smah-tree-tyeh
Look.

Идите сюдá.
ee-dee-tyeh syoo-dah
Come here.

Извините.
eez-vee-nee-tyeh
Excuse me/us.

Покажите.
pah-kah-zhih-tyeh
Show me/us.

All imperatives are in the "you" form which, in Russian as in English, can refer to one or more people. There is also an informal form, which you will find below.

THE FORMATION OF THE IMPERATIVE

When the stem of a 1st or 2nd conjugation verb ends in a *vowel* in the second person singular of the present tense, or future of the perfective, the singular (informal) imperative is formed by adding -й (-*y*), and the plural (formal) form by adding -йте (-*ytyeh*) to that stem:

Stem	**Imperative**	
	Singular	Plural
посчитá- ешь *pah-shchee-tah-yesh*	посчитáй add up *pah-schee-tie*	посчитáйте add up *pah-schee-tie-tyeh*
читá- ешь *chee-tah-yesh*	читáй read *chee-tie*	читáйте read *chee-tie-tyeh*
рабóта- ешь *rah-boh-tah-yesh*	рабóтай work *rah-boh-tie*	рабóтайте work *rah-boh-tie-tyeh*

ду́ма- ешь *doo-mah- yesh*	ду́май think *doo-mie*	ду́майте think *doo-mie-tyeh*
сто -йшь *stah -eesh*	сто́й stand/halt *stoy*	сто́йте stand/halt *stoy-tyeh*

When the stem ends in a consonant, -и (*-ee/ih*)/-ите (*ee-tyeh*) are added:

Stem	**Imperative**	
	Singular	Plural
говор-йшь *gah-vahr-eesh*	говори́ speak *gah-vah-ree*	говори́те speak *gah-vah-ree-tyeh*
ска́ж-ешь *skahzh-esh*	скажи́ say/tell *skah-zhih*	скажи́те say/tell *skah-zhih-tyeh*
ку́п-ишь *koop-eesh*	купи́ buy *koo-pee*	купи́те buy *koo-pee-tyeh*
пока́ж-ешь *poh-kahzh-esh*	покажи́ show *pah-kah-zhih*	покажи́те show *pah-kah-zhih-tyeh*
реш -йшь *reesh-ihsh*	реши́ decide *ree-shih*	реши́те decide *ree-shih-tyeh*

Reflexive and reciprocal verbs add -йся (*-ysyah*), -йтесь (*-ytyes'*); -ись (*ees'*), -итесь (*-eetyes'*):

одева́ -ешься *ah-dee-vah-yesh-syah*	одева́йся get dressed *ah-dee-vie-syah*	одева́йтесь get dressed *ah-dee-vie-tyes'*
подпи́ш -ешься *paht-peesh-esh-syah*	подпиши́сь sign *paht-pee-shihs'*	подпиши́тесь sign *paht-pee-shih-tyes'*

---

2. ХОТЕТЬ (*khah-tyet'*) – **TO WANT/TO WISH**

This is a 1st conjugation verb in the singular and a 2nd conjugation verb in the plural. It is worth making the effort to learn it.

Present tense	
Singular	**Plural**
я хочу́ *yah khah-choo* I want	мы хоти́м *mih khah-teem* we want

ты хо́чешь *tih khoh-chesh* you want	вы хоти́те *vih khah-tee-tyeh* you want
он/она́/оно́ хо́чет *on/ah-nah/ah-noh khoh-chet* he/she/it wants	они хотя́т *ah-nee khah-tyat* they want

You will already have seen these examples in earlier lessons:

Я пое́ду с ва́ми, е́сли хоти́те.
yah pah-yeh-doo svah-mee yes-lee khah-tee-tyeh
I will go with you if you wish.

Я хочу́ помо́чь вам…
yah khah-choo pah-moch vahm…
I want to help you…

Воло́дя, я хочу́ спроси́ть…
vah-loh-dyah yah khah-choo sprah-seet '…
Volodya, I want to ask…

Хоти́те ча́ю?
khah-tee-tyeh chah-yoo
Would you like some tea?

The past tense of хоте́ть is regular:

Past tense

Singular	**Plural**
я хоте́л *yah khah-tyel* I wanted	мы хоте́ли *mih khah-tyeh-lee* we wanted
ты хоте́л *tih khah-tyel* you wanted	вы хоте́ли *vih khah-tyeh-lee* you wanted
он хоте́л *on khah-tyel* he wanted	
она́ хоте́ла *ah-nah khah-tyeh-lah* she wanted	оний хоте́ли *ah-nee khah-tyeh-lee* they wanted
оно́ хоте́ло *ah-noh khah-tyeh-lah* it wanted	

3. ХО́ЧЕТСЯ (*khoh-chee-tsah*) – TO WANT/TO FEEL LIKE

Some reflexive verbs can be used in an "impersonal" sense to describe an inclination or desire when they follow the dative case of я, ты, он, она́, оно́, мы, вы, они́. A particularly useful expression is хо́чется (*khoh-chee-tsah*), which is derived from the imperfective verb хоте́ться (*khah-tyeh-tsah*) and expresses the idea of "feeling like" or "wanting" to do something.

Мне хо́чется (*mnyeh khoh-chee-tsah*) therefore means "to me it wants" = "I want, I feel like". In Lesson 4, Paul says:

Я о́чень хочу́ побыва́ть в Санкт-Петербу́рге.
yah oh-chen' khah-choo pah-bih-vaht' fsahnkt-pee-teer-boor-gyeh
I really want to spend some time in St. Petersburg.

Another way to say this is:

Мне о́чень хо́чется побыва́ть в Санкт-Петербу́рге.
mnyeh oh-chen' khoh-chee-tsah pah-bih-vaht' fsankt-pee-teer-boor-gyeh
I really want to spend some time in St. Petersburg.

Similarly:

Мне хо́чется есть.
mnyeh khoh-chee-tsah yest'
I want to eat. = I am hungry.

Им хо́чется спать.
eem khoh-chee-tsah spaht'
They want to sleep. = They are sleepy.

Нам хо́чется чита́ть.
nahm khoh-chee-tsah chee-taht'
We feel like reading.

Note that the form хо́чется is the same for all persons in both the present tense and in the past tense (хоте́лось *khah-tyeh-lahs'*):

Ему́ хоте́лось побыва́ть в…
ye-moo khah-tyeh-lahs' pah-bih-vaht' v…
He wanted to spend some time in…

Ей хоте́лось купи́ть перча́тки.
yey khah-tyeh-lahs' koo-peet ' peer-chaht-kee
She wanted to buy some gloves.

Нам хоте́лось пойти́ в кино́.
nahm khah-tyeh-lahs' pie-tee fkee-noh
We wanted to go to the movies.

Sometimes the person is omitted, as in this lesson, when Igor says:

И всё равно́ бы́ло ма́ло – хоте́лось ещё бо́льше.
ee fsyoh rahv-noh bih-lah mah-lah – khah-tyeh-lahs' yeh-shchoh bohl'-sheh
All the same it was too little – (I) wanted even more.

4. THE CONDITIONAL MOOD: БЫ (*bih*)/WOULD

In Lesson 5, Natasha says:

Мы хоте́ли бы созда́ть совме́стное предприя́тие…
mih khah-tyeh-lee bih sahz-daht' sahv-myes-nah-yeh preet-pree-yah-tee-yeh…
We would like to set up a joint venture…

This is an example of the conditional "mood", which has only one tense in Russian. It is formed by adding бы (*bih*) to the past tense of a perfective or imperfective verb and can have a present, future or past meaning, depending on the context.

In this lesson, Natasha says:

Я бы с удово́льствием провела́ там це́лую неде́лю.
yah bih soo-dah-vol'-stvee-yem prah-vee-lah tahm tseh-loo-yoo nee-dyeh-lyoo
I would happily spend a whole week there.

5. ORDINAL NUMBERS 11TH–20TH

11th	оди́ннадцатый *ah-dee-nah-tsah-tiy*	12th	двена́дцатый *dvee-nah-tsah-tiy*
13th	трина́дцатый *tree-nah-tsah-tiy*	14th	четы́рнадцатый *chee-tihr-nah-tsah-tiy*
15th	пятна́дцатый *pyaht-nah-tsah-tiy*	16th	шестна́дцатый *shes-nah-tsah-tiy*
17th	семна́дцатый *syem-nah-tsah-tiy*	18th	восемна́дцатый *vah-seem-nah-tsah-tiy*
19th	девятна́дцатый *dyeh-vyaht-nah-tsah-tiy*	20th	двадца́тый *dvah-tsah-tiy*

The ordinal numbers above are formed by removing the soft sign from the end of cardinal numbers and adding the adjectival endings -ый (*-iy*), -ая (*ah-yah*), -ое (*ah-yeh*).

For example:
20 два́дцать…двадцат : (ь) + (ый) = 20th двадца́тый
Note the shift in stress.

6. NOTE ON STRESS

In Lesson 1 we mentioned that the stress shifts in certain set expressions. In the dialogue, Natasha could not get a return ticket on the plane because не́ было мест (*<u>neh</u> bih-lah myest*) "there were no seats". In this and in similar negative constructions, the stress shifts onto не́ from был, была́, бы́ло, бы́ли and the pronunciation is "***<u>nyeh</u>**-bihl*", "***<u>nyeh</u>**-bih-lah*", etc.

VOCABULARY

обра́тно (*ahb-<u>raht</u>-nah*) back (direction, movement)
проходи́ть (impf) (*prah-khah-<u>deet'</u>*) to travel through, to pass (of time)
в дела́х (*v dyeh-<u>lahkh</u>*) on business, working
спе́шка (*<u>spyesh</u>-kah*) a rush
в спе́шке (*<u>fspyesh</u>-kyeh*) in a hurry, in a rush
зако́нчен♂/зако́нчена♀/зако́нчено *n.* (*zah-<u>kon</u>-cheen♂/zah-<u>kon</u>-chee-nah♀/zah-<u>kon</u>-chee-nah n.*) finished (short form adjective)
сде́ланный♂/сде́ланная♀/сде́ланное *n.* (*<u>zdeh</u>-lah-niy♂/<u>zdeh</u>-lah-nah-yah♀/<u>zdeh</u>-lah-nah-yeh n.*) done, finished
сде́лан♂/сде́лана♀/сде́лано *n.* (*<u>zdeh</u>-lahn♂/<u>zdeh</u>-lah-nah♀/<u>zdeh</u>-lah-nah n.*) (short form) done, finished
пора́ (*pah-<u>rah</u>*) it is time
прилета́ть (impf) (*pree-lee-<u>taht'</u>*) to fly to, to arrive by air
ме́сто (*<u>myes</u>-tah*) place, seat
обе́дать (impf) (*ah-<u>byeh</u>-daht'*) to dine, to have dinner
пообе́дать (perf) (*pah-ah-<u>byeh</u>-daht'*) to dine, to have dined
рестора́н (*rees-tah-<u>rahn</u>*) restaurant
бе́лый♂/бе́лая♀/бе́лое *n.* (*<u>byeh</u>-liy♂/<u>byeh</u>-lah-yah♀/<u>byeh</u>-lah-yeh n.*) white
пото́м (*pah-<u>tom</u>*) then
на́бережная (*<u>nah</u>-bee-reezh-nah-yah*) embankment, wharf, waterfront
по на́бережной (*pah <u>nah</u>-bee-reezh-nie*) on/along the bank
зате́м (*zah-<u>tyem</u>*) after that
проводи́ть (perf) (*prah-vah-<u>deet'</u>*) to accompany, to take (on foot), to see off
попроща́ться (perf) (*pah-prah-<u>shchah</u>-tsah*) to say goodbye
двухме́стный (*dvookh-<u>myes</u>-niy*) two-seat
купе́ (*koo-<u>peh</u>*) compartment
разгова́ривать (impf) (*rahz-gah-<u>vah</u>-ree-vaht'*) to talk, to chat
попу́тчик♂/попу́тчица♀ (*pah-<u>poot</u>-cheek♂/pah-<u>poot</u>-chee-tsah♀*) traveling companion
Дава́йте знако́миться. (*dah-<u>vie</u>-tyeh zhah-<u>koh</u>-mee-tsah*) Let's introduce ourselves.
чуть-чуть (*choot'-choot'*) just a little, a tiny bit
откры́ть (perf) (*aht-<u>kriht'</u>*) to open
ужа́сно (*oo-<u>zhahs</u>-nah*) terribly
жа́ркий♂/жа́ркая♀/жа́ркое *n.* (*<u>zhahr</u>-keey♂/<u>zhahr</u>-kah-yah♀/<u>zhahr</u>-kah-yeh n.*) hot

даль (*dahl'*) distance, expanse
далёкий♂/далёкая♀/далёкое *n.* (*dah-lyoh-keey♂/dah-lyoh-kah-yah♀/dah-lyoh-kah-yeh n.*) distant, remote
худо́жник♂/худо́жница♀ (*khoo-dozh-neek♂/khoo-dozh-nee-tsah♀*) artist
посмотре́ть (perf) (*pah-smah-tryet'*) to look at, to see
оди́н раз (*ah-deen rahs*) one time, once
великоле́пный♂/великоле́пная♀/великоле́пное *n.* (*vee-lee-kah-lyep-niy♂/vee-lee-kah-lyep-nah-yah♀/vee-lee-kah-lyep-nah-yeh n.*) wonderful, splendid, magnificent
великоле́пно (*vee-lee-kah-lyep-nah*) wonderfully, it's wonderful/splendid/magnificent
провести́ (perf) (*prah-vyes-tee*) to spend (time)
Жаль! (*zhal'*) What a pity!
почти́ (*pahch-tee*) almost
тече́ние (*tee-cheh-nee-yeh*) flow, course (of time); trend; current (river,etc.)
в тече́ние (*ftee-cheh-nee-ee*) during
всё равно́ (*fsyoh rav-noh*) all the same, in any case
Мне всё равно́. (*mnyeh fsyoh rav-noh*) It's all the same to me.
ма́ло (*mah-lah*) little
экспона́т (*eks-pah-naht*) exhibit item
мно́го экспона́тов (*mnoh-gah eks-pah-nah-taf*) a lot of exhibit items, many things on exhibit
шеде́вр (*sheh-devr*) masterpiece (from the French "*chef-d'oeuvre*")
пра́вда (*prav-dah*) truth; it is true
сло́жный♂/сло́жная♀/сло́жное *n.* (*slozh-niy♂/slozh-nah-yah♀/slozh-nah-yeh n.*) difficult, complicated
центр (*tsentr*) center
го́род (*goh-raht*) town
взять (perf) (*vzyat'*) to take
Возьму́ такси́. (*vaz'-moo tahk-see*) (I) will take a taxi.
ча́стный♂/ча́стная♀/ча́стное *n.* (*chahs-niy♂/chahs-nah-yah♀/chahs-nah-yeh n.*) private
маши́на (*mah-shih-nah*) car
нача́ло (*nah-chah-lah*) beginning, start
дли́нный♂/дли́нная♀/дли́нное *n.* (*dlee-niy♂/dlee-nah-yah♀/dlee-nah-yeh n.*) long
плохо́й♂/плоха́я♀/плохо́е *n.* (*plah-khoy♂/plah-khah-yah♀/plah-khoh-yeh n.*) bad
тако́й♂/така́я♀/тако́е *n.* (*tah-koy♂/tah-kah-yah♀/tah-koh-yeh n.*) so, such
прое́хать (perf) (*prah-yeh-khat'*) to go through (by transport)
Маши́не не прое́хать. (*mah-shih-nyeh nyeh prah-yeh-khat'*) A car can't get through.
ле́то (*lyeh-tah*) summer
ле́том (*lyeh-tahm*) in summer
снег (*snyek*) snow

сча́стье (<u>*shchahs*</u>*-tyeh*) happiness, good fortune
к сча́стью (*k* <u>*shchahs*</u>*-tyoo*) fortunately, happily
Бог (*bok*) God
нога́ (*nah-*<u>*gah*</u>) leg, foot
надёжный♂/надёжная♀/надёжное *n.* (*nah-*<u>*dyozh*</u>*-niy*♂/*nah-*<u>*dyozh*</u>*-nah-yah*♀/*nah-*<u>*dyozh*</u>*-nah-yeh n.*) reliable, trusty
са́мый♂/са́мая♀/са́мое *n.* (<u>sah</u>-miy♂/<u>sah</u>-mah-yah♀/<u>sah</u>-mah-yeh *n.*) the most
тра́нспорт (<u>*trahns*</u>*-pahrt*) transport

EXERCISES

Exercise A

Here are some more words that have been adopted into the Russian language. Translate them into English.

1. факс ____________________
2. калькуля́тор ____________________
3. бути́к ____________________
4. сноубо́рд ____________________
5. компью́тер ____________________
6. телефо́н ____________________
7. ксе́рокс ____________________
8. музыка́льный центр ____________________
9. при́нтер ____________________
10. ка́ртридж ____________________
11. пле́ер ____________________
12. ска́нер ____________________
13. да́йвинг ____________________
14. автомоби́ль ____________________

Exercise B

Put the following incomplete sentences into Russian and complete them with details about yourself where necessary.

1. Good evening. Let's introduce ourselves.

 ____

2. I am (my name is) .... And who are you?

 ____

 ____

3. I'm a/an .... (nationality).

 ____

4. I was born in .... (place of birth).

 ____

5. I work ....

 ____

6. I like ....

 ____

7. I don't like ....

 ____

8. I am studying Russian ....

 ____

Exercise C

Я хоте́л бы... / мне хоте́лось бы...

Translate the following sentences into English.

1. Я хоте́л бы откры́ть окно.

 ____

2. Мы хоте́ли бы созда́ть фи́рму в Ми́нске.

 ____

3. Ему́ хоте́лось бы быть там ка́ждый день.

 ____

4. Она́ хоте́ла бы купи́ть газе́ту.

 ____

5. Е́й хоте́лось бы вы́пить минера́льной воды́.

____

6. Они хоте́ли бы пойти́ по магази́нам.

____

7. Им хоте́лось бы жить в Аме́рике.

____

8. Мне хоте́лось бы хорошо́ говори́ть по-ру́сски.

____

9. Я хоте́л бы пое́хать домо́й.

____

10. Хоте́ли бы вы рабо́тать в Москве́?

____

Exercise D

Put the the following sentences into the present tense.

1. Он е́хал домо́й. _______________
2. Она́ покупа́ла биле́т. _______________
3. Они́ гуля́ли по на́бережной Невы́.

____

4. Они́ проща́лись в гости́нице. _______________

____

5. И́горь был в двухме́стном купе́ в по́езде.

____

6. Ната́ша и И́горь разгова́ривали об Эрмита́же.

____

7. И́горь жил в Ирку́тске. _______________
8. Мы обе́дали в рестора́не. _______________
9. Что вы бу́дете де́лать? _______________

True or false?

Exercise E

1. Ната́ша пое́хала в Санкт-Петербу́рг по́ездом.
2. Она́ купи́ла обра́тный биле́т на самолёт.
3. Ната́ша пое́дет домо́й в Москву́ на по́езде “Кра́сная Стрела́”.
4. Ната́ша пообе́дала с Воло́дей в шесть часо́в ве́чера.
5. Ната́ша с Воло́дей пло́хо пообе́дали в рестора́не.
6. По́сле обе́да Ната́ша с Воло́дей погуля́ли по на́бережной Невы́.
7. И́горь Григо́рьевич живёт в Ми́нске.
8. В купе́ бы́ло хо́лодно.
9. Ната́ша откры́ла окно́.
10. И́горь бухга́лтер.
11. Ната́ша была́ в Эрмита́же то́лько оди́н раз.
12. И́горь никогда́ не был в Эрмита́же.

Visit www.berlitzpublishing.com for a bonus internet activity—go to the downloads section and connect to the world in Russian!

Lesson

10 ПИСЬМО́ В АМЕ́РИКУ
pees'-moh vah-myeh-ree-koo
A LETTER TO AMERICA

Сейча́с Ната́ша нахо́дится в кабине́те своего́ нача́льника. Они́ обсужда́ют письмо́ к Ма́йку Ро́джерсу.
sey-chahs nah-tah-shah nah-khoh-dee-tsah fkah-bee-nyeh-tyeh svah-yeh-voh nah-chahl'-nee-kah. ah-nee ahp-soozh-dah-yoot pees'-moh kmie-koo rod-zher-soo
Right now, Natasha is in her boss's office. They are discussing a letter to Mike Rogers.

Ната́ша Вот чернови́к письма́ к господи́ну Ро́джерсу.
vot cheer-nah-veek pees'-mah k gahs-pah-dee-noo rod-zher-soo
Here is a draft of the letter to Mr. Rogers.

Дмитрий Посмо́трим. Хмм…Зна́чит, он прилета́ет к нам пе́рвого ма́рта?
pah-smot-reem. khmm…znah-cheet on pree-lee-tah-yet knahm pyer-vah-vah mahr-tah
Let's have a look. Hmm…So, he's coming to us on the first of March?

Ната́ша Да, так мы договори́лись по телефо́ну.
dah tahk mih dah-gah-vah-ree-lees' pah-tee-lee-foh-noo
Yes, that's what we agreed to on the phone.

Дмитрий А ви́за у него́ уже́ есть?
ah vee-zah oo-nee-voh oo-zheh yest'
And does he have a visa?

Ната́ша Пока́ нет, но я пошлю́ приглаше́ние с э́тим письмо́м.
pah-kah nyet noh yah pahsh-lyoo pree-glah-sheh-nee-yeh seh-teem pees'-mom
Not yet, but I'll send an invitation with this letter.

Дмитрий Где он бу́дет жить?
gdyeh on boo-deet zhiht'
Where will he stay?

Ната́ша Он остано́вится в гости́нице "Звезда́". Для него́ уже́ заброни́рован но́мер.
on ahs-tah-noh-vee-tsah vgahs-tee-nee-tseh zveez-dah. dlyah nee-voh oo-zheh zah-brah-nee-rah-vahn noh-meer
He'll stay at the Zvezda [Star] Hotel. A room is already booked for him.

Дмитрий Ско́лько он здесь пробу́дет?
skol'-kah on zdyes' prah-boo-dyet
How long will he stay here?

Ната́ша Э́то бу́дет зави́сеть от того́, как пойду́т перегово́ры. Но, по-мо́ему, не ме́нее двух неде́ль.
eh-tah boo-deet zah-vee-syet' aht-tah-voh kahk pie-doot pee-ree-gah-voh-rih. noh pah-moh-yeh-moo nyeh myeh-nee-yeh dvookh nee-dyel'
That will depend on how the negotiations go. But in my opinion, not less than two weeks.

Дмитрий Ну, хорошо́. Спаси́бо. А! Оди́н вопро́с! Вы называ́ете его́ в письме́ "Майк". Вы с ним уже́ встреча́лись ра́ньше?
noo khah-rah-shoh. spah-see-bah. ah. ah-deen vahp-ros. vih nah-zih-vah-yeh-tyeh yeh-voh fpees'-myeh miek. vih sneem oo-zheh fstree-chah-lees' rahn'-sheh
Okay then. Thanks. Oh! A question! You call him "Mike" in the letter. Have you already met him?

Ната́ша Да нет. Мы не́сколько раз говори́ли по телефо́ну. Но америка́нцы таки́е коммуника́бельные и просты́е! Он сра́зу же на́чал называ́ть меня́ "Ната́ша". А когда́ я обраща́юсь к нему́ "Ми́стер Ро́джерс", он всегда́ смеётся: "Я ещё не совсе́м ста́рый! Зови́те меня́ Майк!"
dah nyet. mih nyes-kahl'-kah rahs gah-vah-ree-lee pah-tee-lee-foh-noo. noh ah-mee-ree-kahn-tsih tah-kee-yeh kah-moo-nee-kah-beel'-nih-yeh ee prahs-tih-yeh. on srah-zoo-zheh nah-chahl nah-zih-vaht' mee-nyah nah-tah-shah. ah kahg-dah yah ah-brah-shchah-yoos' knee-moo mees-ter rod-zhers on fsee-gdah smee-yoh-tsah yah yeh-shchoh nyeh sahf-syem stah-riy. zah-vee-tyeh mee-nyah miek

Oh, no. We spoke on the phone a few times. But Americans are so approachable and easy going! He right away started to call me "Natasha." And when I address him as "Mr. Rogers", he always laughs, "I'm not that old! Call me 'Mike'".

Дмитрий Ну, ла́дно. Спаси́бо, Ната́лья Петро́вна.
noo lahd-nah. spah-see-bah nah-tahl'-yah peet-rov-nah
Well, that's fine. Thank you, Natalya Petrovna.

ВОТ ПИСЬМО́ НАТА́ШИ МА́ЙКУ:
vot pees'-moh nah-tah-shih mie-koo
HERE IS THE LETTER FROM NATASHA TO MIKE:

Московский Центральный Банк
Россия
115726 Москва
ул Ленина, 54

Дорого́й Майк,
dah-rah-goy miek
Dear Mike,

Я и мои́ колле́ги наде́емся, что Ваш визи́т состои́тся, как мы и договори́лись, 1-го ма́рта.
yah ee mah-ee kah-lyeh-gee nah-dyeh-yem-syah shtoh vahsh vee-zeet sah-stah-ee-tsah kahk mih ee dah-gah-vah-ree-lees' pyer-vah-vah mahr-tah
My colleagues and I hope that your visit will take place just as we agreed, on March 1st.

Я бу́ду встреча́ть Вас в аэропорту́ Шереме́тьево-2. В рука́х у меня́ бу́дет табли́чка с Ва́шим и́менем. Но́мер в гости́нице бу́дет зака́зан для Вас зара́нее.
yah boo-doo fstree-chaht'vahs vah-eh-rah-pahr-too sheh-reeh-myet'-yeh-vah-dvah. vroo-kahkh oo-mee-nyah boo-deet tahb-leech-kah svah-shihm ee-mee-nyem. noh-meer vgahs-tee-nee-tseh boo-deet zah-kah-zahn dlyah vahs zah-rah-nee-yeh
I will meet you at Sheremetyevo 2 airport. I will be holding a card with your name. A hotel room will be booked for you in advance.

Посыла́ю Вам официа́льное приглаше́ние. Оно́ необходи́мо для получе́ния ви́зы. Вы должны́ обрати́ться за ви́зой в Росси́йское ко́нсульство. Там Вам вы́дадут две анке́ты, кото́рые на́до бу́дет запо́лнить (да́та и ме́сто рожде́ния, дома́шний а́дрес, ме́сто рабо́ты и т.п.).

pah-sih-lah-yoo vahm ah-fee-tsih-al'-nah-yeh pree-glah-sheh-nee-yeh. ah-noh nee-ahp-khah-dee-mah dlyah pah-loo-cheh-nee-yah vee-zih. vih dalzh-nih ahb-rah-tee-tsah zah vee-zie vrah-seey-skah-yeh kon-sool'-stvah. tahm vahm vih-dah-doot dvyeh ahn-kyeh-tih kah-toh-rih-yeh nah-dah boo-deet zah-pol-neet' (dah-tah ee myes-tah rahzh-dyeh-nee-yah dah-mahsh-neey ahd-ryes myes-tah rah-boh-tih ee teh peh)
I am sending you an official invitation. It is essential for obtaining a visa. You must apply for the visa at the Russian Consulate. There, they will give you two forms that it will be necessary to complete (date and place of birth, home address, place of work, etc.).

Оформле́ние ви́зы не должно́ заня́ть мно́го вре́мени.
ah-fahr-mlyeh-nee-yeh vee-zih nyeh dahlzh-noh zah-nyaht' mnoh-gah vryeh-mee-nee
Processing the visa should not take long.

Ждём встре́чи с Ва́ми.
zhdyom fstryeh-chee svah-mee
Looking forward to seeing you.

С и́скренним уваже́нием,
sihs-kreen-neem oo-vah-zheh-nee-yem
With sincere respect,

Ната́ша.

GRAMMAR

1. RUSSIAN ADDRESSES

Here is the address of the bank again, this time with the stress marks. About the only place you will find stress marks in Russian texts for Russians is in dictionaries.

Моско́вский Центра́льный Банк
Росси́я
115726 Москва́
ул Ле́нина, 54

Russians living in towns almost all live in apartments. An apartment building is called a дом (*dom*), which can mean "home", "house" or "building". An apartment, an office or even a shop is in a дом. Natasha lives in an apartment. Her address is:

Росси́я,	Russia,
117192 Москва́,	117192 Moscow,
ул. Мира,	Street of Peace
дом 55, ко́рпус 6, кварти́ра 15,	Building 55, Block 6, Apartment 15
Ивано́вой Н. П.	(To) Ivanova N. P.

117192 is the postal code in Moscow. ул. is short for у́лица (oo-lee-tsah), street. Дом 55 is the building in which Natasha lives. However, there may be several buildings on Peace Street with the same number! So the address contains the ко́рпус (kor-poos) or block number, 6. This is followed by the apartment number, 15. Then Natasha's family name, Ивано́ва, is given in the dative case, Ивано́вой, as the letter is being sent *to* her.

Note: in letters, Вы is usually written with a capital.

2. **MONTHS OF THE YEAR**

The months of the year are all masculine and only start with a capital letter at the beginning of a sentence.

янва́рь *yahn-vahr'* January	ма́й *mie* May	сентя́брь *seen-tyahbr'* September
февра́ль *feev-rahl'* February	ию́нь *ee-yoon'* June	октя́брь *ahk-tyahbr'* October
март *mahrt* March	ию́ль *ee-yool'* July	ноя́брь *nah-yahbr'* November
апре́ль *ahp-ryel'* April	а́вгуст *ahv-goost* August	дека́брь *dee-kahbr'* December

Note how the stress shifts when these months are in the prepositional case:

в январе́ *vyahn-vah-ryeh*	в феврале́ *f feev-rah-lyeh*	в ма́рте *vmahr-tyeh*	в апре́ле *vahp-ryeh-lyeh*
в ма́е *vmah-yeh*	в ию́не *vih-yoo-nyeh*	в ию́ле *vih-yoo-lyeh*	в а́вгусте *vahv-goos-tyeh*
в сентябре́ *fseen-tyahb-ryeh*	в октябре́ *vahk-tyahb-ryeh*	в ноябре́ *vnah-yahb-ryeh*	в декабре́ *vdyeh-kahb-ryeh*

3. DATES IN RUSSIAN

When stating the current date, Russians use the neuter form of the ordinal number, followed by the name of the month *in the genitive*. This is because the neuter word числó (*chees-loh*) – date – is understood: пéрвое (числó) январý the first (date) of January.

Here are some examples:

пéрвое январý the first of January
pyer-vah-yeh yahn-vah-ryah

вторóе февралý the second of February
ftah-roh-yeh feev-rah-lyah

третье мáрта the third of March
tryeh-tyeh mahr-tah

четвёртое апрéля the fourth of April
cheet-vyor-tah-yeh ahp-ryeh-lyah

десýтое октябрý the tenth of October
dee-syah-tah-yeh ahk-tyah-bryah

To indicate the date on which something will or did take place ("on the first of...", etc.), the genitive of the ordinal is used, followed by the genitive of the month. In this lesson, Natasha asks:

...он прилетáет к нам пéрвого мáрта?
...on pree-lee-tah-yet knahm pyer-vah-vah mahr-tah
...he is flying in on the first of March?

пéрвого is the genitive of пéрвое.

Here are some examples:

пýтого мáя
pyah-tah-vah mah-yah
on the fifth of May

седьмóго иЮля
seed'-moh-vah ee-yoo-lyah
on the seventh of July

девýтого сентябрý
dee-vyah-tah-vah seen-tyahb-ryah
on the ninth of September

двенáдцатого декабрý
dvee-nah-tsah-tah-vah dee-kahb-ryah
on the twelfth of December

VOCABULARY

обсужда́ть (impf) (*ahp-soozh-dahtʼ*) to discuss
черновик (*cheer-nah-veek*) a draft
е́сли (*yes-lee*) if
вноси́ть (impf) (*vnah-seetʼ*) to enter, register
измене́ние (*eez-mee-nyeh-nee-yeh*) a change
компью́тер (*kahm-pyoo-ter*) computer
догова́риваться (impf) (*dah-gah-vah-ree-vah-tsah*) to agree
договори́ться (perf) (*dah-gah-vah-ree-tsah*) to agree
телефо́н (*tee-lee-fon*) telephone
по телефо́ну (*pah tee-lee-foh-noo*) on the phone, by phone
ви́за (*vee-zah*) visa
пока́ (*pah-kah*) until
пока́ нет (*pah-kah nyet*) not yet
посыла́ть (impf) (*pah-sih-lahtʼ*) to send
приглаше́ние (*pree-glah-sheh-nee-yeh*) invitation
остана́вливать (impf) (*ah-stah-nahv-lee-vahtʼ*) to stop (somebody/thing)
останови́ть (perf) (*ah-stah-nah-veetʼ*) to stop (somebody/thing)
остана́вливаться (impf) (*ah-stah-nahv-lee-vah-tsah*) to stop, to stay
останови́ться (perf) (*ah-stah-nah-vee-tsah*) to stop, to stay
звезда́ (*zveez-dah*) star
брони́ровать (impf) (*brah-nee-rah-vahtʼ*) to reserve, to book
заброни́ровать (perf) (*zah-brah-nee-rah-vahtʼ*) to reserve, to book
Ско́лько? (*skolʼ-kah*) How much/many/long?
пробы́ть (perf) (*prah-bihtʼ*) to stay, to live through (for a certain amount of time)
Ско́лько вре́мени он здесь пробу́дет? (*skolʼ-kah vryeh-mee-nee on zdyesʼ prah-boo-deet*) How long will he be here?
зави́сеть (impf) (*zah-vee-syetʼ*) to depend (on)
зави́сеть от того́, как… (*zah-vee-syetʼ aht tah-voh kahk…*) to depend on how…
перегово́ры (*pee-ree-gah-voh-rih*) negotiations, talks
иду́т перегово́ры (*ee-doot pee-ree-gah-voh-rih*) negotiations are going on/taking place
по-мо́ему (*pah-moh-yeh-moo*) in my opinion
не ме́нее (*nee-myeh-nee-yeh*) not less
называ́ть (*nah-zih-vahtʼ*) to call, to address (someone)
Да нет. (*dah nyet*) Oh, no.
не́сколько (*nyes-kalʼ-kah*) a few, several
не́сколько раз (*nyes-kalʼ-kah rahs*) several times
коммуника́бельный♂/коммуника́бельная♀/коммуника́бельное *n.* (*kah-moo-nee-kah-beelʼ-niy♂/kah-moo-nee-kah-beelʼ-nah-yah♀/kah-moo-nee-kah-beelʼ-nah-yeh n.*) approachable
просто́й♂/проста́я♀/просто́е *n.* (*prahs-toy n. /prahs-tah-yah♀/prahs-toh-yeh n.*) simple, straightforward, easygoing

сра́зу (*<u>srah</u>-zoo*) at once, right away, immediately
же (*zheh*) no specific meaning: it serves to emphasize another word
обраща́ться (impf) (*ahb-rah-<u>shchah</u>-tsah*) to address (someone)
обрати́ться (perf) (*ahb-rah-<u>tee</u>-tsah*) to address (someone)
совсе́м (*sahf-<u>syem</u>*) completely
звать (*zvaht'*) to call (use a name)
зови́те (*zah-<u>vee</u>-tyeh*) call, address (imperative)
ла́дно (*<u>lahd</u>-nah*) right, all right, fine
колле́га (*kah-<u>lyeh</u>-gah*) colleague (male or female)
наде́яться (impf) (*nah-<u>dyeh</u>-yah-tsah*) to hope
визи́т (*vee-<u>zeet</u>*) a visit
состоя́ться (perf) (*sah-stah-<u>yah</u>-tsah*) to take place
встре́ча (*<u>fstryeh</u>-chah*) meeting, get together
встреча́ть (impf) (*fstree-<u>chaht'</u>*) to meet
встре́тить (perf) (*<u>fstryeh</u>-teet'*) to meet
в рука́х (*v roo-<u>kahkh</u>*) in (one's) hands
табли́чка (*tahb-<u>leech</u>-kah*) a card, small poster
с и́менем (*<u>sih</u>-mee-nyem*) with the first name
зака́з (*zah-<u>kahs</u>*) an order
зака́зан (*zah-<u>kah</u>-zahn*) booked, reserved
зака́зывать (impf) (*zah-<u>kah</u>-zih-vaht'*) to book, to reserve
заказа́ть (perf) (*zah-kah-<u>zaht'</u>*) to book, to reserve, to order
ра́но (*<u>rah</u>-nah*) early
зара́нее (*zah-<u>rah</u>-nee-yeh*) in advance, earlier
официа́льный♂/официа́льная♀/официа́льное *n.* (*ah-fee-tsih-<u>ahl'</u>-niy♂/ah-fee-tsih-<u>ahl'</u>-nah-yah♀/ah-fee-tsih-<u>ahl'</u>-nah-yeh n.*) official
необходи́мый♂/необходи́мая♀/необходи́мое *n.* (*nee-ahp-khah-<u>dee</u>-miy♂/nee-ahp-khah-<u>dee</u>-mah-yah♀/nee-ahp-khah-<u>dee</u>-mah-yeh n.*) unavoidable, necessary
необходи́мо (*nee-ahp-khah-<u>dee</u>-mah*) unavoidable, necessary (short form)
получе́ние (*pah-loo-<u>cheh</u>-nee-yeh*) acquisition, obtaining
росси́йский♂/росси́йская♀/росси́йское *n.* (*rah-<u>seey</u>-skeey♂/rah-<u>seey</u>-skah-yah♀/rah-<u>seey</u>-skah-yeh n.*) Russian (pertaining to the Russian state)
ко́нсульство (*<u>kon</u>-sool'-stvah*) consulate
выдава́ть (impf) (*vih-dah-<u>vaht'</u>*) to hand out, to give, to issue
вы́дать (perf) (*<u>vih</u>-daht'*) to hand out, to give, to issue
анке́та (*ahn-<u>kyeh</u>-tah*) form, questionnaire
заполня́ть (impf) (*zah-pahl-<u>nyaht'</u>*) to fill, to fill in, to complete (a form)
запо́лнить (perf) (*zah-<u>pol</u>-neet'*) to fill, to fill in, to complete (a form)
да́та (*<u>dah</u>-tah*) date
рожде́ние (*rahzh-<u>dyeh</u>-nee-yeh*) birth
дома́шний♂/дома́шняя♀/дома́шнее *n.* (*dah-<u>mahsh</u>-neey♂/dah-<u>mahsh</u>-nyah-yah♀/dah-<u>mahsh</u>-nyeh-yeh n.*) home
ме́сто рабо́ты (*<u>myes</u>-tah rah-<u>boh</u>-tih*) place of work
оформле́ние (*ah-fahr-<u>mlyeh</u>-nee-yeh*) preparation, processing

занима́ть (impf) (*zah-nee-maht'*) to take up, to occupy
заня́ть (perf) (*zah-nyaht'*) to take up, to occupy
ждать (impf) (*zhdaht'*) to wait, to await
и́скренний♂/и́скренняя♀/и́скреннее *n.* (*ees-kreen-neey*♂/*ees-kreen-nyah-yah*♀/*ees-kreen-nyeh-yeh n.*) sincere
уваже́ние (*oo-vah-zheh-nee-yeh*) respect

EXERCISES

Exercise A

Translate the following sentences into English.

1. Сего́дня воскресе́нье, вчера́ была́ суббо́та, а за́втра бу́дет понеде́льник.

   ____

2. Рабо́та зако́нчена. Иди́те домо́й.

   ____

3. Вчера́ ве́чером Ива́н прилете́л в Москву́ самолётом.

   ____

4. Мне не удало́сь купи́ть перча́тки.

   ____

5. Как называ́ется э́тот по́езд?

   ____

6. В де́сять часо́в утра́ я пил ко́фе в рестора́не с Ната́шей.

   ____

7. Мо́жно закры́ть дверь? Здесь ужа́сно хо́лодно.

   ____

8. Влади́мир ходи́л в Эрмита́ж почти́ ка́ждый день в тече́ние це́лой неде́ли.

   ____

9. Вино́ бы́ло хоро́шее – хоте́лось ещё бо́льше.

   ____

10. У меня́ нет своéй маши́ны, но у меня́ есть своя́ отде́льная кварти́ра.

   ____

11. Майк живёт о́чень далеко́ от Москвы́ – в Аме́рике.

____

12. Я бы с удово́льствием жил в Филаде́льфии.

____

13. Как они пое́дут домо́й?

____

14. Что вы бу́дете де́лать за́втра ве́чером?

____

15. Вчера́ мы купи́ли но́вую маши́ну.

____

Exercise B

Translate the following imperatives into Russian, complete with stress marks.

1. Come here _______________
2. Sit down _______________
3. Excuse me _______________
4. Show me _______________
5. Think _______________
6. Decide _______________
7. Get dressed _______________
8. Don't smoke _______________
9. Don't sign _______________
10. Read _______________
11. Work _______________
12. Don't buy _______________
13. Don't shout _______________
14. Don't wear _______________
15. Don't pay _______________

Exercise C

Put the appropriate form of the present tense of хоте́ть, "to want," with stress marks, on the dotted line.

1. Я .... купи́ть маши́ну.
2. Мой оте́ц и мать .... купи́ть отде́льную кварти́ру.
3. Майк .... прие́хать к нам в Москву́.
4. Мы .... пообе́дать с ва́ми.
5. Воло́дя и Ната́ша .... подписа́ть контра́кт с америка́нской фи́рмой.
6. Ты .... пить?
7. Она́ .... поговори́ть с ва́ми.
8. Они́ .... гуля́ть по на́бережной Невы́.

Exercise D

Give the masculine form of the ordinal equivalents of these cardinal numbers.
For example:
оди́н: пе́рвый

1. два ______________________
2. три ______________________
3. четы́ре ______________________
4. четы́рнадцать ______________________
5. пять ______________________
6. пятна́дцать ______________________
7. шесть ______________________
8. семь ______________________
9. во́семь ______________________
10. де́вять ______________________

Exercise E

True or false?

1. Ната́ша с Ники́той обсужда́ли письмо́ к господи́ну Ро́джерсу.
2. У них не́ было черновика́ письма́.
3. Майк прилета́ет к ним пе́рвого ма́рта.
4. У Майка ви́за уже́ есть.

5. В Москве́ Майк бу́дет жить у Ната́ши.
6. Ната́ша сказа́ла, что Майк бу́дет жить в Москве́ не ме́нее двух неде́ль.
7. Ната́ша называ́ет Ма́йка в письме́ “Господи́н Ро́джерс”.
8. Ната́ша уже́ встреча́лась с Ма́йком ра́ньше.
9. Ната́ша бу́дет встреча́ть Ма́йка в аэропорту́.
10. Она́ посыла́ет Ма́йку официа́льное приглаше́ние.

Visit www.berlitzpublishing.com for a bonus internet activity—go to the downloads section and connect to the world in Russian!

We have now come to the end of Lesson 10. By now you should be able to read and pronounce Russian without needing to refer to the phonetic transcription, so from Lesson 11 onwards, you will find just the Cyrillic text and the English translation. If you have any difficulty, take another look at the pronunciation guide in Lesson 1.

Lesson

11

REVIEW: LESSONS 7–10

A. Listen again to the dialogue from Lesson 7 and repeat.

Dialogue 7 НА РАБО́ТЕ

Воло́дя рабо́тает недалеко́ от гости́ницы "Нева́". Ната́ша идёт к нему́ на рабо́ту пешко́м. По пути́ она́ покупа́ет газе́ту. Она́ прихо́дит то́чно в полпя́того...

Воло́дя	Здра́вствуйте, Ната́ша!
Ната́ша	Здра́вствуйте, Воло́дя! Как дела́?
Воло́дя	Норма́льно. А что но́вого у вас?
Ната́ша	У меня́ всё по-ста́рому. Как всегда́ мно́го рабо́ты.
Воло́дя	Хоти́те ча́ю? И́ли ко́фе?
Ната́ша	Нет, спаси́бо. Я о́чень мно́го пила́ ко́фе сего́дня. Мо́жно минера́льную во́ду?
Воло́дя	Коне́чно! Вот минера́льная во́да, а вот ко́пии рекла́мных проспе́ктов из Аме́рики.

Наташа	Спасибо. Хмм…Интересно. Я думаю, это как раз то, что нам нужно…Здесь жарко. Можно открыть окно?
Володя	Конечно. Я открою.
Наташа	Когда вы сможете приехать к нам в Москву? Мы с вами должны обсудить вопрос о совместном предприятии с моим новым начальником Никитой Сергеевичем Калининым.
Володя	Какое сегодня число? Двадцать первое?
Наташа	Двадцать первое ноября, вторник.
Володя	Я смогу приехать к вам через неделю. Скажем, в среду, двадцать девятого.
Наташа	Отлично! Я знаю, что Никита Сергеевич будет свободен в среду.

B. Translate the dialogue in Lesson 7 into English. Then check your translation against ours on pages 88–90.

C. Listen again to the dialogue from Lesson 8 and repeat.

Dialogue 8 НАТАША ДЕЛАЕТ ПОКУПКИ.

Как мы уже знаем, у Наташи много работы. Конечно, в Москве она покупает продукты в магазинах. Но у неё почти нет времени ходить по магазинам, чтобы купить одежду, обувь и другие вещи. Сегодня она всё ещё в Санкт-Петербурге. У неё есть немного свободного времени. Поэтому она решила пойти по магазинам и купить себе тёплую шапку, перчатки и сапоги. У нас в России холодно зимой! Нужно иметь тёплые вещи, чтобы не замёрзнуть. Сейчас Наташа в магазине "Гостиный Двор". Она говорит с продавцом…

Наташа	Пожалуйста, покажите мне эти сапоги.
Продавец	Какие?
Наташа	Вот те чёрные, в углу.
Продавец	Вот эти?
Наташа	Да, спасибо. Сколько они стоят?
Продавец	Восемь тысяч.
Наташа	Ой, дорого! У вас есть подешевле?
Продавец	Да. Вот эти стоят четыре тысячи.
Наташа	Хорошо. А можно посмотреть эти перчатки?

Продаве́ц	Чёрные?
Ната́ша	Нет, кра́сные, пожа́луйста.
Продаве́ц	Пожа́луйста.
Ната́ша	Спаси́бо. Ду́маю, э́ти мне подойду́т. И ещё покажи́те мне, пожа́луйста, ша́пку.
Продаве́ц	Мехову́ю и́ли шерстяну́ю?
Ната́ша	Кра́сную шерстяну́ю. Ско́лько она́ сто́ит?
Продаве́ц	Две ты́сячи.
Ната́ша	Я возьму́ её, хоть и до́рого. Она́ така́я краси́вая и тёплая! И, коне́чно, сапоги́ и перча́тки. Посчита́йте, пожа́луйста, всё вме́сте.
Продаве́ц	Ша́пка – дветы́сячи, перча́тки – одна́ ты́сяча и четы́ре ты́сячи за сапоги́. Всего́ семь ты́сяч.
Ната́ша	Плати́ть вам?
Продаве́ц	Нет, в ка́ссу.
Ната́ша	А где ка́сса?
Продаве́ц	Вон там, нале́во.
Ната́ша	Спаси́бо.

D. Now translate the dialogue from Lesson 8 and check your translation against ours on pages 103–106.

E. Listen again to the dialogue from Lesson 9 and repeat.

Dialogue 9 ОБРА́ТНО В МОСКВУ́ ПО́ЕЗДОМ

Сего́дня пя́тница. Весь день прошёл в дела́х и спе́шке. А сейча́с рабо́та зако́нчена. Всё сде́лано. Пора́ е́хать домо́й!
Ната́ша прилете́ла в Санкт-Петербу́рг самолётом. Но обра́тный биле́т на самолёт ей купи́ть не удало́сь. Не́ было мест. Поэ́тому она́ купи́ла биле́т на по́езд. Э́тот по́езд называ́ется "Кра́сная Стрела́". Он идёт из Санкт-Петербу́рга в Москву́ ка́ждую ночь.
В шесть часо́в ве́чера она́ хорошо́ пообе́дала с Воло́дей. Пото́м они́ немно́го гуля́ли по на́бережной Невы́. Зате́м Воло́дя проводи́л Ната́шу в гости́ницу. В гости́нице они́ попроща́лись.
Сейча́с де́вять часо́в ве́чера. Ната́ша уже́ в по́езде, в двухме́стном купе́. Она́ разгова́ривает со свои́м попу́тчиком.

Ната́ша	До́брый ве́чер!
И́горь	До́брый ве́чер! Нам е́хать вме́сте. Дава́йте знако́миться. Я – И́горь Григо́рьевич Милосла́вский.

Ната́ша	А я Ната́лья Петро́вна Ивано́ва…Вы мо́жете чуть-чуть откры́ть окно́?
И́горь	Да, коне́чно. Здесь ужа́сно жа́рко…Вы живёте в Санкт-Петербу́рге?
Ната́ша	Нет, я была́ здесь в командиро́вке то́лько три дня. Я живу́ в Москве́. А вы?
И́горь	Я живу́ о́чень далеко́ отсю́да, в Ирку́тске. Я худо́жник и прие́хал посмотре́ть Эрмита́ж.
Ната́ша	Я была́ там то́лько оди́н раз. Э́то великоле́пно! Я бы с удово́льствием провела́ там це́лую неде́лю. Но нет вре́мени!
И́горь	Жаль! А я был там почти́ ка́ждый день в тече́ние це́лого ме́сяца. И всё равно́ бы́ло ма́ло – хоте́лось ещё бо́льше. Там так мно́го экспона́тов! И все – шеде́вры!
Ната́ша	Да, пра́вда…А как вы пое́дете домо́й?
И́горь	Ох, э́то сло́жный вопро́с! Из Москвы́ вылета́ю самолётом в Ирку́тск. Пото́м из аэропо́рта пое́ду на авто́бусе в центр го́рода. Зате́м возьму́ такси́ и́ли ча́стную маши́ну до нача́ла мое́й о́чень дли́нной у́лицы. Там доро́га така́я плоха́я, что маши́не не прое́хать. Да́же ле́том. А сейча́с, когда́ снег…
Ната́ша	А что же вы бу́дете де́лать?
И́горь	К сча́стью, Бог дал мне две ноги́. Э́то са́мый надёжный тра́нспорт. Я пойду́ пешко́м!

F. Translate the dialogue in Lesson 9 into English and check your translation against ours on pages 119–122.

G. Listen again to the dialogue from Lesson 10 and repeat.

Dialogue 10 ПИСЬМО́ В АМЕ́РИКУ

Сейча́с Ната́ша нахо́дится в кабине́те своего́ нача́льника. Они́ обсужда́ют письмо́ к Майку Ро́джерсу.

Ната́ша	Вот чернови́к письма́ к господи́ну Ро́джерсу.
Дмитрий	Посмо́трим. Хмм…Зна́чит, он прилета́ет к нам пе́рвого ма́рта?
Ната́ша	Да, так мы договори́лись по телефо́ну.
Дмитрий	А ви́за у него́ уже́ есть?

Ната́ша	Пока́ нет, но я пошлю́ приглаше́ние с э́тим письмо́м.
Дмитрий	Где он бу́дет жить?
Ната́ша	Он остано́вится в гости́нице “Звезда́”. Для него́ уже́ заброни́рован но́мер.
Дмитрий	Ско́лько он здесь пробу́дет?
Ната́ша	Э́то бу́дет зави́сеть от того́, как пойду́т перегово́ры. Но, по-мо́ему, не ме́нее двух неде́ль.
Дмитрий	Ну, хорошо́. Спаси́бо. А! Оди́н вопро́с! Вы называ́ете его́ в письме́ “Майк”. Вы с ним уже́ встреча́лись ра́ньше?
Ната́ша	Да нет. Мы не́сколько раз говори́ли по телефо́ну. Но америка́нцы таки́е коммуника́бельные и просты́е! Он сра́зу же на́чал называ́ть меня́ “Ната́ша”. А когда́ я обраща́юсь к нему́ “Ми́стер Ро́джерс”, он всегда́ смеётся: “Я ещё не совсе́м ста́рый! Зови́те меня́ ‘Майк’!”
Дмитрий	Ну, ла́дно. Спаси́бо, Ната́лья Петро́вна.

H. Read Natasha’s letter out loud.

ВОТ ПИСЬМО́ НАТА́ШИ МА́ЙКУ:
Московский Центральный Банк
Россия
115726 Москва
ул Ленина, 54

Дорого́й Майк,
Я и мои́ колле́ги наде́емся, что Ваш визи́т состоится, как мы и договори́лись, 1-го ма́рта.
Я бу́ду встреча́ть Вас в аэропорту́ Шереме́тьево-2. В рука́х у меня́ бу́дет табли́чка с Ва́шим и́менем. Но́мер в гости́нице бу́дет зака́зан для Вас зара́нее.
Посыла́ю Вам официа́льное приглаше́ние. Оно́ необходи́мо для получе́ния ви́зы. Вы должны́ обрати́ться за ви́зой в Росси́йское ко́нсульство. Там Вам вы́дадут две анке́ты, кото́рые на́до бу́дет запо́лнить (да́та и ме́сто рожде́ния, дома́шний а́дрес, ме́сто рабо́ты и т.п.).
Оформле́ние ви́зы не должно́ заня́ть мно́го вре́мени.
Ждём встре́чи с Ва́ми.
С и́скренним уваже́нием,
Ната́ша.

I. Translate the letter and check your version against ours on pages 136–137.

J. Write out the correct form of the words given in parentheses:

1. Воло́дя (рабо́тать) о́чень далеко́ от (гости́ница) “Нева́”.

   ______________, ______________

2. Пол пи́шет (кни́га). ______________

3. Ра́ньше Бори́с (пить) ча́й по (у́тро), а тепе́рь он (пить) ко́фе.

   ______________, ______________, ______________

4. Хоти́те (ча́й), (ко́фе), (во́дка) и́ли (минера́льная вода́)?

   ______________, ______________, ______________, ______________

5. У меня́ нет (вре́мя) стоя́ть в (о́чередь). ______________,

   ____

6. Я о́чень рад познако́миться с (вы). ______________

7. Они́ (быть) ждать (вы) в (гости́ница). ______________,

   ______________, ______________

8. Я возьму́ (э́та газе́та) с (себя́). ______________, ______________,

9. Я бы с (удово́льствие) провела́ (це́лая неде́ля) в (Эрмита́ж).

   ______________, ______________, ______________

Visit www.berlitzpublishing.com for a bonus internet activity—go to the downloads section and connect to the world in Russian!

Lesson

12 МАЙК ЕДЕТ В РОССИЮ
MIKE GOES TO RUSSIA

Майк прилете́л из Нью-Йо́рка в Москву́ ночны́м ре́йсом. Самолёт приземли́лся в три часа́ дня по моско́вскому вре́мени.
Mike flew from New York to Moscow on a night flight. The plane landed at three o'clock in the afternoon, Moscow time.

Майк прошёл че́рез погранично́й контро́ль и тамо́женный досмо́тр. В за́ле прибы́тия бы́ло о́чень мно́го наро́ду. Пассажи́ры с трудо́м проти́скивались сквозь толпу́. Майк сра́зу уви́дел табли́чку со свои́м и́менем...
Mike went through the immigration checkpoint and the customs inspection. In the arrivals hall there were a lot of people. Passengers squeezed through the crowd with difficulty. Mike saw the sign with his name right away...

Майк — Ната́ша?
Natasha?

Ната́ша — Да. А вы, наве́рное, Майк? Добро́ пожа́ловать в Москву́!
Yes. And you must be Mike? Welcome to Moscow!

Майк Я о́чень рад встре́титься с ва́ми.
I'm very glad to meet you.

Ната́ша Мы так мно́го говори́ли по телефо́ну! И, наконе́ц, мы встре́тились ли́чно. А э́то для вас!
We've talked so much on the phone! And at last we've met in person. And this is for you!

Она́ даёт ему́ буке́т цвето́в.
She gives him a bouquet of flowers.

Майк Цветы́? Как прия́тно! Большо́е спаси́бо.
Flowers? How nice! Thank you very much.

Ната́ша Здесь так мно́го люде́й и так шу́мно. Мы лу́чше поговори́м в маши́не.
There are so many people here and it's so noisy. We'll speak more easily in the car.

Они́ выхо́дят из аэропо́рта и садя́тся в маши́ну.
They go out of the airport and get in a car.

Ната́ша Как вы долете́ли?
How was your flight?

Майк Прекра́сно! Я о́чень хорошо́ пообе́дал, вы́пил два стака́на джи́на с то́ником, и всё остально́е вре́мя спал.
Great! I had a very good dinner, drank two glasses of gin and tonic, and all the rest of the time I slept.

Ната́ша Зна́чит, вы не о́чень уста́ли?
So, you're not very tired?

Майк Совсе́м не уста́л. Но я бы хоте́л приня́ть душ. Я немно́го вспоте́л. В аэропорту́ бы́ло о́чень жа́рко.
I'm not tired at all. But I would like to take a shower. I'm a little sticky (lit. I perspired a bit). In the airport it was very hot.

Ната́ша Я предлага́ю пое́хать пря́мо в гости́ницу, что́бы вы смогли́ освежи́ться, распакова́ть чемода́ны и устро́иться. А о́коло 7 часо́в ве́чера мы зае́дем за ва́ми и пое́дем обе́дать.
I suggest we go straight to the hotel, so that you can freshen up, unpack (your) suitcases and settle in. And around 7 o'clock this evening we'll come for you and we'll go out for dinner.

Майк Мы?
We?

Наташа Я приéду с моим начáльником. Он óчень хóчет встрéтиться с вáми.
I'll come with my boss. He very much wants to meet you.

Майк Э́то нóвый начáльник?
Is that the new boss?

Натáша Да. Он рабóтал в отделéнии нáшего бáнка в Варшáве. Он приéхал к нам примéрно шесть мéсяцев назáд.
Yes. He used to work at the bank's Warsaw branch. He came to us about six months ago.

Маши́на бы́стро мчáлась по Тверскóй – бы́вшей у́лице Гóрького. Вдруг Майк спроси́л:
The car quickly raced along Tverskaya (street) – formerly Gorky Street. Suddenly Mike asked:

Майк Что э́то?
What's that?

Натáша Э́то москóвский Кремль. Мы недалекó от Крáсной плóщади. А вот и вáша гости́ница.
It's the Moscow Kremlin. We're not far from Red Square. And here's your hotel.

GRAMMAR

1. RUSSIAN ADVERBS

You already know some Russian adverbs:

TIME-RELATED ADVERBS

днём by day, in the daytime
у́тром in the morning
вéчером in the evening
нóчью at night
веснóй in spring, from веснá
лéтом in summer, from лéто
óсенью in autumn, from óсень
зимóй in winter, from зимá

Here are some other useful time-related adverbs worth learning:

сегóдня today
когдá when; когдá-нибудь some time (or other)
никогдá never
иногдá sometimes

давно́ long ago
до́лго long, a long time
ра́но early
по́здно late
обы́чно usually
опя́ть again
пото́м then
сейча́с now, just now
ско́ро quickly
сра́зу all at once, right away
тепе́рь now
тогда́ then
снача́ла at first
сно́ва once more
уже́ already
вчера́ yesterday
за́втра tomorrow

PLACE-RELATED ADVERBS

You will notice that Russian has preserved directional adverbs of the sort that has almost died out in English (whither, whence, etc.), for example "Where?" can be expressed by где (static location) and куда́ (direction toward something).

где where
нигде́ nowhere
где́-нибудь somewhere or other, somewhere
бли́зко close, near
далеко́ far, far away
здесь here
там there, over there
тут here
нале́во on the left
напра́во on the right
до́ма at home
внизу́ downstairs
наверху́ upstairs

MOVEMENT-RELATED ADVERBS

домо́й home, to home
куда́ where to
никуда́ to nowhere
куда́-нибудь to somewhere or other

откýда where from
тудá to there
оттýда from there
сюдá here, to here
отсю́да from here
вперёд in front, forward
назáд behind, backwards
вниз down, downwards
вверх up, upwards

2. ADVERBS AND THE SHORT FORM OF ADJECTIVES

In Lesson 7 there was an example of the short form of the adjective "free":

Я знáю, что Никúта Сергéевич бýдет свобóден в срéду.
I know that Nikita Sergeyevich will be free on Wednesday.

свобóден♂/свобóдна♀/свобóдно *n.* are the short forms of свобóдный♂/свобóдная♀/свобóдное *n.*

We shall be looking at the short form of adjectives in Lesson 14. Many Russian adverbs are the same as the neuter form of short adjectives, for example:

плóхо badly, from плохóй
скóро quickly, from скóрый

The short form of adjectives is frequently used in impersonal sentences as the predicate (the part of a sentence that says something about the subject):

В Росcúи хóлодно. It is cold in Russia.
В Амéрике хорошó. It's good in America.

3. NEGATIVE ADVERBS

The negative adverbs нéкогда, нéкуда, нéгде have a very different meaning from никогдá, никудá, нигдé, and convey the idea of the absolute impossibility of something. Sentences using these adverbs are constructed differently: нéкогда, нéкуда, нéгде are used with a dative and infinitive, while никодá, никудá, нигдé are used with не and a verb. Compare the following examples:

Мне нéкогда гуля́ть. I have no time for walking and looking around.
Я никогдá не гуля́ю. I never walk and look around.
Емý нéкуда идтú. He has nowhere to go.
Он никудá не идёт. He is not going anywhere.
Им нéгде жить. They have nowhere to live.
Они нигдé не живýт. They don't live anywhere.

Here are a few useful sentences that contain adverbs.

У меня́ всё хорошо́.
I'm fine.

Иди́те сюда́.
Come here.

Я лечу́ туда́ самолётом.
I will go there by plane.

Вы до́лго бу́дете в Санкт-Петербу́рге?
Will you stay long in St. Petersburg?

У меня́ то́лько оди́н чемода́н.
I only have one suitcase.

Я роди́лся в Аме́рике, но сейча́с живу́ в Росси́и.
I was born in America, but I now live in Russia.

У меня́, как всегда́, мно́го рабо́ты.
I have a lot of work, as always.

VOCABULARY

ночно́й♂/ночна́я♀/ночно́е *n.* night
ре́йс flight
благополу́чно safely
приземли́ться (perf) to land
по моско́вскому вре́мени by/according to Moscow time
грани́ца frontier/border (noun)
пограни́чный frontier/border (adjective)
контро́ль♂ control/checkpoint/monitoring
тамо́женный досмо́тр customs inspection (тамо́жня customs)
зал hall
прибы́тие arrival
наро́д people, the people
мно́го наро́ду a lot of people
прибыва́ть (impf) to arrive
при́бывший♂/при́бывшая♀/при́бывшее *n.* arrived (in English, often "arriving")
пассажи́р passenger
труд work, exertion
с трудо́м with difficulty
проти́скиваться (impf) to push one's way through/squeeze through
сквозь through
толпа́ crowd
сра́зу immediately

табли́чка a sign, card (like the ones held up in airports with the name of a passenger)
наве́рное surely, certainly
добро́ пожа́ловать welcome
ли́чно personally, in person
буке́т bouquet
цвето́к flower
лю́ди people
шум noise
Шу́мно. It is noisy.
лу́чше better
зда́ние building
аэровокза́л air terminal
сади́ться (impf) to sit down
сади́ться в маши́ну to get in a car
ожида́ть (impf) to wait
долете́ть (perf) to fly to, to fly here
стака́н a glass
джин gin
то́ник tonic
остально́й♂/остальна́я♀/остально́е *n.* remaining
спать (impf) to sleep
устава́ть (impf) to be tired
уста́ть (perf) to get tired
совсе́м не not at all
душ shower
приня́ть душ (perf) to take a shower
немно́го not much, a little
вспоте́ть (perf) to perspire, to get sweaty
жа́рко hot
предлага́ть (impf) to suggest
пря́мо straight, directly
освежи́ться (perf) to freshen oneself up
распакова́ть (perf) to unpack
устра́иваться (impf) to arrange, settle in, get organized
устро́иться (perf) to arrange, settle in, get organized
заезжа́ть (impf) to call on, come round, pick up
зае́хать за (perf) to call on; to stop by for, to collect
приезжа́ть (impf) to arrive
прие́хать (perf) to arrive
неда́вно not long ago, recently
переводи́ть (impf) to translate, to transfer
перевести́ (perf) to translate, to transfer
отделе́ние section, division, branch
приме́рно approximately, about

быстро quickly (the name of a bistro or small restaurant comes from this word)
мча́ться (impf) to hurry along, to zip
Тверска́я a street in Moscow (from Tver, a city on the road to St. Petersburg)
по Тверско́й along Tverskaya (street)
бы́вший♂/бы́вшая♀/бы́вшее *n.* former
вдруг suddenly
спра́шивать (impf) to ask
спроси́ть (perf) to ask
кремль♂ castle, fort, kremlin (many towns have one)
Кра́сная пло́щадь Red Square

EXERCISES

Exercise A

Translate the following words into English. Note that English words beginning with "h" often begin with the letter "г" in Russian.

1. венде́тта ____________________
2. вентиля́ция ____________________
3. газ ____________________
4. га́мбургер ____________________
5. га́нгстер ____________________
6. гандика́п ____________________
7. гара́ж ____________________
8. мегалома́ния ____________________
9. раси́зм ____________________

Exercise B

Translate the following sentences into English.

1. В Росси́и хо́лодно зимо́й, а жа́рко ле́том.

 ____

2. Я рабо́таю днём, а сплю но́чью.

 ____

3. Вчера́ они́ бы́ли в Нью-Йо́рке, а за́втра бу́дут в Москве́.

 ____

4. Я никогда́ не́ был в Аме́рике, но хочу́ пое́хать туда́ когда́-нибу́дь.

____

5. Здесь хорошо́, а там лу́чше.

____

6. Банк напра́во, а гости́ница нале́во.

____

7. Сейча́с я иду́ домо́й. До́ма я бу́ду смотре́ть телеви́зор.

____

8. Куда́ вы?

____

9. Отку́да вы?

____

Exercise C

Put the words in parentheses into the correct form.

1. (День) я рабо́таю, а (ночь) я сплю. _______________, _______________
2. В (зал) бы́ло мно́го (наро́д). _______________, _______________
3. Она́ не ви́дела (табли́чка) со (своё и́мя). _______________, _______________
4. Он был о́чень рад встре́титься с (она́). _______________
5. Она́ была́ о́чень ра́да встре́титься с (он). _______________
6. Я бы (хоте́ть) приня́ть душ. _______________
7. Он вы́пил два (стака́н джин) с (то́ник). _______________, _______________
8. Они́ бы́стро е́хали по (Тверска́я у́лица). _______________ _______________
9. Я живу́ недалеко́ от (Кра́сная пло́щадь). _______________ _______________

Exercise D

Translate the following sentences into Russian.

1. Excuse me, but what is that?

    ____

2. There are a lot of people here.

    ____

3. I'm not at all tired.

    ____

4. Are you very tired, Natasha?

    ____

5. Is that our new (female) student?

    ____

6. I very much want to meet you.

    ____

7. She works in our branch in Washington.

    ____

8. She came to us about five months ago.

    ____

9. He flew into New York from Moscow on a night flight.

    ____

Exercise E

True or false?

1. Майк приéхал в Москвý ночны́м пóездом.
2. В зáле прибы́тия нé было мнóго нарóду.
3. Натáша встрéтила Мáйка в зáле.
4. Майк был не рад встрéтиться с Натáшей.
5. Натáша далá Мáйку букéт цветóв.
6. В зáле прибы́тия бы́ло шýмно.
7. Майк не óчень хорошó пообéдал в самолёте.
8. Пóсле обéда Майк хорошó спал.
9. Майк óчень устáл. Емý хóчется спать.

Visit www.berlitzpublishing.com for a bonus internet activity—go to the downloads section and connect to the world in Russian!

Lesson 13

В ГОСТИ́НИЦЕ
IN THE HOTEL

Гости́ница "Звезда́" нахо́дится недалеко́ от Кра́сной пло́щади. Э́то но́вая ча́стная гости́ница. Она́ небольша́я: в ней всего́ со́рок номеро́в. Майк с Ната́шей подхо́дят к столу́ регистра́ции...

The Zvezda [Star] Hotel is situated not far from Red Square. It is a new, private hotel. It's small: it has forty rooms in all. Mike and Natasha go up to the registration desk...

Администра́тор	Здра́вствуйте. Вы зака́зывали но́мер? Good afternoon. Do you have a reservation? (lit. Have you booked a room?)
Майк	Да, заказа́л. Вот ко́пия электро́нного письма́, в кото́ром вы подтвержда́ете, что зака́з при́нят. Yes, I have a reservation. Here's a copy of the e-mail in which you confirm that the booking is accepted.
Администра́тор	Хорошо́. Ваш па́спорт, пожа́луйста. Okay. Your passport, please.
Майк	Во́т он. Here it is.

Администра́тор	Спаси́бо. Вы смо́жете получи́ть его́ за́втра у́тром. Thank you. You can have it back tomorrow morning.
Майк	Скажи́те, пожа́луйста, в но́мере есть телеви́зор? Tell me, please, is there a television in the room?
Администра́тор	Коне́чно. Много каналов на ру́сском языке́. И есть несколько на английском, например, Си-Эн-Эн. Они́ передаю́т це́лый день по-англи́йски. Of course. There are a lot of channels in Russian. And there are some in English, CNN, for example. They broadcast in English the whole day.
Майк	Зна́ете ли вы, когда́ передаю́т но́вости? Do you know when they broadcast the news?
Администра́тор	Извини́те меня́, то́чно не по́мню. Но вся информа́ция есть в но́мере на ру́сском и на англи́йском языка́х. Sorry, I don't remember exactly. But all the information is in the room in both Russian and English.
Майк	Спаси́бо. А как здесь мо́жно постира́ть ве́щи? И есть ли тут химчи́стка? Thank you. And how can I get laundry done here? And is there dry cleaning here?
Администра́тор	Е́сли вы отдади́те нам те ве́щи, кото́рые ну́жно постира́ть и почи́стить, до 12 часо́в дня, они́ бу́дут гото́вы к 8 часа́м утра́ на сле́дующий день. If you give us those things that need washing and cleaning before 12 noon, they will be ready by 8 a.m. the following day.
Майк	Прекра́сно! Что ещё? Да! Чуть не забы́л! Есть ли у вас каки́е-нибу́дь англи́йские и́ли америка́нские газе́ты? Good! What else? Yes! I nearly forgot! Do you have any English or American newspapers?
Администра́тор	Да, мы получа́ем англи́йскую "Та́ймс" и "Интерн́эшнл Гера́льд Трибью́н". Yes, we get the English *Times* and the *International Herald Tribune*.
Майк	Как рабо́тает ваш рестора́н? Когда́ он откры́т? How does your restaurant operate? When is it open?
Администра́тор	У нас нет рестора́на. Но здесь за угло́м, совсе́м бли́зко, есть рестора́н. We don't have a restaurant. But around the corner, close by, there is a restaurant.

Майк	А где мóжно позáвтракать? And where can I have breakfast?
Администрáтор	У нас есть буфéт с лёгкими закýсками и пúццей на вторóм этажé. Меню́ есть в вáшем нóмере. Вы мóжете позвонúть гóрничной и заказáть зáвтрак прямо в нóмер, éсли хотúте. We have a buffet with light snacks and pizzas on the second floor. The menu is in your room. You can call room service and order breakfast (to be delivered) right to (your) room, if you wish.
Майк	Спасúбо. Вы óчень помоглú мне. Thank you. You've been a great help.

GRAMMAR

1. QUESTIONS WITH ли

You already know that a statement can be changed into a question by changing the intonation (Lesson 2). Questions can also be formed by using the particle ли.

In the dialogue, Mike asks:

И есть ли тут химчúстка?
And is there dry cleaning here?

In questions with ли, the subject and the verb are frequently inverted and ли put between them:

Тут есть химчúстка. (statement)
There is dry cleaning here.

Тут есть химчúстка? (interrogatory intonation)
There is dry cleaning here?

Есть ли тут химчúстка? (question with ли)
Is there dry cleaning here?

Similarly:

У вас есть америкáнские газéты.
You have American newspapers.

У вас éсть америкáнские газéты?
You have American newspapers?

Есть ли у вас америкáнские газéты?
Do you have American newspapers?

If a particular point needs to be emphasized, this can be achieved through intonation or, using ли, by putting the thing to be emphasized at the beginning of the sentence. Compare the meanings conveyed in the following:

Майк дал пáспорт администрáтору.
Mike gave (his) passport to the receptionist.

Майк дал пáспорт администрáтору?
Did Mike give (his) passport to the receptionist?

Свой ли пáспорт Майк дал администрáтору?
Was it *his* passport that Mike gave to the receptionist? (as opposed to that of somebody else)

Майк дал пáспорт администрáтору вчерá.
Mike gave (his) passport to the receptionist yesterday.

Майк дал пáспорт администрáтору вчерá?
Did Mike give (his) passport to the receptionist yesterday?

Вчерá ли Майк дал пáспорт администрáтору?
Was it *yesterday* that Mike gave his passport to the receptionist? (as opposed to some other time)

---

2. THE PERFECTIVE AND IMPERFECTIVE: ЗАКАЗÁТЬ, ЗАКÁЗЫВАТЬ TO BOOK; TO ORDER

At the beginning of this lesson, the администрáтор asked: Вы закáзывали нóмер? "Did you book a room?/Have you booked a room?" This is a useful example of the use of the imperfective verb.

The imperfective is used here because it is not clear to the администрáтор whether the process of booking was successful (complete), or not as yet successful (incomplete).

So, when Mike replies: Да, заказáл (using the perfective), he confirms that the process has been completed.

If, however, the confirmation had not been received and the reservation was still in question, Mike would have replied:

Да, я закáзывал номер, or simply Закáзывал, because he knew that the process of booking a room had been started, but was unaware of the outcome.

3. NOUNS WITH NUMERALS AND THE DECLENSION OF CARDINAL NUMBERS 1–4

In Russian, all cardinal numbers decline.

ОДИ́Н♂/ОДНА́♀/ОДНО́ *n.*
There are three forms of the number "one" in Russian:

Оди́н is the masculine form: оди́н вопро́с, оди́н стол, оди́н студе́нт.

Одна́ is the feminine form: одна́ кни́га, одна́ газе́та, одна́ студе́нтка.

Одно́ is the neuter form: одно́ окно́, одно́ сло́во, одно́ по́ле.

Оди́н♂/одна́♀/одно́ *n.* agree with the noun that they qualify both in gender and in case. They are declined as follows:

	Masculine	Feminine	Neuter
Nom.	оди́н вопро́с	одна́ кни́га	одно́ сло́во
Acc.	оди́н вопро́с	одну́ кни́гу	одно́ сло́во
Gen.	одного́ вопро́са	одно́й кни́ги	одного́ сло́ва
Dat.	одно́му вопро́су	одно́й кни́ге	одному́ сло́ву
Inst.	одни́м вопро́сом	одно́й кни́гой	одни́м сло́вом
Prep.	одно́м вопро́се	одно́й кни́ге	одно́м сло́ве

There is a plural form of оди́н, which is used with nouns that only occur in a plural form, such as часы́ (clock/watch) or очки́ (eyeglasses).

Another plural form of оди́н is worth looking at. Sometimes оди́н can mean "alone" in both singular and plural:

Она́ была́ одна́. She was alone.

Он оди́н. He is alone.

Мы бы́ли одни́. We were alone.

Они́ прие́хали домо́й одни́. They came home alone.

ДВА♂/ДВЕ♀/ДВА́ *n.*

Nouns following два (masculine and neuter) or две (feminine) are in the genitive singular:

два вопро́са, два стола́, два студе́нта
две кни́ги, две газе́ты, две студе́нтки
два сло́ва, два окна́, два по́ля

ТРИ, ЧЕТЫ́РЕ

The numbers three and four are the same for all genders. Like two, they are also followed by nouns in the genitive singular:

три вопро́са, три стола́, четы́ре студе́нта
три кни́ги, четы́ре газе́ты, три студе́нтки
четы́ре сло́ва, три окна́, четы́ре по́ля

The numerals 2, 3 and 4 are declined as follows:

Nom.	два	две	три	четы́ре
Acc.[1]	двух	двух	трёх	четырёх
Acc.	два	две	три	четы́ре
Gen.	двух	двух	трёх	четырёх
Dat.	двум	двум	трём	четырём
Inst.	двумя́	двумя́	тремя́	четырьмя́
Prep.	двух	двух	трёх	четырёх

VOCABULARY

администра́тор receptionist; administrator
пло́щадь♀ square
ча́стный♂/ча́стная♀/ча́стное *n.* private, personal
небольшо́й♂/небольша́я♀/небольшо́е *n.* small, little
всего́ in all, total
подходи́ть (impf) to approach, to go up to
регистра́ция registration
стол регистра́ции reception desk
зака́зывать (impf) to order
заказа́ть (perf) to order
ко́пия a copy
электро́нное письмо́ e-mail
подтвержда́ть (impf) to confirm
подтверди́ть (perf) to confirm
зака́з an order
принима́ть (impf) to accept
приня́ть (perf) to accept
получа́ть (impf) to receive

[1] when denoting human beings

получи́ть (perf) to receive
телеви́зор television set
кана́л channel
переда́ча transmission, broadcast
смотре́ть переда́чу to watch a program
передава́ть (impf) to broadcast, transmit
но́вости the news
то́чно exactly
по́мнить (impf) to remember
информа́ция information
стира́ть (impf) to wash (clothes)
постира́ть (perf) to wash (clothes)
химчи́стка dry cleaning
пробы́ть (perf) to stay, to remain
отда́ть (perf) to hand in, to give back, to return
чи́стить (impf) to clean
почи́стить (perf) to clean
до 12 часо́в дня before 12 noon
гото́вый♂/гото́вая♀/гото́вое *n.* ready
гото́в♂/гото́ва♀/гото́во *n.* ready (short form of the adjective)
сле́дующий♂/сле́дующая♀/сле́дующее *n.* next
Что ещё? What else?
забыва́ть (impf) to forget
забы́ть (perf) to forget
Чуть не забы́л! I almost forgot!
како́й-нибу́дь♂/кака́я-нибу́дь♀/како́е-нибу́дь *n.* some or other, any
приходи́ть (impf) to come
за угло́м around the corner
бли́зко close (adjective)
за́втракать (impf) to have breakfast
поза́втракать (perf) to have breakfast
обе́д dinner
за́втрак breakfast
буфе́т buffet
заку́ска snack
лёгкие заку́ски light snacks
пи́цца pizza
меню́ menu
звони́ть (impf) to phone, to call
позвони́ть (perf) to phone, to call
го́рничная maid, cleaner (room service)
Мо́жно? Is it possible?

EXERCISES

Exercise A

Translate the following sentences into English:

1. Мой дом нахóдится недалекó от гостúницы “Звездá”.
   ____
2. Скажúте, пожáлуйста, где регистрáция?
   ____
3. Я заказáл нóмер по электронной почте.
   ____
4. Вы подтвердúли, что закáз прúнят.
   ____
5. Вот мой пáспорт. Когдá я смогý получúть егó?
   ____
6. В нóмере éсть рáдио, телевúзор и телефóн?
   ____
7. Когдá передаЮт нóвости по-англúйски?
   ____
8. Я хочý купúть и англúйские, и америкáнские газéты.
   ____
9. Я хочý зáвтракать в нóмере.
   ____

Exercise B

Put the words in parentheses into the correct form:

1. Вот кóпия (письмó), в котóром вы подтверждáете, что закáз прúнят. ______________
2. В (нóмер) есть телевúзор? ______________
3. Есть канáл, по (котóрый) мóжно смотрéть передáчи по-англúйски. ______________
4. Вся информáция есть в (нóмер) на (рýсский) и на (англúйский) языкáх. ______________, ______________, ______________

5. Сейча́с они́ (получа́ть) америка́нские (газе́та) ка́ждый день. ______________, ______________

6. У них нет (рестора́н), но у них есть хоро́ший буфе́т.

____

7. Меню́ есть в (ваш) но́мере. ______________

8. (Знать) ли вы когда́ (передава́ть) но́вости?

______________, ______________

Exercise C

Translate the following into Russian:

1. The Hotel Zvezda is not far from my home.

____

2. I have a big new car.

____

3. Is there a television in the (hotel) room?

____

4. Is the booking (reservation) accepted?

____

5. Is it possible to watch programs in English? [use ли]

____

6. We will be here three to four days.

____

7. I am there two days every month.

____

8. Is there dry cleaning in the hotel?

____

Exercise D

Look at the price list below. How much will you have to pay the hotel? You will stay for seven nights, have six dinners and seven breakfasts. The word обе́д is difficult to translate. It is the midday meal, but also usually the most significant meal of the day, so neither "lunch" nor "dinner" quite captures its meaning.

ГОСТИ́НИЦА ПЛАНЕ́ТА (planet)
но́мер (одна́ ночь)..............................четы́ре ты́сячи рубле́й
обе́д..пятьсо́т рубле́й
за́втрак (+ ча́й или ко́фе)....................две́сти рубле́й

Exercise E

True or false?

1. Гости́ница "Звезда́" нахо́дится далеко́ от Кра́сной пло́щади.
2. "Звезда́" – но́вая ча́стная гости́ница.
3. Майк дал па́спорт администра́тору.
4. У Ма́йка в но́мере нет телеви́зора.
5. Администра́тор не зна́ет, когда́ передаю́т но́вости по-англи́йски.
6. В гости́нице мо́жно получа́ть америка́нские и англи́йские газе́ты.
7. В Москве́ мо́жно смотре́ть переда́чи Си-Эн-Эн.
8. В гости́нице то́лько оди́н кана́л рабо́тает на англи́йском языке́.
9. Недалеко́ от гости́ницы есть рестора́н.
10. Мо́жно купи́ть лёгкие заку́ски и пи́ццу в буфе́те гости́ницы.

Visit www.berlitzpublishing.com for a bonus internet activity—go to the downloads section and connect to the world in Russian!

Lesson

14

ЭКСКУ́РСИЯ ПО МОСКВЕ́
A TRIP AROUND MOSCOW

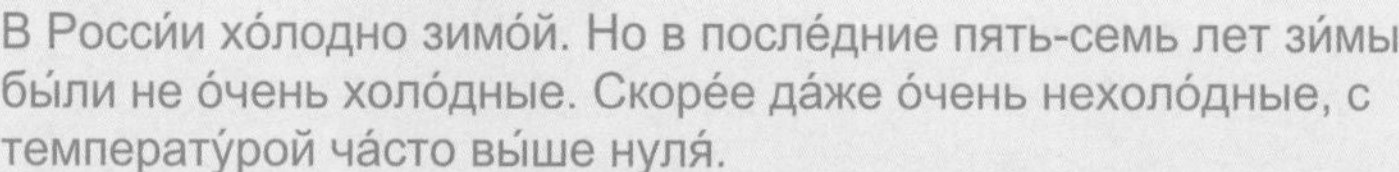

В Росси́и хо́лодно зимо́й. Но в после́дние пять-семь лет зи́мы бы́ли не о́чень холо́дные. Скоре́е да́же о́чень нехоло́дные, с температу́рой ча́сто вы́ше нуля́.
In Russia it is cold in winter. But in the last five to seven years, the winters were not very cold. Actually not even very cold at all, with the temperature often above 0°C (32°F).

Но никто́ не рад э́тому теплу́; ча́сто быва́ет си́льный ве́тер, идёт снег с дождём…А когда́ температу́ра, ска́жем, ми́нус 20 гра́дусов, и не́бо безо́блачное и голубо́е, и со́лнце сия́ет, и снег искри́тся – здесь чуде́сно!
But nobody is happy with this warmth; there is often a strong wind, and sleet…But when the temperature is, say, -20°C (-4°F), and the sky is cloudless and blue, and the sun is shining, and the snow sparkles – it is wonderful here!

А в нача́ле ма́рта пого́да о́чень неусто́йчива. Но́чью – ми́нус 18, а днём – плюс 4! На у́лице сля́коть под нога́ми.
But at the beginning of March, the weather is very variable. At night it is -18°C (-0.4°F), but during the day it is +4°C (39.2°F)! On the streets there is slush underfoot.

Майк приéхал в Москвý в сáмом начáле весны́. Си́яет сóлнце; по голубóму нéбу плывýт мáленькие бéлые облакá. День так чудéсен, что прóсто невозмóжно сидéть в кóмнате, и они́ с Натáшей реши́ли отпрáвиться на экскýрсию по Москвé.
Mike came to Moscow at the very beginning of spring. The sun is shining; in a blue sky small, white clouds are floating. The day is so lovely that it is simply not possible to sit indoors, and Mike and Natasha decide to set off on a trip around Moscow.

Натáша Э́то Крáсная плóщадь.
That's Red Square.

Майк А э́то что за здáние? Цéрковь?
And what is that building? A church?

Натáша Да, э́то собóр Васи́лия Блажéнного. Совершéнно уникáльное здáние. Бы́ло пострóено при Ивáне Грóзном. Говоря́т, что, когдá строи́тельство бы́ло закóнчено, архитéкторов ослепи́ли.
Yes, it's the Cathedral of Saint Basil. It's an absolutely unique building. It was constructed under Ivan the Terrible. They say that when the building was finished the architects were blinded.

Майк Ослепи́ли? Но почемý?
Blinded? But why?

Натáша Чтóбы они́ не могли́ пострóить ещё что-нибýдь, бóлее краси́вое.
So that they wouldn't be able to build anything else more beautiful.

Майк Ужáсно!
Terrible!

Натáша Да. В э́той странé бы́ли тирáны: Ивáн Грóзный, Стáлин…И, в то же врéмя, э́то странá рýсской интеллигéнции и вели́ких писáтелей, таки́х как Пýшкин, Толстóй, Достоéвский…
Yes. There were tyrants in this country: Ivan the Terrible, Stalin…And at the same time it's the country of the Russian intelligentsia and great writers, such as Pushkin, Tolstoy, Dostoyevsky…

Майк Посмотри́те! Как здóрово игрáет сóлнце на тех золоты́х куполáх!
Look! How beautifully the sun is sparkling on those golden domes!

Натáша Да. Э́то Кремль.Он был пострóен ещё в 12-ом вéке. Но давáйте вернёмся в маши́ну. Я хочý, чтóбы мы поéхали посмотрéть Новодéвичий.

	Yes. That's the Kremlin. It had already been built by the 12th century. But let's return to the car. I want us to go to look at Novodevichy.
Майк	Что э́то тако́е? What is that?
Ната́ша	Э́то монасты́рь на берегу́ Москва́-реки, постро́енный ещё до Петра́ Пе́рвого. It's a convent on the bank of the Moscow River, built even before Peter the Great.

GRAMMAR

1. "TOGETHER WITH"

Look at the following sentence:

Они́ с Ната́шей реши́ли отпра́виться на экску́рсию.

Literally, this means "They with Natasha decided to…". It could mean that one or more persons, together with Natasha, decided to do something. In the text, however, it means "Mike and Natasha decided to…".

A common mistake that Russians, even Russians with good English, make is to say "we with father…", "we with Mike…", instead of "my father and I…", "Mike and I…" This is because they are translating directly from the Russian.

мы с отцо́м I with father; we with father (My father and I)
мы с бра́том I with brother; we with brother (My brother and I)
мы с сестро́й I with sister; we with sister (My sister and I)
они́ с Ива́ном he with Ivan; she with Ivan; they with Ivan
они́ с Ната́шей he with Natasha; she with Natasha; they with Natasha

Since more than one person is involved, the verb that follows is in the plural:

Они́ с Ната́шей реши́ли…
мы с отцо́м пое́хали…
мы с сестро́й лю́бим…
они́ с Ива́ном иду́т…

Just who is with father, sister, Ivan, etc. is usually clear from the context.

2. THE SHORT FORM OF ADJECTIVES

Many adjectives have a "short" form, which can serve as the predicate (the part of a sentence that says something about the subject).

In Lesson 7 there was an example of the short form of the adjective "free":

Ники́та Серге́евич бу́дет свобо́ден в сре́ду.
Nikita Sergeyevich will be free on Wednesday.

Свобо́ден♂/свобо́дна♀/свобо́дно *n.* are the short forms of свобо́дный♂/свобо́дная♀/свобо́дное *n.*

Other examples from the dialogue are:

Пого́да о́чень неусто́йчива. (неусто́йчивый♂/неусто́йчивая♀/неусто́йчивое *n.*)

День так чуде́сен.
(чуде́сный♂/чуде́сная♀/чуде́сное *n.*)

The short form of the *masculine singular* is made by dropping the ending -ый, -ой, -ий from the long form, leaving only the stem:

краси́вый – краси́в beautiful
молодо́й – мо́лод young
хоро́ший – хоро́ш good

If the stem of the adjective ends in two or more consonants, as in the case of свобо́дный and чуде́сный above, -о- or -е- is usually inserted.

The short form of the *feminine singular* is made by adding -а to the stem:

краси́вая – краси́ва
молода́я – молода́
хоро́шая – хороша́

The short form of the *neuter singular* is made by adding -о to the stem:

краси́вое – краси́во
молодо́е – мо́лодо
хоро́ший – хорошо́

The short form of the *plural for all three genders* is made by adding -ы to the stem (or -и if the stem ends in г, к, х, ж, ч, ш, or щ):

краси́вы
мо́лоды
хороши́

Here are some short forms that are worth learning. Note the change in position of the stress.

Full form	**Short forms**			
Masculine	**Masculine**	**Feminine**	**Neuter**	**Plural**
больно́й sick	бо́лен	больна́	больно́	больны́

Full form	Short forms			
Masculine	**Masculine**	**Feminine**	**Neuter**	**Plural**
вели́кий great	вели́к	велика́	велико́	велики́
дли́нный long	дли́нен	длинна́	длинно́	длинны́
поле́зный useful	поле́зен	поле́зна	поле́зно	поле́зны
по́лный full	по́лон	полна́	полно́	полны́
пра́вый right	прав	права́	пра́во	пра́вы
прекра́сный splendid, beautiful	прекра́се́н	прекра́сна	прекра́сно	прекра́сны
прия́тный pleasant	прия́тен	прия́тна	прия́тно	прия́тны
ску́чный boring	ску́чен	скучна́	ску́чно	скучны́
слы́шный audible, heard	слы́шен	слышна́	слы́шно	слышны́
стра́шный awful, terrible	стра́шен	страшна́	стра́шно	страшны́
тру́дный difficult, hard	тру́ден	трудна́	тру́дно	трудны́
удо́бный convenient, comfortable	удо́бен	удо́бна	удо́бно	удо́бны
у́мный clever, wise	умён	умна́	умно́	умны́
холо́дный cold	хо́лоден	холодна́	хо́лодно	холодны́
широ́кий broad, wide	широ́к	широка́	широко́	широки́

It is important to note that the short adjective is only used to form the *predicate* in a sentence, whereas the full adjective can be used attributively or for emphasis:

длúнная дорóга a long road
Дорóга длúнная. The road is a long one.
Дорóга длиннá. The road is long.

пóлные стакáны full glasses
Стакáны пóлные. The glasses are full to the brim.
Стакáны полны́. The glasses are full.

прекрáсный гóрод a beautiful town
Гóрод прекрáсный. The town is a beautiful one.
Гóрод прекрáсен. The town is beautiful.

The short form is used much more often in the predicate than the long form:

Путешéствие бы́ло приятно. The journey was pleasant.
Урóки бы́ли скучны́. The lessons were boring.
Птúцы слышны́ по утрáм. The birds are heard in the mornings.
Рабóта былá труднá. The work was difficult.
Машúна óчень удóбна. The car is very comfortable.
Моя́ мама óчень умнá. My mother is very clever.

---

3. THE NAMES OF RUSSIAN LETTERS

First, learn to say Как э́то пúшется?
How is it written?/How do you spell it?

Printed	Approximate Pronunciation	Name
А а	[a] in car	ah
Б б	[b] in bed	beh
В в	[v] in vodka	veh
Г г	[g] in gold	geh
Д д	[d] in dot	deh
Е е	[ye] in yet	yeh
Ё ё	[yo] in yogurt	yoh
Ж ж	[s] in measure	zheh
З з	[s] in please	zeh

Printed	Approximate Pronunciation	Name
И и	[ee] in street	ee
Й й	[y] in young	И кра́ткое *ee kraht-kah-yeh*
К к	[c] in cover	kah
Л л	[l] in low	el
М м	[m] in mad	em
Н н	[n] in not	en
О о	[o] in north (when stressed)	oh
П п	[p] in plot	peh
Р р	[r] in grey	er
С с	[s] in salt	es
Т т	[t] in town	teh
У у	[oo] in cool	oo
Ф ф	[f] in fee	ef
Х х	[h] in hurry	khah
Ц ц	[tz] in quartz	tseh
Ч ч	[ch] in chunk	cheh
Ш ш	[sh] in shawl	shah
Щ щ	[shch] in hush child	shchah
Ъ ъ	No sound.	Твёрдый знак *tvyor-diy znahk*
Ы ы	[i] in thing	ih
Ь ь	No sound.	Мя́гкий знак *myahkh-keey znahk*
Э э	[e] in every	eh
Ю ю	[u] in union	yoo
Я я	[ya] in Yankee	yah

4. ASKING FOR DIRECTIONS

Most foreigners visiting Russia do not drive. You should nevertheless know that different verbs are used for going *on foot* and going *by transportation.*

"How to get to?" *on foot* is Как пройти́?
"How to get to?" *by transportation* is Как прое́хать?

When approaching somebody to ask for directions, start by saying: Извини́те (excuse me), followed by: Вы не ска́жете... (literally, "Won't you say", but used as we use "Can you tell me?").

So, to ask the way to the American Embassy on foot, you say:
Извини́те, вы не ска́жете, как пройти́ к Америка́нскому посо́льству?

If you are driving a car, you say:
Извини́те, вы не ска́жете, как прое́хать к Америка́нскому посо́льству?

Here are some more examples of ways to ask for directions when you are walking:
Извини́те, вы не ска́жете, как пройти́...
...к гости́нице Метропо́ль? ...to the Hotel Metropol?
...к Большо́му Теа́тру? ...to the Bolshoi Theater?
...к Кра́сной Пло́щади? ...to Red Square?
...к ближа́йшему ба́нку? ...to the nearest bank?

You may have to ask where something is:
Извини́те, вы не ска́жете...
...где здесь нахо́дится ближа́йший туале́т?
....where the nearest toilet is?
...где здесь нахо́дится ближа́йший телефо́н-автома́т?
...where the nearest public telephone is?

Here are some common directions:
turn поверни́те (or, more colloquial сверни́те)
turn left поверни́те нале́во
turn right поверни́те напра́во
...at the next corner на сле́дующем поворо́те
...at the traffic lights у светофо́ра
opposite напро́тив
It is opposite the post office. Э́то напро́тив по́чты.
in front of пе́ред
It is in front of the church. Э́то пе́ред це́рковью.
behind за
It is behind the Hotel Metropol. Э́то за гости́ницей Метропо́ль.
straight пря́мо
Go straight ahead. Иди́те пря́мо.

VOCABULARY

экску́рсия trip, excursion
после́дний♂/после́дняя♀/после́днее *n.* last
скоре́е faster, rather, more likely
температу́ра temperature
высоко́ high
вы́ше higher
нуль♂ zero
Никто́ не рад. Nobody is happy.
Тепло́. It is warm.
тепло́ (neuter noun) warmth
си́льный♂/си́льная♀/си́льное *n.* strong
ве́тер wind
Идёт снег. It is snowing.
дождь♂ rain
идёт дождь it is raining
ми́нус minus, negative
гра́дус degree (temperature)
не́бо sky
о́блако cloud
о́блачный♂/о́блачная♀/о́блачное *n.* cloudy
безо́блачный♂/безо́блачная♀/безо́блачное *n.* cloudless
голубо́й♂/голуба́я♀/голубо́е *n.* blue
со́лнце sun
сия́ть (impf) to shine
искри́ться (impf) to sparkle
так so
неусто́йчивый♂/неусто́йчивая♀/неусто́йчивое *n.* variable
сля́коть♀ slush
под нога́ми under the feet
плыть (impf) to swim, to float
бе́лый♂/бе́лая♀/бе́лое *n.* white
чуде́сный♂/чуде́сная♀/чуде́сное *n.* wonderful, marvelous
чуде́сен♂/чуде́сна♀/чуде́сно *n.* wonderful, marvelous (short form of adj.)
Невозмо́жно. It is impossible.
ко́мната room
реша́ть (impf) to decide
реши́ть (perf) to decide
отпра́виться (perf) to set off
зда́ние building
це́рковь♀ church
собо́р cathedral
соверше́нно completely, absolutely
уника́льный♂/уника́льная♀/уника́льное *n.* unique
стро́ить (impf) to build

постро́ить (perf) to build
при Ива́не Гро́зном under/during the reign of Ivan The Terrible
строи́тельство building, construction
зако́нчено finished
архите́ктор architect
ослепи́ть (perf) to blind, to put out someone's eyes
бо́лее more
ужа́сный♂/ужа́сная♀/ужа́сное n. awful, horrible
страна́ country
прекра́сный♂/прекра́сная♀/прекра́сное n. beautiful, pretty
смесь♀ mixture
интеллиге́нция intelligentsia
вели́кий♂/вели́кая♀/вели́кое n. great
писа́тель♂ writer
тира́н tyrant
игра́ть to play
золото́й♂/золота́я♀/золото́е n. golden
ку́пол dome
век century
возврати́ться (perf) to return, come back
верну́ться (perf) to return, go back
монасты́рь♂ monastery, convent
бе́рег bank (of a river, lake)
река́ river

EXERCISES

Exercise A

Translate the following sentences into English.

1. В Росси́и хо́лодно зимо́й, но в после́дние пять-семь лет зи́мы бы́ли не о́чень холо́дные.

   ____

   ____

2. Зимо́й в Росси́и температу́ра ча́сто вы́ше нуля́.

   ____

3. Ча́сто быва́ет си́льный ве́тер, и идёт снег с дождём.

   ____

4. Когда́ не́бо безо́блачное и голубо́е, и со́лнце сия́ет, и снег искри́тся – в Росси́и чуде́сно.

   ____

   ____

5. В начáле мáрта погóда óчень неустóйчива в Нью-Йóрке.

___

6. Мáйк приéхал в Москвý в сáмом начáле весны́.

___

7. Мы реши́ли отпрáвиться на экскýрсию по Москвé.

___

8. Э́то что за здáние?

___

9. Собóр Васи́лия Блажéнного – соверш́енно уникáльное здáние.

___

10. Пýшкин, Толстóй и Достоéвский бы́ли вели́кие писáтели.

___

11. Давáйте вернёмся в маши́ну.

___

12. Новодéвичий – монасты́рь на берегý Москвá-реки.

___

Exercise B

You are going around Moscow. Ask the way to the following places:

1. (by car) the Tretyakov Gallery Третьякóвская галлерéя

___

2. (on foot) the nearest subway метрó

___

3. (on foot) the nearest department store универмáг

___

4. (on foot) the nearest church цéрковь

___

5. (by car) the nearest hospital больни́ца

___

6. (on foot) the nearest pharmacy аптéка

___

7. (on foot) the Lenin Mausoleum Мавзолéй Лéнина

   ___

8. (by car) Tver Street Тверскáя ýлица

   ___

9. (by car) the university университéт

   ___

10. (by car) the Hotel Ukraine гостúница "Украйна"

   ___

Exercise C

Translate the following sentences into Russian.

1. As you already know, in Russia it is cold in winter.

   ___

2. The temperature is often above zero.

   ___

3. Often there is a strong wind.

   ___

4. It is snowing.

   ___

5. The temperature is minus 10 degrees.

   ___

6. The sky is blue, and the sun is shining.

   ___

7. It is wonderful here!

   ___

8. At the beginning of March, the weather is very variable.

   ___

9. The temperature quickly changes.

   ___

10. At night it is minus 20, but by day it is 10 above.

   ___

11. Mike came to Moscow at the very beginning of spring.

    ____

12. The day is so nice that it is simply not possible to sit in the hotel.

    ____

13. The cathedral was constructed under Ivan the Terrible.

    ____

14. It's a beautiful country.

    ____

15. Tolstoy was a great writer.

    ____

Exercise D

True or false?

1. В после́дние пять-семь лет зи́мы в Росси́и бы́ли о́чень холо́дные.
2. В после́дние пять-семь лет температу́ра зимо́й в Росси́и никогда́ не была́ вы́ше нуля́.
3. Никто́ не рад э́тому теплу́.
4. В нача́ле ма́рта в Росси́и но́чью быва́ет плюс 18, а днём – ми́нус 18.
5. Собо́р Васи́лия Блаже́нного – соверше́нно уника́льное зда́ние.
6. Собо́р Васи́лия Блаже́нного был постро́ен при Ива́не Гро́зном.
7. Новоде́вичий – э́то гости́ница на берегу́ Москва́-реки.

Visit www.berlitzpublishing.com for a bonus internet activity—go to the downloads section and connect to the world in Russian!

Lesson

15 МАЙК У́ЧИТ РУ́ССКИЙ ЯЗЫ́К
MIKE STUDIES RUSSIAN

Майк наме́рен приезжа́ть в Росси́ю дово́льно ча́сто. Е́сли дела́ по созда́нию совме́стного предприя́тия с ба́нком пойду́т хорошо́, он мог бы проводи́ть в Москве́ от шести́ ме́сяцев до го́да. Поэ́тому он реши́л всерьёз заня́ться ру́сским языко́м.
Mike intends to come to Russia fairly often. If things related to setting up a joint venture with the bank go well, he could spend from six months to a year in Moscow. Therefore, he has decided to study the Russian language seriously.

Ната́ша познако́мила его́ с А́нной Ива́новной Смирно́вой, кото́рая согласи́лась дава́ть Ма́йку ча́стные уро́ки. Сейча́с Майк пришёл к ней домо́й и звони́т в дверь…
Natasha has introduced him to Anna Ivanovna Smirnova, who has agreed to give Mike private lessons. Mike has just arrived at her home and rings the doorbell…

А́нна Ива́новна — До́брый ве́чер! Входи́те, пожа́луйста.
Good evening. Please come in.

Майк — До́брый ве́чер!
Good evening!

А́нна Ива́новна	Где вы изуча́ли ру́сский? Where did you learn Russian?
Майк	Я учи́лся в Аме́рике, но тепе́рь, когда́ я бу́ду подо́лгу жить в Москве́, мне на́до лу́чше знать ру́сский. I learned it in America, but now that I will be spending a long time in Moscow, I need to know Russian better.
А́нна Ива́новна	Чем и́менно вы хоте́ли бы заня́ться? What exactly would you like to study?
Майк	Пре́жде всего́ мне на́до расши́рить запа́с слов. Когда́ я смотрю́ телеви́зор, я понима́ю дово́льно мно́го. А пото́м вдруг попада́ются одно́-два незнако́мых сло́ва, и я перестаю́ понима́ть, теря́ю смысл. First of all, I need to increase my vocabulary. When I watch television, I understand quite a lot. But then suddenly one or two unknown words turn up, and I stop understanding and lose the meaning.
А́нна Ива́новна	У вас хоро́шее ру́сское произноше́ние. И вы уже́ сейча́с непло́хо говори́те по-ру́сски. Я уве́рена, что мы смо́жем расши́рить ваш слова́рный запа́с. You have good Russian pronunciation. And you already speak Russian quite well. I'm convinced that we can broaden your vocabulary.
Майк	Да, я наде́юсь…И ещё одна́ пробле́ма – э́то когда́ лю́ди говоря́т бы́стро. По телеви́зору я ещё бо́лее-ме́нее понима́ю но́вости, но по ра́дио, когда́ нет изображе́ния, почти́ ничего́ не понима́ю. Yes, I hope so…And one more problem – it's when people speak quickly. On television I still more or less understand the news, but on the radio, when there are no images, I understand almost nothing.
А́нна Ива́новна	Я ду́маю, что смогу́ вам помо́чь и в э́том то́же. Ната́ша мне немно́го рассказа́ла о ва́ших тру́дностях, и я пригото́вила програ́мму, кото́рая, я наде́юсь, бу́дет вам поле́зна. I think I can help you with that, too. Natasha told me a little about your difficulties, and I have prepared a program which, I hope, will be helpful to you.
Майк	Пре́жде чем нача́ть, я хоте́л бы вы́яснить всё насчёт опла́ты. Before starting, I would like to clarify everything about payment.

А́нна Ива́новна	Опла́ты? Никако́й опла́ты! Вы друг мое́й хоро́шей знако́мой. Я хочу́ помо́чь вам. Друзья́ для э́того и существу́ют. Payment? No payment at all! You are a friend of my good friend. I want to help you. That's what friends are for.
Майк	Прости́те, но я так не могу́. Я наста́иваю. Excuse me, but I can't do that. I insist.
А́нна Ива́новна	Ну, спаси́бо. Но вы уж тогда́ учи́тесь хорошо́, что́бы я не зря их получа́ла! Well, thank you. But you'll really have to study well, so that I deserve it!

GRAMMAR

1. THE PREPOSITION ПРИ

При takes the prepositional case. It can be translated into English in a number of ways, depending on the context:

1. attached to
   Гара́ж при до́ме. The garage is attached to the house.
2. in the presence of, before, in front of
   Они́ сказа́ли э́то при мне. They said that in my presence.
3. during, in the time of, under (a ruler, goverment, etc.)
   при Коммуни́зме under Communism
4. with, on
   У них все де́ньги при себе́. They have all the money on/with them.
   Она́ нахо́дится при ма́тери. She is with her mother.
   При по́мощи друзе́й всё бу́дет хорошо́. With the help of friends, everything will be okay.

---

2. THE VERBS ПРИЕЗЖА́ТЬ AND ПРИЕ́ХАТЬ

Приезжа́ть (impf) and прие́хать (perf) mean "to arrive, to come". In the narrative at the beginning of this lesson, you saw: Майк наме́рен приезжа́ть в Росси́ю дово́льно ча́сто. Here, the imperfective приезжа́ть is used because Mike intends to visit Russia frequently on an indefinite basis.

Compare this with: Майк наме́рен прие́хать в Росси́ю в суббо́ту. Here Mike intends to complete the process of coming to Russia on Saturday. So прие́хать is used.

Try to memorize the conjugation of these verbs:

	приезжáть (impf)	приéхать (perf)
	Present tense	
я	приезжáю	THE
ты	приезжáешь	PERFECTIVE
он, онá, онó	приезжáет	HAS
мы	приезжáем	NO
вы	приезжáете	PRESENT
онú	приезжáют	TENSE
	приезжáть (impf)	приéхать (perf)
	Future tense	
я	бýду приезжáть	приéду
ты	бýдешь приезжáть	приéдешь
он, онá, онó	бýдет приезжáть	приéдет
мы	бýдем приезжáть	приéдем
вы	бýдете приезжáть	приéдете
онú	бýдут приезжáть	приéдут

3. КАК **AND** КАКÓЙ **WITH ADJECTIVES**

Как (how) has only one form and is used with the short form of the adjective; какóй♂/какáя♀/какóе *n.* are used with the full form:

Как я глуп♂/Как я глупá♀! (from глýпый♂/глýпая♀/глýпое *n.* "stupid")
How stupid I am!
Какáя я глýпая! How stupid I am!

Как ты блéден! How pale you are!
Какóй ты блéдный! How pale you are!

Как онá умнá! How clever she is!
Какáя она ýмная! How clever she is!

Как онó широкó! How wide it is!
Какóе онó ширóкое! How wide it is!

Как мы бедны́! How poor we are!
Какúе мы бéдные! How poor we are!

4. **TELLING TIME**

one o'clock	час (nom.)
two o'clock	два часá (gen. sing.)

three o'clock	три часа́ (gen. sing.)
four o'clock	четы́ре часа́ (gen. sing.)
five o'clock	пять часо́в (gen. pl.)
six o'clock	шесть часо́в (gen. pl.)
seven through twelve o'clock	7–12 часо́в (gen. pl.)
twelve o'clock midnight	по́лночь
twelve o'clock midday	по́лдень

For "at" a time, в is used, followed by the accusative case of the number (which is the same as the nominative). Two, three and four are followed by the genitive singular of час: часа́. Five through twelve are followed by the genitive plural of час: часо́в.

at one o'clock	в час (no number is needed)
at two o'clock	в два часа́
at three o'clock	в три часа́
at four o'clock	в четы́ре часа́
at five o'clock	в пять часо́в
at six o'clock	в шесть часо́в
at seven through twelve o'clock	в 7–12 часо́в
at twelve o'clock midnight	в по́лночь
at twelve o'clock midday	в по́лдень

In Russia, as elsewhere, the 24-hour clock is used in official contexts. In order to distinguish times of day, the genitive singular of the words for day and night is used: у́тро becomes утра́; день becomes дня; ве́чер becomes ве́чера and ночь becomes но́чи. In Russian, ночь is used for the hours immediatedly after midnight. So:

at one o'clock in the morning	в час но́чи
at two o'clock in the afternoon	в два часа́ дня
at three o'clock in the morning	в три часа́ утра́

at four o'clock in the afternoon	в четы́ре часа́ дня
at five o'clock in the evening	в пять часо́в ве́чера
at six o'clock in the morning	в шесть часо́в утра́
at ten o'clock in the evening	в де́сять часо́в ве́чера

Russians tend to have their dinner – обе́д – at their workplace, between one and three in the afternoon, when many shops and offices are closed. So the expression по́сле обе́да – "after dinner" – usually tends to mean "after two o'clock".

In the evening, Russians tend to have a lighter meal у́жин – "supper" – at about seven o'clock. So the expression по́сле у́жина – "after supper" – tends to mean "after seven o'clock".

HOURS AND MINUTES

Russians think of time a little differently than we do. They think of the hour between noon and 1 o'clock as the first hour, the hour between two and three as the second hour, etc. This is why when they express time in terms of minutes *past* the hour, Russians refer to minutes of this first, second, etc. hour after noon or midnight.

"One minute past six" is literally "one minute of the seventh":
одна́ мину́та седьмо́го.

"Two minutes past six" is "two minutes of the seventh":
две мину́ты седьмо́го.

"Ten minutes past six" is "ten minutes of the seventh":
де́сять мину́т седьмо́го.

The formula is as follows:

With "one", the feminine nominative одна́ (cardinal number), the nominative мину́та + седьмо́го (ordinal number, gen., masc., sing.) are used.
The same applies to compound numbers ending in "one": "twenty-one" etc.:

два́дцать одна́ мину́та седьмо́го

With "two", the feminine nominative of the cardinal number, две, and the genitive singular мину́ты + седьмо́го (ordinal number, gen., masc., sing.) are used.

The same applies to compound numbers ending in "two": "twenty-two", "thirty-two", etc.:

тридцать две мину́ты седьмо́го

With "three" and "four", the nominative of the number, три, четы́ре and the genitive singular мину́ты + седьмо́го (ordinal number, gen., masc., sing.) are used.

With other numbers, the nominative of the number and the genitive plural мину́т + the hour (ordinal number, gen., masc., sing.) are used.

де́сять (cardinal number) мину́т (gen., pl. of мину́та) седьмо́го (gen., masc., sing.).

Here are some examples:

two minutes past twelve	две мину́ты пе́рвого
at two minutes past twelve	в две мину́ты пе́рвого
five past one	пять мину́т второ́го
at five past one	в пять мину́т второ́го
twelve minutes past three	двена́дцать мину́т четвёртого
at twelve minutes past three	в двена́дцать мину́т четвёртого
ten past four	де́сять мину́т пя́того
at ten past four	в де́сять мину́т пя́того
twenty-eight minutes past six	два́дцать во́семь мину́т седьмо́го
at twenty-eight minutes past six	в два́дцать во́семь мину́т седьмо́го

A QUARTER PAST ЧЕТВЕРТЬ, **HALF PAST** ПОЛОВИ́НА

a quarter past four	че́тверть пя́того
at a quarter past four	в че́тверть пя́того
half past five	полови́на шесто́го
at half past five	в полови́не (prepositional) шесто́го

For *"to"* the hour, Russians use без – "less" – with the minutes in the genitive. Мину́т is frequently omitted. The hour is a cardinal number, in the nominative.

two minutes to twelve	без двух (мину́т) двена́дцать
at two minutes to twelve	без двух (мину́т) двена́дцать

Note that в is not used to indicate "at".

Here are a few more examples:

(at) five to one	без пяти́ (мину́т) час
(at) twelve minutes to three	без двена́дцати (мину́т) три
(at) ten to four	без десяти́ (мину́т) четы́ре
(at) twenty-eight minutes to six	без двадцати́ восьми́ (мину́т) шесть
(at) a quarter to one	без че́тверти час
(at) a quarter to three	без че́тверти три

VOCABULARY

намерева́ться to intend
он наме́рен he intends
приезжа́ть (impf) to come
прие́хать (perf) to come
дово́льно rather, fairly
созда́ние establishing, setting up
проводи́ть (impf) to accompany; to spend
провести́ (perf) to accompany; to spend
реша́ть (impf) to decide
реши́ть (perf) to decide
всерьёз seriously, in earnest
занима́ться (impf) to engage in; to deal with; to study
заня́ться (perf) to engage in; to deal with; to study
заня́ться языко́м to study a language
соглаша́ться (impf) to agree
согласи́ться (perf) to agree
дава́ть ча́стные уро́ки to give private lessons
звони́ть в дверь to ring the doorbell
подо́лгу a long time
жить (impf) to live, to be alive; to stay or spend time somewhere
мне на́до I must, it is necessary for me; I need
знать to know
лу́чше better
и́менно precisely, specially
Чем вы хоте́ли бы..? What would you like to…?
пре́жде всего́ first of all
расширя́ть (impf) to broaden, to widen
расши́рить (perf) to broaden, to widen
запа́с store, stock
смотре́ть телеви́зор to watch television
попада́ться (perf) to be caught
незнако́мый♂/незнако́мая♀/незнако́мое *n.* unknown
перестава́ть (impf) to cease, to stop
переста́ть (perf) to cease, to stop
понима́ть (impf) to understand, to comprehend

понЯть (perf) to understand, to comprehend
терЯть (impf) to lose
потерЯть (perf) to lose
смысл sense, meaning
произношЕние pronunciation
увЕрен♂/увЕрена♀/увЕрено *n.* convinced
надЕяться (impf) to hope
по телевИзору on television
бОлее-мЕнее more or less
по рАдио by radio, on the radio
изображЕние image, picture
трУдность difficulty, hardship
готОвить (impf) to prepare, get ready, make
приготОвить (perf) to prepare, get ready, make
прогрАмма program
полЕзный♂/полЕзная♀/полЕзное *n.* useful, beneficial
прЕжде чем before
начинАть (impf) to start, to begin
начАть (perf) to start, to begin
выяснЯть (impf) to clear up, find out
вЫяснить (perf) to clear up, find out
насчЁт concerning, with regard to, about
оплАта payment, settlement
никакОй♂/никакАя♀/никакОе *n.* none, not any
знакОмый♂/знакОмая♀ acquaintance
существовАть (impf) to exist
прощАть (impf) to pardon, forgive
простИть (perf) to pardon, forgive
настАивать (impf) to insist, to stick by
настоЯть (perf) to insist, to stick by
зря for nothing, in vain

EXERCISES

Exercise A

Translate the following sentences into English.

1. Я намЕрен жить в МосквЕ.

 ____

2. Я решИл всерьЁз занЯться рУсским языкОм.

 ____

3. ПрофЕссор согласИлся давАть мне чАстные урОки.

 ____

4. Сейча́с Ната́ша пришла́ к нему́ домо́й и звони́т в дверь.

____

5. Входи́те, пожа́луйста.

____

6. Где Майк изуча́л ру́сский? В Аме́рике?

____

7. Да, но тепе́рь ему́ на́до лу́чше знать ру́сский.

____

8. Ей на́до расши́рить запа́с слов.

____

9. Когда́ она́ смо́трит телеви́зор, она́ понима́ет дово́льно мно́го.

____

10. У него́ хоро́шее ру́сское произноше́ние.

____

11. Она́ пло́хо говори́т по-ру́сски.

____

12. У меня́ одна́ пробле́ма.

____

13. Когда́ лю́ди говоря́т бы́стро, я не понима́ю.

____

14. Ната́ша пригото́вила обе́д.

____

15. Кни́га бу́дет вам поле́зна.

____

Exercise B

Translate the following sentences into Russian.

1. Mike could spend from six months to a year in Moscow.

____

2. I decided to study the Russian language seriously.

____

3. Anna agreed to give Mike private lessons.

____

4. Where did you learn English?

____

5. I will not stay in Moscow for a long time.

____

6. We have to know Russian better.

____

7. When I watch television, I understand quite a lot.

____

8. I think that I can help you.

____

Exercise C

Кото́рый час? What time is it? Answer in Russian.

1. 

____

____

2. 

____

____

3. 

____

____

4.

5.

6. AM 6:20

7. PM 7:30

8. AM 7:40

9. PM 8:45

10. AM 9:57

Exercise D

True or false?

1. Майк не намéрен приезжáть чáсто в Россúю.
2. Натáша познакóмила Мáйка с Áнной Ивáновной Смирнóвой.
3. Áнна Ивáновна согласúлась давáть Мáйку чáстные урóки.
4. Майк пришёл к Áнне домóй и позвонúл в дверь.
5. Áнна спросúла, где Майк изучáл рýсский.
6. Тепéрь, когдá Майк бýдет подóлгу жить в Москвé, емý нáдо лýчше знать рýсский.
7. Áнна не спросúла Мáйка, чем úменно он хотéл бы занЯ́ться.
8. Прéжде всегó Майку нáдо расшúрить свой запáс слов.
9. Когдá Майк смóтрит телевúзор, он понимáет довóльно мнóго.
10. Когдá попадáются однó-два незнакóмых слóва, Майк совсéм перестаёт понимáть и терЯ́ет смысл.
11. У Майка хорóшее рýсское произношéние, и он ужé неплóхо говорúт по-рýсски.
12. Áнна увéрена, что онú смóгут расшúрить словáрный запáс Майка.
13. Когдá лю́ди говорЯ́т бы́стро по рáдио, Майк не понимáет.
14. По телевúзору Майк бóлее-мéнее понимáет нóвости, но по рáдио, когдá нет изображéния, он почтú ничегó не понимáет.
15. Натáша ничегó не расскáзывала Áнне о трýдностях Майка.

Visit www.berlitzpublishing.com for a bonus internet activity—go to the downloads section and connect to the world in Russian!

REVIEW: LESSONS 12–15

A. Listen again to the dialogue from Lesson 12 and repeat.

Dialogue 12 МАЙК ЕДЕТ В РОССИЮ

Майк прилете́л из Нью-Йо́рка в Москву́ ночны́м ре́йсом. Самолёт приземли́лся в три часа́ дня по моско́вскому вре́мени. Майк прошёл че́рез погранѝчный контро́ль и тамо́женный досмо́тр. В за́ле прибы́тия бы́ло о́чень мно́го наро́ду. Пассажи́ры с трудо́м проти́скивались сквозь толпу́. Майк сра́зу уви́дел табли́чку со свои́м и́менем…

Майк	Ната́ша?
Ната́ша	Да. А вы, наве́рное, Майк? Добро́ пожа́ловать в Москву́!
Майк	Я о́чень рад встре́титься с ва́ми.
Ната́ша	Мы так мно́го говори́ли по телефо́ну! И, наконе́ц, мы встре́тились ли́чно. А э́то для вас!

Она́ даёт ему́ буке́т цвето́в.

Майк	Цветы́? Как прия́тно! Большо́е спаси́бо.
Ната́ша	Здесь так мно́го люде́й и так шу́мно. Мы лу́чше поговори́м в маши́не.

Они́ выхо́дят из аэропо́рта и садя́тся в маши́ну.

Ната́ша	Как вы долете́ли?
Майк	Прекра́сно! Я о́чень хорошо́ пообе́дал, вы́пил два стака́на джи́на с то́ником и всё остально́е вре́мя спал.
Ната́ша	Зна́чит, вы не о́чень уста́ли.
Майк	Совсе́м не уста́л. Но я бы хоте́л приня́ть душ. Я немно́го вспоте́л. В аэропорту́ бы́ло о́чень жа́рко.
Ната́ша	Я предлага́ю пое́хать пря́мо в гости́ницу, что́бы вы смогли́ освежи́ться, распакова́ть чемода́ны и устро́иться. А о́коло 7 часо́в ве́чера мы зае́дем за ва́ми и пое́дем обе́дать.
Майк	Мы?
Ната́ша	Я прие́ду с мои́м нача́льником. Он о́чень хо́чет встре́титься с ва́ми.
Майк	Э́то но́вый нача́льник?
Ната́ша	Да. Он рабо́тал в отделе́нии на́шего ба́нка в Варша́ве. Он прие́хал к нам приме́рно шесть ме́сяцев наза́д.

Маши́на бы́стро мча́лась по Тверско́й – бы́вшей у́лице Го́рького. Вдруг Майк спроси́л:

Майк	Что э́то?
Ната́ша	Э́то моско́вский Кремль. Мы недалеко́ от Кра́сной пло́щади. А вот и ва́ша гости́ница.

B. Translate the dialogue from Lesson 12 into English and check your translation against ours on pages 152–154.

C. Listen again to the dialogue from Lesson 13 and repeat.

Dialogue 13 В ГОСТИ́НИЦЕ

Гости́ница "Звезда́" нахо́дится недалеко́ от Кра́сной пло́щади. Э́то но́вая ча́стная гости́ница. Она́ небольша́я: в ней всего́ со́рок номеро́в. Майк с Ната́шей подхо́дят к столу́ регистра́ции...

Администра́тор Здра́вствуйте. Вы зака́зывали но́мер?

Майк Да, заказа́л. Вот ко́пия электро́нного письма́, в кото́ром вы подтвержда́ете, что зака́з при́нят.

Администра́тор Хорошо́. Ваш па́спорт, пожа́луйста.

Майк Вот он.

Администра́тор Спаси́бо. Вы смо́жете получи́ть его́ за́втра у́тром.

Майк Скажи́те, пожа́луйста, в но́мере есть телеви́зор?

Администра́тор Коне́чно. Много каналов на ру́сском языке́. И есть несколько на английском, например, Си-Эн-Эн. Они́ передаю́т це́лый день по-англи́йски.

Майк Зна́ете ли вы, когда́ передаю́т но́вости?

Администра́тор Извини́те меня́, то́чно не по́мню. Но вся информа́ция есть в но́мере на ру́сском и на англи́йском языка́х.

Майк Спаси́бо. А как здесь мо́жно постира́ть ве́щи? И есть ли тут химчи́стка?

Администра́тор Е́сли вы отдади́те нам те ве́щи, кото́рые ну́жно постира́ть и почи́стить, до 12 часо́в дня, они́ бу́дут гото́вы к 8 часа́м утра́ на сле́дующий день.

Майк Прекра́сно! Что ещё? Да! Чуть не забы́л! Есть ли у вас каки́е-нибу́дь англи́йские и́ли америка́нские газе́ты?

Администра́тор Да, мы получа́ем англи́йскую “Та́ймс” и “Интернэ́шнл Гера́льд Трибью́н”.

Майк Как рабо́тает ваш рестора́н? Когда́ он откры́т?

Администра́тор У нас нет рестора́на. Но здесь за угло́м, совсе́м бли́зко, есть рестора́н.

Майк А где мо́жно поза́втракать?

Администра́тор У нас есть буфе́т с лёгкими заку́сками и пи́ццей на второ́м этаже́. Меню́ есть в ва́шем но́мере. Вы мо́жете позвони́ть го́рничной и заказа́ть за́втрак пря́мо в но́мер, е́сли хоти́те.

Майк Спаси́бо. Вы о́чень помогли́ мне.

D. Now translate the dialogue from Lesson 13 and check your version against ours on pages 163–165.

E. Listen again to the dialogue from Lesson 14 and repeat.

Dialogue 14 ЭКСКУ́РСИЯ ПО МОСКВЕ́

В Росси́и хо́лодно зимо́й. Но в после́дние пять-семь лет зи́мы бы́ли не о́чень холо́дные. Скоре́е да́же о́чень не холо́дные, с температу́рой ча́сто вы́ше ну́ля.
Но никто́ не рад э́тому теплу́: ча́сто быва́ет си́льный ве́тер, идёт снег с дождём… А когда́ температу́ра, ска́жем, ми́нус 20 гра́дусов, и не́бо безо́блачное и голубо́е, и со́лнце сия́ет, и снег искри́тся – здесь чуде́сно!
А в нача́ле ма́рта пого́да о́чень неусто́йчива. Но́чью – ми́нус 18, а днём – плюс 4! На у́лице сля́коть под нога́ми.
Майк прие́хал в Москву́ в са́мом нача́ле весны́. Сия́ет со́лнце: по голубо́му не́бу плыву́т ма́ленькие бе́лые облака́. День так чуде́сен, что про́сто невозмо́жно сиде́ть в ко́мнате, и они́ с Ната́шей реши́ли отпра́виться на экску́рсию по Москве́.

Ната́ша	Э́то Кра́сная пло́щадь.
Майк	А э́то что за зда́ние? Це́рковь?
Ната́ша	Да, э́то собо́р Васи́лия Блаже́нного. Соверше́нно уника́льное зда́ние. Бы́ло постро́ено при Ива́не Гро́зном. Говоря́т, что, когда́ строи́тельство бы́ло зако́нчено, архите́кторов ослепи́ли.
Майк	Ослепи́ли? Но почему́?
Ната́ша	Что́бы они́ не могли́ постро́ить ещё что-нибу́дь, бо́лее краси́вое.
Майк	Ужа́сно!
Ната́ша	Да. В э́той стране́ бы́ли тира́ны: Ива́н Гро́зный, Ста́лин… И, в то же вре́мя, э́то страна́ ру́сской интеллиге́нции и вели́ких писа́телей, таки́х как Пу́шкин, Толсто́й, Достое́вский…
Майк	Посмотри́те! Как здо́рово игра́ет со́лнце на тех золоты́х купола́х!
Ната́ша	Да. Э́то Кремль. Он был постро́ен ещё в 12-ом ве́ке. Но дава́йте вернёмся в маши́ну. Я хочу́, что́бы мы пое́хали посмотре́ть Новоде́вичий.
Майк	Что э́то тако́е?
Ната́ша	Э́то монасты́рь на берегу́ Москва́-реки, постро́енный ещё до Петра́ Пе́рвого.

F. Now translate the dialogue from Lesson 14 and check your version against ours on pages 173–175.

G. Listen again to the dialogue from Lesson 15 and repeat.

Dialogue 15 МАЙК У́ЧИТ РУ́ССКИЙ ЯЗЫ́К.

Майк наме́рен приезжа́ть в Росси́ю дово́льно ча́сто. Е́сли дела́ по созда́нию совме́стного предприя́тия с ба́нком пойду́т хорошо́, он мог бы проводи́ть в Москве́ от шести́ ме́сяцев до го́да. Поэ́тому он реши́л всерьёз заня́ться ру́сским языко́м. Ната́ша познако́мила его́ с А́нной Ива́новной Смирно́вой, кото́рая согласи́лась дава́ть Ма́йку ча́стные уро́ки. Сейча́с Майк пришёл к ней домо́й и звони́т в дверь…

Анна Ива́новна	До́брый ве́чер! Входи́те, пожа́луйста.
Майк	До́брый ве́чер!
Анна Ива́новна	Где вы изуча́ли ру́сский?
Майк	Я учи́лся в Аме́рике, но тепе́рь, когда́ я бу́ду подо́лгу жить в Москве́, мне на́до лу́чше знать ру́сский.
Анна Ива́новна	Чем и́менно вы хоте́ли бы заня́ться?
Майк	Пре́жде всего́ мне на́до расши́рить запа́с слов. Когда́ я смотрю́ телеви́зор, я понима́ю дово́льно мно́го. А пото́м вдруг попада́ются одно́-два незнако́мых сло́ва, и я перестаю́ понима́ть, теря́ю смысл.
Анна Ива́новна	У вас хоро́шее ру́сское произноше́ние. И вы уже́ сейча́с непло́хо говори́те по-ру́сски. Я уве́рена, что мы смо́жем расши́рить ваш слова́рный запа́с.
Майк	Да, я наде́юсь… И ещё одна́ пробле́ма – э́то когда́ лю́ди говоря́т бы́стро. По телеви́зору я ещё бо́лее-ме́нее понима́ю но́вости, но по ра́дио, когда́ нет изображе́ния, почти́ ничего́ не понима́ю.
Анна Ива́новна	Я ду́маю, что смогу́ вам помо́чь и в э́том то́же. Ната́ша мне немно́го рассказа́ла о ва́ших тру́дностях, и я пригото́вила програ́мму, кото́рая, я наде́юсь, бу́дет вам поле́зна.
Майк	Пре́жде чем нача́ть, я хоте́л бы вы́яснить всё насчёт опла́ты.
Анна Ива́новна	Опла́ты? Никако́й опла́ты! Вы друг мое́й хоро́шей знако́мой. Я хочу́ помо́чь вам. Друзья́ для э́того и существу́ют.
Майк	Прости́те, но я так не могу́. Я наста́иваю.
Анна Ива́новна	Ну, что ж, спаси́бо. Но вы уж тогда́ учи́тесь хорошо́, что́бы я не зря их получа́ла!

H. Translate the dialogue from Lesson 15 and check your version against ours on pages 186–188.

I. Put the words in parentheses into the correct form.

1. Сейча́с он (нахо́диться) в (кабине́т) своего́ (нача́льник).

   ______________, ______________, ______________

2. Мы бу́дем говори́ть по (телефо́н).

   ____

3. Вчера́ (ве́чер) мы (гуля́ть) по (у́лицы) в (це́нтр) (Москва́).

   ______________, ______________, ______________,

   ______________, ______________

4. Воло́дя с (Ната́ша) обсужда́ли письмо́ к (господи́н Ро́джерс).

   ______________, ______________

5. В де́сять (час) (ве́чер) я пил (во́дка) в (рестора́н) с (Ива́н).

   ______________, ______________, ______________,

   ______________, ______________

6. Извини́те, вы не (сказа́ть), как пройти к (Америка́нское посо́льство)? ______________, ____________________________

7. Извини́те, вы не (сказа́ть), как прое́хать к (Кра́сная Пло́щадь)?

   ______________, ____

8. Извини́те, вы не (сказа́ть), как пройти к (ближа́йший банк)?

   ______________, ____

9. Извини́те, вы не (сказа́ть), где здесь нахо́дится (ближа́йщий туале́т)? ______________, ______________________________

10. Поверни́те напра́во на (сле́дующий поворо́т). Э́то пе́ред (це́рковь). ______________, ______________________________

Visit www.berlitzpublishing.com for a bonus internet activity—go to the downloads section and connect to the world in Russian!

В РЕСТОРА́НЕ
IN THE RESTAURANT

Майк про́был в Москве́ уже́ о́коло двух неде́ль. Че́рез пять-шесть дней он возврати́тся в Соединённые Шта́ты. Сего́дня ве́чером он пригласи́л Ната́шу пообе́дать с ним…
Mike has already been in Moscow for about two weeks. He will return to the United States in five or six days. This evening he has invited Natasha to have dinner with him.

Ната́ша Большо́е спаси́бо за приглаше́ние, Майк!
Many thanks for the invitation, Mike!

Майк Я уже́ два́жды был здесь. Они́ вку́сно гото́вят. Обе́д из пяти́ блюд с во́дкой, вино́м, шампа́нским и коньяко́м. Что вы хоти́те на заку́ски?
I have been here twice already. The food's tasty. The dinner is five courses with vodka, wine, champagne and cognac. What would you like for starters?

Ната́ша Дава́йте посмо́трим меню́.
Let's have a look at the menu.

Майк	Есть ры́ба, икра́, колбаса́, сала́ты… (They) have fish, caviar, sausage, salads…
Ната́ша	Я бы хоте́ла всего́ – понемно́жку. I'd like a little of everything.
Майк	А пе́рвое? У них здесь о́чень вку́сная соля́нка по-моско́вски. And for the first course? They have a very tasty Moscow style solyanka soup here.
Ната́ша	Я люблю́ соля́нку. I like solyanka.
Майк	Хорошо́, две соля́нки. А что на горя́чее? Ры́ба или мя́со? Good. Two solyankas. And what for the main (hot) course? Fish or meat?
Ната́ша	А что вы посове́туете? What do you recommend?
Майк	У них сего́дня осетри́на – э́то о́чень вку́сно! Today they have sturgeon – it's very tasty.
Ната́ша	Осетри́на мне подхо́дит. А что вы реши́ли, Майк? Sturgeon suits me. And what have you decided, Mike?
Майк	Я, пожа́луй, возьму́ мя́со. Здесь о́чень хорошо́ гото́вят котле́ты по-ки́евски… Хотя́ нет. Сего́дня я попро́бую беф-стро́ганов. Говоря́т, он счита́ется лу́чшим в Москве́. I think I'll have meat. They prepare very delicious Chicken Kiev here… Actually – no. Today I will try the Beef Stroganoff. They say it is considered the best in Moscow.
Ната́ша	Э́то впечатля́ет. That's impressive.
Майк	А на десе́рт… And for dessert…
Ната́ша	Нет, нет, не сейча́с! Посмо́трим, чего́ нам захо́чется к концу́ обе́да. Вот тогда́ и реши́м. No, no, not now! Let's see what we want towards the end of the meal. And then we'll decide.
Майк	Что бу́дем пить? Шампа́нское? Коне́чно! А та́кже бока́л бе́лого вина́ к ры́бе и бока́л кра́сного к мя́су. What shall we drink? Champagne? Of course! And also a glass of white wine with the fish and a glass of red wine with the meat.

Ната́ша	Замеча́тельно! Wonderful!
Майк	Официа́нт! Мы гото́вы сде́лать зака́з. Waiter! We are ready to order.

GRAMMAR

1. ЕСТЬ AND ПИТЬ

Two commonly used verbs you will need to learn are есть "to eat" and пить "to drink" in the imperfective, and съесть and вы́пить in the perfective. Their conjugations are shown in the table below.
Note: students of Russian frequently confuse the present tense of есть with that of е́хать "to go" (Lesson 4). Compare the two conjugations and familiarize yourself with them!

	IMPERFECTIVE		PERFECTIVE	
	есть	пить	съесть	вы́пить
	Present tense			
я	ем	пью	THE PERFECTIVE HAS NO PRESENT TENSE	
ты	ешь	пьёшь		
он, она́, оно́	ест	пьёт		
мы	еди́м	пьём		
вы	еди́те	пьёте		
они́	едя́т	пьют		
	Past tense			
я, ты♂	ел	пил	съел	вы́пил
я, ты♀	е́ла	пила́	съе́ла	вы́пила
он	ел	пил	съел	вы́пил
она́	е́ла	пила́	съе́ла	вы́пила
оно́	е́ло	пи́ло	съе́ло	вы́пило
мы, вы, они́	е́ли	пи́ли	съе́ли	вы́пили
	Future tense			
я	бу́ду есть	бу́ду пить	съем	вы́пью
ты	бу́дешь есть	бу́дешь пить	съешь	вы́пьешь
он, она́, оно́	бу́дет есть	бу́дет пить	съест	вы́пьет

	IMPERFECTIVE		**PERFECTIVE**	
	есть	пить	съесть	вы́пить
	Future tense (cont.)			
мы	бу́дем есть	бу́дем пить	съеди́м	вы́пьем
вы	бу́дете есть	бу́дете пить	съеди́те	вы́пьете
они́	бу́дут есть	бу́дут пить	съедя́т	вы́пьют
	Imperative			
	ешь	пей	съешь	вы́пей
	е́шьте	пе́йте	съе́шьте	вы́пейте

2. БРАТЬ **AND** КЛАСТЬ

The imperfective verbs брать "to take" and класть "to put, to place" have perfective forms that are derived from different roots: взя́ть and положи́ть.

	IMPERFECTIVE		**PERFECTIVE**	
	брать	класть	взя́ть	положи́ть
	Present tense			
я	беру́	кладу́	THE PERFECTIVE HAS NO PRESENT TENSE	
ты	берёшь	кладёшь		
он, она́, оно́	берёт	кладёт		
мы	берём	кладём		
вы	берёте	кладёте		
они́	беру́т	кладу́т		
	Past tense			
я, ты♂	брал	клал	взял	положи́л
я, ты♀	брала́	клала́	взяла́	положи́ла
он	брал	клал	взял	положи́л
она́	брала́	клала́	взяла́	положи́ла
оно́	бра́ло	кла́ло	взяло́	положи́ло
мы	бра́ли	кла́ли	взя́ли	положи́ли
вы	бра́ли	кла́ли	взя́ли	положи́ли
они́	бра́ли	кла́ли	взя́ли	положи́ли

	IMPERFECTIVE		PERFECTIVE	
	брать	класть	взя́ть	положи́ть
	Future tense			
я	бу́ду брать	бу́ду класть	возьму́	положу́
ты	бу́дешь брать	бу́дешь класть	возьмёшь	поло́жишь
он, она́, оно́	бу́дет брать	бу́дет класть	возьмёт	поло́жит
мы	бу́дем брать	бу́дем класть	возьмём	поло́жим
вы	бу́дете брать	бу́дете класть	возьмёте	поло́жите
они́	бу́дут брать	бу́дут класть	возьму́т	поло́жат
	Imperative			
	бери́	клади́	возьми́	положи́
	бери́те	клади́те	возьми́те	положи́те

3. **THE INTERROGATIVE PRONOUN**

The interrogative pronoun че́й? "whose?" has three gender forms in the singular.

	Singular			Plural
	Masculine	**Feminine**	**Neuter**	**All genders**
Nom.	чей	чья	чьё	чьи
Acc.	чей/чьего́	чью	чьё	чьи/чьих
Gen.	чьего́	чьей	чьего́	чьих
Dat.	чьему́	чьей	чьему́	чьим
Instr.	чьим	чьей/чьёю	чьим	чьи́ми
Prep.	чьём	чьей	чьём	чьих

Here are some examples. Note that чей here is accompanied by э́то:

чей	Чей э́то дом? Whose house is that?
чья	Чья э́то руба́шка? Whose shirt is that?
чьё	Чьё э́то я́блоко? Whose apple is that?
чьи	Чьи э́то кни́ги? Whose books are these?

4. THE PREPOSITIONS О́КОЛО AND ЧЕ́РЕЗ

The preposition о́коло means around, about, approximately, or almost. It is frequently used in time-related expressions, as in the dialogue for this lesson:

Майк про́был в Москве́ уже́ о́коло двух неде́ль.
Mike has already been in Moscow for about two weeks.

The preposition че́рез takes the accusative and is used in expressions of *location* (across, through, via, over) and *time* (in, within, after):

Location:
Мы прилете́ли в Москву́ че́рез Ло́ндон.
We flew to Moscow via London.

Я пое́ду домо́й че́рез мост.
I am going home across the bridge.

Time:
Она́ бу́дет до́ма че́рез час.
She will be home in an hour.

Че́рез пять-шесть дней он возврати́тся в Соединённые Шта́ты.
He will return to the United States in five to six days.

5. NOUNS WITH CARDINAL AND COMPOUND NUMBERS

As described in Lesson 13, in Russian all cardinal numbers decline. Nouns following один♂/одна♀/одно *n.* “one” stay in the nominative form. Nouns following два♂/*n.* or две♀ “two” are in the genitive *singular.*

The numbers три “three” and четы́ре “four” take the same form for nouns of all genders. Like два or две, they are also followed by nouns in the genitive *singular.*

With the exception of compound numbers, all other cardinals from five onwards are followed by a noun in the genitive *plural*. Thus:

пять часóв; шестьдеся́т рублéй

Compound numbers (twenty-one, thirty-three, fifty-six, etc.) are followed by a noun governed by the *last* number:

двáдцать один стол
три́дцать два столá
три́дцать две кни́ги
сóрок три рубля́
сóрок три кни́ги
пятьдеся́т четы́ре рубля́
пятьдеся́т четы́ре кни́ги
шестьдеся́т пять рублéй
шестьдеся́т шесть кóпий

6. ЖЕ FOR EMPHASIS

Же can be placed after a word in order to emphasize it:

он же the very same man
онá же the very same woman
сегóдня же this very day
И что же э́то такóе? And just what is that?, And what on earth is that?

VOCABULARY

пробы́ть (perf) to stay, to spend time, to stop (for a time)
возвращáться (impf) to return
возврати́ться (perf) to return
Спаси́бо за приглашéние. Thanks for the invitation.
двáжды twice
вкýсно tasty
вкýсно готóвить to cook well (lit. to prepare deliciously)
блю́до dish, course in a meal
обед из пяти́ блюд a five course meal
шампáнское champagne
конья́к cognac
затó but, however
ры́ба fish
икрá caviar
колбасá sausage
салáт salad
всегó понемнóжку a little of everything
соля́нка по-москóвски solyanka soup, Moscow style

горя́чий♂/горя́чая♀/горя́чее *n.* hot
горя́чее блю́до main course
мя́со meat
сове́товать (impf) to advise
посове́товать (perf) to advise, to recommend
осетри́на sturgeon
Мне (ему́, им, etc.) подхо́дит. It suits me (him, them, etc.).
пожа́луй perhaps, very likely, "I dare say".
брать (impf) to take
взять (perf) to take
котле́ты cutlets
котле́ты по-ки́евски Chicken Kiev (breaded chicken with butter)
рекомендова́ть (impf) to recommend
порекомендова́ть (perf) to recommend
беф-стро́ганов Beef Stroganoff
счита́ться (impf) to be considered, to consider
впечатля́ть (impf) to impress
десе́рт dessert
захоте́ться (perf) to desire, to want
вы́пить (perf) to drink up
буты́лка bottle
тост toast (when drinking)
дру́жба friendship
за дру́жбу "to friendship"
класть (impf) to put, to place
положи́ть (perf) to put, to place

EXERCISES

Exercise A

Translate the following sentences into English.

1. Мы про́были в Ми́нске уже́ о́коло пяти́ неде́ль.

   ____

2. Че́рез три дня я возвраща́юсь в Росси́ю.

   ____

3. Вчера́ я пригласи́л его́ пообе́дать со мно́й.

   ____

4. У них сего́дня о́чень вку́сное мя́со.

   ____

5. Что вы мне сего́дня посове́туете?

   ____

6. Я возьму́ буты́лку кра́сного вина́.

7. Че́рез неде́лю мы возврати́мся в Росси́ю.

8. Сего́дня ве́чером мы пригласи́ли Ива́на пообе́дать с на́ми.

9. Большо́е спаси́бо за приглаше́ние.

10. Мы никогда́ там не́ были.

11. Мо́жно посмотре́ть меню́?

12. Я о́чень люблю́ ры́бу и мя́со.

13. Осетри́на - ры́ба. Э́то о́чень вку́сно!

14. На́ши котле́ты по-ки́евски счита́ются лу́чшими в Москве́.

15. Я хочу́ буты́лку кра́сного вина́ к мя́су и буты́лку бе́лого - к ры́бе.

Exercise B

Translate these sentences into Russian

1. In six days they will return to the United States.

2. I invited my friends to have dinner with me this evening.

3. Many thanks for the invitation.

4. The dinner is five courses, with vodka, wine, champagne and cognac.

 ____

5. We were here yesterday.

 ____

6. I've never been there.

 ____

7. Is it possible to look at the menu?

 ____

8. Do you have fish?

 ____

9. Do you have meat?

 ____

10. I like red wine.

 ____

11. What do you recommend?

 ____

12. To our friendship!

 ____

Exercise C

Put the words in parenthesis into the correct form.

1. Она́ пробыла́ в (Москва́) уже́ о́коло (две неде́ли).

 ______________, ______________

2. Вчера́ (ве́чер) мы (пригласи́ть) (Ната́ша) пообе́дать с (мы). ______________, ______________, ______________, ______________

3. Обе́д из (четы́ре) блюд с (во́дка, вино́, шампа́нское и конья́к). ______________, ______________

4. Ната́ша никогда́ там не (быть). ______________

5. У нас нет (ры́ба, икра́, колбаса́, сала́ты). ______________ ______________

6. У (они́) сего́дня хоро́шая осетри́на, но их беф-стро́ганов считáется (лу́чший) в (Москвá). ______________, ______________, ______________

7. Мы посмо́трим, (что) нам захо́чется к (коне́ц) (обе́д). ______________, ______________, ______________

8. Мы (быть) пить (буты́лка) (крáсное вино́). ______________, ______________, ______________

Exercise D

True or false?

1. Майк про́был в Москве́ уже́ о́коло шести́ неде́ль.
2. Че́рез пять-шесть дней Майк возврати́тся в Соединённые Штáты.
3. Сего́дня ве́чером Натáша пригласи́ла Майка пообе́дать с ней.
4. Майк уже́ был в ресторáне.
5. В ресторáне есть ры́ба, икрá, колбасá и салáты.
6. Натáша лю́бит соля́нку.
7. Осетри́на Натáше не подхо́дит.
8. Беф-стро́ганов считáется лу́чшим в Санкт-Петербу́рге.

Visit www.berlitzpublishing.com for a bonus internet activity—go to the downloads section and connect to the world in Russian!

Lesson

18 ВЕ́ЧЕР В ТЕА́ТРЕ
AN EVENING AT THE THEATER

Ната́ша пригласи́ла Ма́йка в Моско́вский Худо́жественный Теа́тр. Там они́ посмотре́ли дра́му Анто́на Че́хова “Вишнёвый Сад” в но́вой постано́вке. Спекта́кль был великоле́пный.
Natasha invited Mike to the Moscow Art Theater. There, they saw a new production of Anton Chekhov's *The Cherry Orchard*. The performance was magnificent.

Ната́ша Вам понра́вилась пьéса?
Did you like the play?

Майк Ещё бы! Э́то было́ замеча́тельно! Актёры о́чень хорошо́ игра́ли. А как в Москве́ с биле́тами? Тру́дно доста́ть?
I should say so! It was remarkable! The actors performed very well. But what's it like getting tickets in Moscow? Are they difficult to get?

Ната́ша По-ра́зному. У нас пьéсы Че́хова о́чень лю́бят и ча́сто прихо́дится стоя́ть в о́череди. Обы́чно все биле́ты быва́ют распро́даны за не́сколько дне́й до спекта́кля и остаю́тся то́лько стоя́чие места́.

It depends. Chekhov's plays are very popular here and you often have to stand in line. All the tickets are usually sold out several days before the performance and only standing room is left.

Майк А вы ча́сто хо́дите в теа́тр?
And do you often go to the theater?

Ната́ша Да, но мне бо́льше нра́вится бале́т. Бале́т – моё люби́мое иску́сство. О́чень люблю́ и кино́. Но смотре́ть телеви́зор, по-мо́ему, поте́ря вре́мени.
Yes, but I prefer ballet. Ballet is my favorite art. I also love the movies. But watching television is, in my opinion, a waste of time.

Майк По пра́вде сказа́ть, бале́т не о́чень люблю́. По-мо́ему, кино́ интере́снее, чем теа́тр. Что сейча́с идёт в кинотеа́трах? Не могли́ бы вы посове́товать, какой хоро́ший ру́сский фильм я могу́ посмотре́ть?
To tell the truth, I don't like ballet much. In my opinion, the movies are more interesting than the theater. What's on at the movies now? Could you recommend which good Russian movie I can go and see?

Ната́ша Мой люби́мый ру́сский фильм – э́то "Войнá и Мир" Бондарчука́. Вы смотре́ли?
My favorite Russian movie is Bondarchuk's *War and Peace*. Have you seen it?

Майк Да. Зна́ете, мно́го лет наза́д я посмотре́л америка́нскую инсцениро́вку рома́на Толсто́го "Войнá и Мир", но ду́маю что ру́сский фильм лу́чше.
Yes. You know, many years ago I saw the American version of Tolstoy's novel *War and Peace*, but I think that the Russian movie is better.

Ната́ша Я по́лностью согла́сна с ва́ми. Мы одина́ково ду́маем о мно́гих веща́х, Майк. А сейча́с, ча́ю хоти́те?
I agree with you entirely. We think the same way about a lot of things, Mike. And now, would you like some tea?

Майк Ну что́ вы! Я угощу́ вас бока́лом шампа́нского! Пошли́!
Oh, come on! I'll treat you to a glass of champagne! Let's go!

GRAMMAR

1. THE PRESENT PERFECT CONTINUOUS

The present tense can be used for an action that has been taking place for some time and that *is still continuing*. Compare:

Ната́ша уже́ пять лет живёт в Москве́.
Natasha *has been living* in Moscow for five years already. (She still does.)

Ива́н жил пять лет в Москве́. Ivan *lived* in Moscow for five years. (He no longer lives there.)

2. ГОД AND ЛЕТ WITH NUMBERS

The word for year is год. It is not used in the genitive plural (with rare exceptions). Instead, the genitive plural of the word for summer (ле́то) is used: лет. Лет is used to mean "years" after:

- numbers that require the *genitive plural* (five, six, etc.) when they are in the nominative or genitive case;
- numbers two, three and four when in the genitive case.

Here are some examples:

один год	Он про́жил здесь то́лько оди́н год. He lived here for only one year.
два го́да	Она́ изуча́ла ру́сский язы́к два го́да. She studied Russian for two years.
три го́да	Я не́ был в Ми́нске три го́да. I haven't been to Minsk for three years.
четы́ре го́да	Э́тот дом стро́или четы́ре го́да. They were building this house for four years.
пять лет	В Моско́вском университе́те у́чатся пять лет. At Moscow State University, they study for five years.
шесть лет	Они́ встре́тились то́лько че́рез шесть лет. They met only after six years.

3. THE PARTITIVE GENITIVE, "SOME"

Compare the following pairs of sentences:

Да́йте мне хлеб, пожа́луйста. Give me the bread, please.
Да́йте мне хле́ба, пожа́луйста. Give me some bread, please.

Передáй мне соль, пожáлуйста! Pass me the salt, please!
Добáвь сóли в суп. Add some salt to the soup.
Вы хотúте чай или кóфе? Would you like tea or coffee?
Хотúте чáю? Would you like some tea?

The genitive case is used when the word "some" is understood in the sentence.

---

4. **THE COMPARATIVE**

Similarly to how English pairs the adverb "more" with an adjective to create a comparative form, Russian uses the invariable adverb бóлее:

бóлее интерéсный фильм a more interesting movie
в бóлее интерéсном фúльме in a more interesting movie
бóлее красúвая странá a more beautiful country
в бóлее красúвой странé in a more beautiful country
бóлее красúвое óзеро a more beautiful lake
на берегý бóлее красúвого óзера on the banks of a more beautiful lake

The Russian for "less" is мéнее. It can be used in exactly the same way:

мéнее интерéсный фильм a less interesting movie
мéнее интерéсная кнúга a less interesting book
мéнее интерéсное событие a less interesting event

Russian also has one-word comparatives (similar to our "-er" forms, such as "stronger", "longer") that add -ее or -ée to the stem of the adjective. If the resulting word has only two syllables, the ending is stressed (-ée). If it has three or more syllables, the stem stress usually is maintained.

длúнный long	длиннée longer
сúльный strong	сильнée stronger
красúвый beautiful	красúвее more beautiful

Exceptions are горячée (hotter), and холоднée (colder).

This form is also invariable (i.e., it does not decline):

Э́тот фильм интерéснее. This movie is more interesting.
Э́та дорóга длиннée. This road is longer.
Э́то óзеро красúвее. This lake is more beautiful.

Note that if the comparative comes before the noun, the бóлее form *must* be used:

Э́то бóлее интерéсный фильм. It is a more interesting movie.

After the noun, both forms can be used:

Э́тот фильм интере́снее.
This movie is more interesting.

Э́тот фильм бо́лее интере́сный.
This movie is more interesting.

Some irregular forms to remember are:

большо́й big	бо́льше bigger
ма́ленький small	ме́ньше smaller
хоро́ший good	лу́чше better
плохо́й bad	ху́же worse

THAN, ЧЕМ

Э́тот фильм ме́нее интере́сный, чем "Война́ и Мир".
This movie is less interesting than *War and Peace*.

Э́та кни́га интере́снее, чем друга́я.
This book is more interesting than the other.

Э́то о́зеро ме́нее интере́сное, чем Байка́л.
This lake is less interesting than Lake Baikal.

MUCH (MORE), ГОРА́ЗДО/НАМНО́ГО

Э́тот фильм гора́здо интере́снее, чем "Война́ и Мир".
This movie is much more interesting than *War and Peace*.

Э́та кни́га намно́го интере́снее, чем друга́я.
This book is much more interesting than the other.

Э́то о́зеро гора́здо краси́вее, чем Байка́л.
This lake is much more beautiful than Lake Baikal.

Пить минера́льную во́ду намно́го лу́чше, чем пить во́дку.
To drink mineral water is much better than to drink vodka.

---

5. **THE SUPERLATIVE**

A simple way to form the superlative is to use the invariable adverb наибо́лее "the most":

Э́то наибо́лее интере́сный фильм. It is the most interesting movie.
Э́то наибо́лее краси́вая страна́. It is the most beautiful country.
Э́то наибо́лее ску́чное ме́сто. It is the most boring place.

However, a more common way to form the superlative is to use са́мый "the most". Са́мый declines like an adjective, and agrees in gender, number and case with the adjective it precedes:

Э́то са́мый интере́сный фильм. It is the most interesting film.
Э́то са́мая интере́сная страна́. It is the most interesting country.
Э́то са́мое ску́чное ме́сто. It is the most boring place.

Compare:

В наибо́лее ску́чных места́х в э́той кни́ге...
In the most boring places in this book…

В са́мых ску́чных места́х в э́той кни́ге...
In the most boring places in this book…

Yet another way of forming the superlative is to use the comparative followed by the genitive singular or plural of всё: всего́, всех.

Я бо́льше всего́ люблю́ бале́т.
I like ballet most of all.

Бо́льше всех компози́торов я люблю́ Чайко́вского.
Of all composers, I love Tchaikovsky the most.

VOCABULARY

теа́тр theater
бале́т ballet
дра́ма drama
постано́вка production
спекта́кль♂ performance
великоле́пный♂/великоле́пная♀/великоле́пное *n.* magnificent
нра́виться (impf) to like
понра́виться (perf) to like
Ещё бы! I should say so!
замеча́тельный♂/замеча́тельная♀/замеча́тельное *n.* remarkable
игра́ть (impf) to play, perform
поигра́ть (perf) to play, perform
биле́т ticket
достава́ть (impf) to obtain, get
доста́ть (perf) to obtain, get
По-ра́зному. It depends.
пье́са play (noun)
приходи́ться (impf) to have to
прийти́сь (perf) to have to
распро́дан♂/распро́дана♀/распро́дано *n.* sold (out)
за не́сколько дне́й for several days before
остава́ться (impf) to remain, be left over
оста́ться (perf) to remain, be left over

стоя́чее ме́сто standing room
люби́мый♂/люби́мая♀/люби́мое *n.* favorite
иску́сство art
кино́, кинотеа́тр movies, movie theater, cinema
поте́ря вре́мени a waste of time
по пра́вде сказа́ть to tell the truth
о́пера opera
пока́зывать (impf) to show, to stage
показа́ть (perf) to show, to stage
инсцениро́вка dramatization, adaptation
рома́н novel
по́лностью completely
одина́ково the same way
Ну что́ вы! Oh, come on!
угоща́ть (impf) to treat
угости́ть (perf) to treat
бока́л glass
бо́лее more
ме́нее less
гора́здо much (more)
намно́го much (more)
бо́льше more
о́зеро lake
страна́ country

EXERCISES

Exercise A

Translate the following sentences into English.

1. Я бу́ду приглаша́ть Ната́шу в Большо́й теа́тр на бале́т ка́ждую неде́лю.

 ____

2. Вчера́ ве́чером спекта́кль в теа́тре был великоле́пный.

 ____

3. Мно́го лет наза́д я жил в А́фрике.

 ____

4. Я о́чень хочу́ посмотре́ть фильм "Война́ и Мир".

 ____

5. Э́тот фильм интере́снее/бо́лее интере́сный, чем друго́й.

 ____

6. Эта книга более интересная, чем другая.

____

7. Моя жизнь становится всё хуже и хуже.

____

8. Жизнь моего отца становилась всё лучше и лучше, когда он жил в Америке.

____

9. Что вам больше нравится, кино или телевидение?

____

Put the words in parentheses into the correct form.

Exercise B

1. Вчера вечером мы (пригласить) её в театр на (пьеса).

_______________, _______________

2. Много (год) назад я (смотреть) фильм Бондарчука "Война и мир". _______________, _______________

3. Они (видеть) этот фильм вчера, и он (они) очень (понравиться). _______________, _______________,

____

4. У (мы) пьесы (Чехов) очень (любить). _______________,

_______________, _______________

5. Вчера (вечер) они (угощать) (я) бокалом (шампанское).

_______________, _______________, _______________

____

6. Скажите (я), что (вы) больше нравится, мясо или рыба?

_______________, _______________

7. По (правда) сказать, я не очень люблю (рыба).

_______________, _______________

8. Мы всегда одинаково (думать) о (многие) вещах. Смотреть телевизор, по-моему, потеря (время).

_______________, _______________, _______________

Exercise C

Translate the following sentences into Russian.

1. Ivan invited me to the theater, to a ballet.

 ____

2. The opera was magnificent. ______________________________
3. That is remarkable! ______________________________
4. Many years ago, I lived in Russia.

 ____

5. I saw that film too. ______________________________
6. I like to watch television very much.

 ____

7. The theater is more interesting than opera and ballet.

 ____

8. Could you recommend a good Russian play?

 ____

Exercise D

True or false?

1. Ната́ша пригласи́ла Ма́йка в Большо́й теа́тр на бале́т.
2. Майк сказа́л, что спекта́кль был замеча́тельный.
3. Мно́го лет наза́д Майк смотре́л фильм “Война́ и мир”.
4. Ната́ша не ви́дела э́тот фильм.
5. Ната́ша ча́сто хо́дит в теа́тр.
6. Ната́ше бо́льше нра́вится о́пера.
7. Ната́ша о́чень лю́бит телеви́дение, и ду́мает, что кино́ – э́то поте́ря вре́мени.
8. Майк ду́мает, что ру́сский фильм лу́чше.

Visit www.berlitzpublishing.com for a bonus internet activity—go to the downloads section and connect to the world in Russian!

МАЙК ВОЗВРАЩА́ЕТСЯ В АМЕ́РИКУ
MIKE GOES BACK TO AMERICA

Майк с Ната́шей сидя́т в рестора́не, располо́женном над за́лом вы́лета в Шереме́тьево-2. Они́ прие́хали туда́ о́чень ра́но, и у них доста́точно вре́мени, чтобы вы́пить ко́фе и поговори́ть…
Mike and Natasha are sitting in the restaurant situated above the departure hall of Sheremetyevo-2. They arrived there very early, and they have enough time to drink coffee and to talk…

Майк	Мы одина́ково ду́маем о мно́гих веща́х, Ната́ша. Мы о́чень хорошо́ ла́дим друг с дру́гом, и мне прия́тно рабо́тать с ва́ми. Но я почти́ ничего́ не зна́ю о вас. We think identically about many things, Natasha. We get along with each other very well, and for me it's a pleasure to work with you. But I know almost nothing about you.
Ната́ша	Да почти́ и не́чего знать, Майк. Я родила́сь в Новосиби́рске, учи́лась здесь, в Москве́, в Моско́вском госуда́рственном университе́те. Пото́м получи́ла рабо́ту в ба́нке. Well, there's almost nothing to know, Mike. I was

	born in Novosibirsk, studied here in Moscow, at Moscow State University. Then I got a job in the bank.
Майк	Вы о́чень ми́лая и обая́тельная же́нщина, Ната́ша. Мне о́чень прия́тно быть в ва́шем о́бществе. You're a kind and charming woman, Natasha. It's very pleasant to be in your company.
Ната́ша	И мне то́же легко́ с ва́ми. С ва́ми я могу́ говори́ть о чём-уго́дно. Жаль, что вам на́до возвраща́ться в Аме́рику. And I'm comfortable with you too. With you, I can talk about anything. What a pity that you have to go back to America.
Майк	Да…Но ведь у вас есть погово́рка: "Без разлу́к не быва́ет встреч". Ско́ро мы бу́дем вме́сте рабо́тать в Нью-Йо́рке. Yes…But you have a saying, don't you: "Without partings, there are no meetings". Soon we will work together in New York.
Ната́ша	Да, пра́вильно. Зна́ете, я бу́ду о́чень мно́го рабо́тать, чтобы всё зако́нчить до своего́ отъе́зда. Yes, that's right. You know, I'm going to do a lot of work in order to finish everything before my departure.
Майк	Я был здесь то́лько три с полови́ной неде́ли, а вы бу́дете у нас полго́да. Мы смо́жем осмотре́ть весь Нью-Йо́рк. И не то́лько! Мои́ роди́тели уже́ проси́ли меня́ пригласи́ть вас к ним в Лос-А́нжелес. I was only here for three and a half weeks, but you'll be with us for half a year. We'll be able to explore all New York. And not only that. My parents have already asked me to invite you to visit them in Los Angeles.
Ната́ша	Отку́да они́ мо́гут знать обо мне́? How could they have heard about me?
Майк	Я мно́го говори́л им о вас по телефо́ну. Им не те́рпится познако́миться с ва́ми ли́чно. I spoke to them a lot about you on the phone.They can't wait to get to know you in person.

(Го́лос из громкоговори́теля) Пассажи́ры, сле́дующие ре́йсом 341 в Нью-Йо́рк! Вас про́сят пройти́ на регистра́цию в зал вы́лета, сто́йка но́мер три!
(Voice from the loud-speaker) Passengers proceeding on flight 341 to

New York! Please go to check-in in the departure hall, desk number three!

Ната́ша Объявля́ют ваш ре́йс, Майк! Вам на́до идти́!
That's your flight, Mike! You have to go!

Майк Да. Пора́…Ната́ша, у меня́ к вам одна́ про́сьба. Я был бы сча́стлив, е́сли бы мы могли́ перейти́ на "ты". Но, коне́чно, я не зна́ю ва́ших тради́ций и не хочу́ ника́к вас оби́деть!
Yes. It's time…Natasha, I have a request for you. I would be happy if we could change over to "ты" (informal *you*). But of course, I don't know your traditions and I don't want to offend you in any way!

Ната́ша Спаси́бо, Майк! Вы ника́к не мо́жете меня́ оби́деть! Напро́тив! Я сама́ ду́мала об э́том и вы, то́ есть, конечно, ты! – про́сто прочита́л мои́ мы́сли. А тепе́рь пора́ проща́ться. До свида́ния, Майк! Я бу́ду о́чень ждать встре́чи с тобо́й!
Thank you, Mike. You can't offend me in any way. On the contrary. I was thinking about it myself, and you – that is, of course, ты! – simply read my thoughts. And now it's time to say farewell. Goodbye Mike! I really look forward to seeing you again.

Майк До свида́ния, Ната́ша! Мне бу́дет о́чень не хвата́ть тебя́.
Goodbye Natasha! I'll miss you a lot.

GRAMMAR

1. POSSESSIVES

мой♂/моя́♀/моё *n.* "mine" and наш♂/на́ша♀/на́ше *n.* "ours" are declined as follows:

	Singular			Plural
	Masculine	**Feminine**	**Neuter**	**All genders**
Nom.	мой/наш	моя́/на́ша	моё/на́ше	мои́/на́ши
Acc.	мой/наш	мою́/на́шу	моё/на́ше	мои́х/на́ших
	моего́/на́шего			мои́/на́ши

	Singular			Plural
	Masculine	**Feminine**	**Neuter**	**All genders**
Gen.	моегó/нáшего	моéй/нáшей	моегó/нáшего	моúх/нáших
Dat.	моемý/нáшему	моéй/нáшей	моемý/нáшему	моúм/нáшим
Instr.	моúм/нáшим	моéй/моéю/нáшей	моúм/нáшим	моúми/нáшими
Prep.	моём/нáшем	моéй/нáшей	моём/нáшем	моúх/нáших

The possessives твóй *your* (informal) and ваш *your* (formal or plural) follow the same pattern.

Егó means "his" or "its", её means "her", and их means "their". Unlike the other pronouns, they do not change according to the gender of what is "possessed", nor do they decline:

Я разговáриваю с моúм студéнтом.
I am talking with my student (male).

Я разговáриваю с егó студéнтом/студéнткой.
I am talking with his student (male/female).

Я разговáриваю с её студéнтом.
I am talking with her student (male).

Я разговáриваю с их студéнтом.
I am talking with their student (male).

Я разговáриваю с их студéнтами.
I am talking with their students.

Он разговáривает с моúми студéнтами.
He is talking with my students.

Онá рабóтает недалекó от моегó дóма.
She works not far from my house.

Онá рабóтает недалекó от егó дóма.
She works not far from his house.

Онá рабóтает недалекó от её дáчи.
She works not far from her (some other female's) country house.

Онá рабóтает недалекó от их дóма.
She works not far from their house.

свой♂/своя́♀/своё *n.* means "one's own" and is used to denote possession of something by *the subject of the verb*. Look at the following examples:

Она́ разгова́ривает со свое́й попу́тчицей.
She is chatting with her traveling companion.

Майк сра́зу уви́дел табли́чку со свои́м и́менем.
Mike right away saw the sign with his name.

У неё своя́ отде́льная кварти́ра в Москве́.
She has her own separate (non-communal) apartment in Moscow.

In the last example, the impersonal "У неё" means "she has", and "she" can be regarded as the subject of the sentence, even though "she" is not in the nominative она́. Similarly:

Мне ну́жно взять свою́ кни́гу. I have to take my book.
Тебе́ ну́жно взять свою́ кни́гу. You have to take your book.
Ему́ ну́жно написа́ть свой докла́д. He has to write his report.
Им ну́жно взять свои́ кни́ги. They have to take their books.

Now, look at some examples of the use of мой♂/моя́♀/моё *n.* from the course:

Бале́т - <u>моё</u> люби́мое иску́сство.
Ballet is my favorite art.

Мы должны́ обсуди́ть вопро́с с <u>мои́м</u> нача́льником.
We must discuss the question with my boss.

Смотре́ть телеви́зор, по-<u>мо́ему</u>, поте́ря вре́мени.
To watch television is, in my opinion (мне́ние), a waste of time.

In these sentences, *the subject* of the sentence is not the "possessor": the object of the sentence does not belong exclusively to the subject. However, sometimes мой♂/моя́♀/моё *n.*, and свой♂/своя́♀/своё *n.* *are* interchangeable:

Я прие́ду с мои́м нача́льником./Я прие́ду со свои́м нача́льником.
I will come with my boss.

Она́ в кабине́те своего́ нача́льника./Она́ в кабине́те её нача́льника.
She is in the office of her boss.

This interchangeability seems to be possible because one cannot really "possess" a boss, but he or she is, after all, one's own boss!

However, Она́ в кабине́те её нача́льника can mean both "She is in the office of her (own) boss" and "She is in the office of her (some other female's) boss". The sentence Она́ в кабине́те своего́ нача́льника is unambiguous, as are the sentences Он в кабине́те её нача́льника and Она́ в кабине́те его́ нача́льника.

2. ВЕСЬ

весь♂/вся♀/всё *n.*/все (plural) "all", "whole" is declined as follows:

	Singular			Plural
	Masculine	**Feminine**	**Neuter**	**All genders**
Nom.	весь	вся	всё	все
Acc.	весь/всего́	всю	всё	все/всех
Gen.	всего́	всей	всего́	всех
Dat.	всему́	всей	всему́	всем
Instr.	всем	всей	всем	всеми
Prep.	всём	всей	всём	всех

Here are some examples of весь♂/вся♀/всё *n.* and все (plural) from the course. Note that всё can mean "everything" as well as "all":

Ша́пка – две ты́сячи, перча́тки – одна ты́сяча и четы́ре ты́сячи за сапоги́. Всего́ семь ты́сяч. (in all)
The hat, two thousand, the gloves, one thousand, and four thousand for the boots. In all, seven thousand.

Там так мно́го экспона́тов! И все – шеде́вры! (all of them)
There are so many exhibit items there! And they're all masterpieces!

Вся информа́ция есть в но́мере. (all)
All the information is in the (hotel) room.

Я хоте́л бы вы́яснить всё насчёт опла́ты. (everything)
I would like to make everything clear about payment.

Мы смо́жем осмотре́ть весь Нью-Йо́рк. (all, the whole of)
We can explore (lit. look around) all New York.

Я бу́ду стара́ться всё зако́нчить до своего́ отъе́зда. (everything)
I will try to finish everything before my departure.

Всё can also combine with other words for emphasis. Here are some examples from the course:

Сего́дня она́ всё ещё в Санкт-Петербу́рге. (still, even yet)
Today, she is still in St. Petersburg.

И всё равно́ бы́ло ма́ло. (all the same)
And, all the same, it was (very) little.

Всё лу́чше и лу́чше. (gradually)
Better and better.

VOCABULARY

располо́женный♂/располо́женная♀/располо́женное *n.* situated
над above
доста́точно sufficiently, enough
ла́дить друг с дру́гом to get along well with one another
получи́ть рабо́ту to get a job
ми́лый♂/ми́лая♀/ми́лое *n.* nice
обая́тельный♂/обая́тельная♀/обая́тельное *n.* charming
же́нщина woman
о́бщество society, company
быть в ва́шем о́бществе to be in your company
говори́ть о чём уго́дно to talk about anything
жаль pity, what a shame
ведь after all, you see
разлу́ка parting
осма́тривать (impf) to examine, to visit, to inspect
осмотре́ть (perf) to examine, to visit, to inspect
не то́лько not only
роди́тели parents
обо мне́ about me
терпе́ние patience
Мне/Нам/Им не те́рпится. I/We/They (etc.) can't wait.
ли́чно in person
пассажи́р passenger
сле́довать (impf) to follow, to proceed
после́довать (perf) to follow, to proceed
сле́дующий♂/сле́дующая♀/сле́дующее *n.* following, proceeding
про́сьба a request
У меня́ к вам про́сьба. I'd like to ask you a favor.
гора́здо much, far
просто́й♂/проста́я♀/просто́е *n.* simple, easy
про́ще simpler, easier
счастли́вый♂/счастли́вая♀/счастли́вое *n.* happy, fortunate
сча́стлив♂/сча́стлива♀/сча́стливо *n.* happy, fortunate (short form)
сча́стье happiness
переходи́ть (impf) to cross, to go over; to change over to
перейти́ (perf) to cross, to go over; to change over to
тради́ция tradition
ника́к in no way
оби́да insult, injury
обижа́ть (impf) to offend
оби́деть (perf) to offend
напро́тив quite the opposite, on the contrary
мысль♀ thought
проща́ться (impf) to say goodbye

прости́ться (perf) to say goodbye
не хвата́ть to lack, to miss
го́лос voice
гро́мко loudly
громкоговори́тель♂ loudspeaker
да́ча country house

EXERCISES

Exercise A

Translate the following sentences into English.

1. Мы прие́хали сюда́ о́чень ра́но, и у нас есть мно́го вре́мени, что́бы поговори́ть.

   ____

2. Я сиде́л в рестора́не и пил ко́фе.

   ____

3. Мы мо́жем говори́ть о мно́гих веща́х.

   ____

4. Майк с Ната́шей о́чень хорошо́ ла́дят друг с дру́гом.

   ____

5. Мне о́чень прия́тно рабо́тать с тобо́й.

   ____

6. Я почти́ ничего́ не зна́ю о жи́зни в Аме́рике.

   ____

7. Майк получи́л рабо́ту в о́фисе в Москве́.

   ____

8. Ната́ша о́чень ми́лая и обая́тельная же́нщина.

   ____

9. Нам бы́ло о́чень прия́тно в их о́бществе.

   ____

10. Когда́ им на́до возвраща́ться в Аме́рику?

    ____

11. Мы мно́го говори́ли Ната́ше об Аме́рике по телефо́ну.

    ____

Put the words in parentheses into the correct form.

Exercise B

1. Ско́ро они́ (быть) вме́сте рабо́тать в (Росси́я).

   ______________, ______________

2. Я хочу́ всё зако́нчить до (сво́й отъе́зд).

   ____

3. Майк был здесь в (Вашингто́н) то́лько три с (полови́на) (неде́ля). ______________, ______________,

   ____

4. Мои́ роди́тели уже́ проси́ли (я) пригласи́ть (он) к (они́) в Ло́ндон. ______________, ______________,

   ____

5. Отку́да они́ зна́ли о́бо (я)? ______________
6. У (я) к (вы) одна́ про́сьба. ______________,

   ____

7. Я бу́ду о́чень ждать (встре́ча) с (ты)! ______________,

   ____

8. У (мы) мно́го (вре́мя), чтобы поговори́ть. ______________,

   ____

9. Мы мо́жем говори́ть о (мно́гие ве́щи). ______________
10. Они́ о́чень хорошо́ ла́дят друг с (дру́г). ______________
11. Мне о́чень прия́тно рабо́тать с (вы). ______________
12. Они́ получи́ли (рабо́та) в (рестора́н) в (Минск).

    ______________, ______________, ______________

13. (Я) бы́ло о́чень прия́тно в их (о́бщество). ______________,

    ____

14. Мы мно́го говори́ли (Ната́ша) об (Аме́рика) по (телефо́н).

    ______________, ______________, ______________

Exercise C

Translate the following sentences into Russian.

1. We are sitting in the restaurant and drinking wine.

   ____

2. I arrived there very early.

   ____

3. I have a lot of time.

   ____

4. I love to drink coffee.

   ____

5. They get along with each other very well.

   ____

6. It's pleasant for me to work with them.

   ____

7. I know almost nothing about him.

   ____

8. He knows almost nothing about her.

   ____

9. It is very pleasant for me to be in your company.

   ____

10. In a month we will work together in Moscow.

    ____

11. She was only here for six and a half weeks.

    ____

12. I can't wait to get to know you in person.

    ____

True or false?

Exercise D

1. Майк и Ната́ша одина́ково ду́мают о мно́гих веща́х.
2. Они́ не о́чень хорошо́ ла́дят друг с дру́гом.
3. Ма́йку о́чень неприя́тно рабо́тать с Ната́шей.
4. Ната́ша родила́сь в Новосиби́рске, но учи́лась в Моско́вском госуда́рственном университе́те.
5. Майк ду́мает, что Ната́ша о́чень ми́лая и обая́тельная же́нщина.
6. С Ма́йком Ната́ша мо́жет говори́ть о чём-уго́дно.
7. Майк с Ната́шей осмо́трят весь Нью-Йо́рк.
8. Роди́тели Ма́йка живу́т в Вашингто́не.

Visit www.berlitzpublishing.com for a bonus internet activity—go to the downloads section and connect to the world in Russian!

Lesson

20 REVIEW: LESSONS 17–19

A. Listen again to the dialogue from Lesson 17 and repeat.

Dialogue 17 МАЙК ПРИГЛАША́ЕТ НАТА́ШУ В РЕСТОРА́Н.

Майк про́был в Москве́ уже́ о́коло двух неде́ль. Че́рез пять-шесть дней он возврати́тся в Соединённые Шта́ты. Сего́дня ве́чером он пригласи́л Ната́шу пообе́дать с ним…

Ната́ша Большо́е спаси́бо за приглаше́ние, Майк!

Майк Я уже́ два́жды был здесь. Они́ вку́сно гото́вят. Обе́д из пяти́ блюд с во́дкой, вино́м, шампа́нским и конья́ко́м. Что вы хоти́те на заку́ски?

Ната́ша Дава́йте посмо́трим меню́.

Майк Есть ры́ба, икра́, колбаса́, сала́ты…

Ната́ша Я бы хоте́ла всего́ – понемно́жку.

Майк	А пе́рвое? У них здесь о́чень вку́сная соля́нка по-моско́вски.
Ната́ша	Я люблю́ соля́нку.
Майк	Хорошо́, две соля́нки. А что на горя́чее? Ры́ба или мя́со?
Ната́ша	А что вы посове́туете?
Майк	У них сего́дня осетри́на – э́то о́чень вку́сно!
Ната́ша	Осетри́на мне подхо́дит. А что вы реши́ли, Майк?
Майк	Я, пожа́луй, возьму́ мя́со. Здесь о́чень хорошо́ гото́вят котле́ты по-ки́евски… Хотя́ нет. Сего́дня я попро́бую беф-стро́ганов. Говоря́т, он счита́ется лу́чшим в Москве́.
Ната́ша	Э́то впечатля́ет.
Майк	А на десе́рт…
Ната́ша	Нет, нет, не сейча́с! Посмо́трим, чего́ нам захо́чется к концу́ обе́да. Вот тогда́ и реши́м.
Майк	Что бу́дем пить? Шампа́нское? Коне́чно! А та́кже бока́л бе́лого вина́ к ры́бе и бока́л кра́сного к мя́су.
Ната́ша	Замеча́тельно!
Майк	Официа́нт! Мы гото́вы сде́лать зака́з.

B. Translate the dialogue from Lesson 17 into English and check your translation against ours on pages 205–207.

C. Listen again to the dialogue from Lesson 18 and repeat.

Dialogue 18 ВЕ́ЧЕР В ТЕА́ТРЕ

Ната́ша пригласи́ла Ма́йка в Моско́вский Худо́жественный Теа́тр. Там они́ посмотре́ли дра́му Анто́на Че́хова "Вишнёвый Сад" в но́вой постано́вке. Спекта́кль был великоле́пный.

Ната́ша	Вам понра́вилась пье́са?
Майк	Ещё бы! Э́то бы́ло замеча́тельно! Актёры о́чень хорошо́ игра́ли. А как в Москве́ с биле́тами? Тру́дно доста́ть?
Ната́ша	По-ра́зному. У нас пье́сы Че́хова о́чень лю́бят и ча́сто прихо́дится стоя́ть в о́череди. Обы́чно все биле́ты быва́ют распро́даны за не́сколько дне́й до спекта́кля и остаю́тся то́лько стоя́чие места́.

Майк	А вы ча́сто хо́дите в теа́тр?
Ната́ша	Да, но мне бо́льше нра́вится бале́т. Бале́т – моё люби́мое иску́сство. О́чень люблю́ та́кже кино́. Но смотре́ть телеви́зор, по-мо́ему, поте́ря вре́мени.
Майк	По пра́вде сказа́ть, бале́т не о́чень люблю́. По-мо́ему, кино́ интере́снее, чем теа́тр. Что сейча́с идёт в кинотеа́трах? Не могли́ бы вы посове́товать, какой хоро́ший ру́сский фильм я могу́ посмотре́ть?
Ната́ша	Мой люби́мый, русский фильм – э́то “Война́ и Мир” Бондарчука́. Вы смотре́ли?
Майк	Да. Зна́ете, мно́го лет наза́д я посмотре́л америка́нскую инсцениро́вку рома́на Толсто́го “Война́ и Мир”, но ду́маю что ру́сский фильм лу́чше.
Ната́ша	Я по́лностью согла́сна с ва́ми. Мы одина́ково ду́маем о мно́гих веща́х, Майк. А сейча́с, ча́ю хоти́те?
Майк	Ну что́ вы? Я угощу́ вас бока́лом шампа́нского! Пошли́!

D. Translate the dialogue from Lesson 18 into English and check your translation against ours on pages 216–217.

E. Listen again to the dialogue from Lesson 19 and repeat.

Dialogue 19 МАЙК ВОЗВРАЩА́ЕТСЯ В АМЕ́РИКУ.

Майк с Ната́шей сидя́т в рестора́не, располо́женном над за́лом вы́лета в Шереме́тьево-2. Они́ прие́хали туда́ о́чень ра́но, и у них доста́точно вре́мени, чтобы вы́пить ко́фе и поговори́ть…

Майк	Мы одина́ково ду́маем о мно́гих веща́х, Ната́ша. Мы о́чень хорошо́ ла́дим друг с дру́гом, и мне прия́тно рабо́тать с ва́ми. Но я почти́ ничего́ не зна́ю о вас.
Ната́ша	Да почти́ и не́чего знать, Майк. Я родила́сь в Новосиби́рске, учи́лась здесь, в Москве́, в Моско́вском госуда́рственном университе́те. Пото́м получи́ла рабо́ту в ба́нке.
Майк	Вы о́чень ми́лая и обая́тельная же́нщина, Ната́ша. Мне о́чень прия́тно быть в ва́шем о́бществе.
Ната́ша	И мне то́же легко́ с ва́ми. С ва́ми я могу́ говори́ть о чём-уго́дно. Жаль, что вам на́до возвраща́ться в Аме́рику.

Майк	Да…Но ведь у вас есть погово́рка: “Без разлу́к не быва́ет встреч”. Ско́ро мы бу́дем вме́сте рабо́тать в Нью-Йо́рке.
Ната́ша	Да, пра́вильно. Зна́ете, я бу́ду о́чень мно́го рабо́тать, чтобы всё зако́нчить до своего́ отъе́зда.
Майк	Я был здесь то́лько три с полови́ной неде́ли, а вы бу́дете у нас полго́да. Мы смо́жем осмотре́ть весь Нью-Йо́рк. И не то́лько! Мои́ роди́тели уже́ проси́ли меня́ пригласи́ть вас к ним в Лос-А́нжелес.

(Го́лос из громкоговори́теля) Пассажи́ры, сле́дующие ре́йсом 341 в Нью-Йо́рк! Вас про́сят пройти́ на регистра́цию в зал вы́лета, сто́йка но́мер три!

Ната́ша	Отку́да они́ мо́гут знать о́бо мне?
Майк	Я мно́го говори́л им о вас по телефо́ну. Им не те́рпится познако́миться с ва́ми ли́чно.

Э́то наибо́лее интере́сный фильм.
Э́то наибо́лее краси́вая страна́.
Э́то наибо́лее ску́чное ме́сто.

Ната́ша	Объявля́ют ваш ре́йс, Майк! Вам на́до идти́!
Майк	Да. Пора́…Ната́ша, у меня́ к вам одна́ про́сьба. Я был бы счастли́в, е́сли бы мы могли́ перейти́ на “ты”. Но, коне́чно, я не зна́ю ва́ших тради́ций и не хочу́ ника́к вас оби́деть!
Ната́ша	Спаси́бо, Майк! Вы ника́к не мо́жете меня́ оби́деть! Напро́тив! Я сама́ ду́мала об э́том и вы, то-есть, конечно, ты! – про́сто прочита́л мои́ мы́сли. А тепе́рь пора́ проща́ться. До свида́ния, Майк! Я бу́ду о́чень ждать встре́чи с тобо́й!
Майк	До свида́ния, Ната́ша! Мне бу́дет о́чень не хвата́ть тебя́.

F. Translate the dialogue from Lesson 19 into English, and check your version against ours on pages 225–227.

Visit www.berlitzpublishing.com for a bonus internet activity—go to the downloads section and connect to the world in Russian!

ANSWER KEY

It does not matter if your translations into English are not the same, word for word, as ours. The important thing is that the *meaning* should be the same.

LESSON 1

A

1. Tennis 2. Dollar 3. Basketball 4. Doctor 5. New York 6. California 7. Baseball 8. University 9. Address 10. Pepsi Cola 11. Office 12. Football 13. President Clinton 14. President Bush 15. Telephone 16. Bar 17. Restaurant 18. Vladimir Putin 19. Mafia 20. Taxi

B

1. А а 2. Я я 3. Э э 4. Е е 5. Ы ы 6. И и 7. О о 8. Ё ё 9. У у 10. Ю ю

C

1. з 2. м 3. с 4. р 5. т 6. р 7. к 8. ь 9. ф 10. я 11. р 12. с 13. о … д 14. ф 15. й 16. т

D

1. четы́ре 2. де́сять 3. де́вять 4. во́семь 5. нуль 6. четы́ре 7. де́сять 8. семь 9. пять 10. шесть

LESSON 2

A

1. vodka 2. fact 3. plan 4. professor 5. class (= class/classroom) 6. Lenin 7. Gorbachev 8. canal 9. student 10. Bolshoi Ballet 11. port 12. film 13. baggage/luggage 14. bazaar

B

1. Э́то кни́га 2. Э́то бага́ж 3. Э́то стол 4. Э́то ру́чка 5. Э́то стул

C

1. Да, э́то Пол.
2. Нет, э́то не кни́га. Э́то стол.
3. Да, э́то ру́чка.

4. Нет, э́то не А́нна Ива́новна. Э́то Пол.
5. Да, э́то стол.
6. Нет, э́то не стол. Э́то стул.
7. Нет, э́то не Пол. Э́то А́нна Ива́новна.

D

1. Аме́рика 2. президе́нт 3. университе́т 4. ко́ка-ко́ла 5. бейсбо́л 6. во́дка 7. до́ктор 8. студе́нт/студе́нтка 9. пе́пси-ко́ла 10. Калифо́рния

LESSON 3

A

1. sport, *sport* 2. film, *feel'm* 3. taxi, *tahk-<u>see</u>* 4. telephone, *tee-lee-<u>fon</u>*
5. center, *tsentr* 6. car, *ahf-tah-mah-<u>beel'</u>* 7. football, *food-<u>bol</u>*
8. tsar, *tsahr'* 9. excursion, *eks-<u>koor</u>-see-yah*
10. theater, *tee-<u>ahtr</u>* 11. iceberg, *<u>ies</u>-byerk* 12. author, *<u>ahf</u>-tahr*

B

1. Нет, я не из Ло́ндона.
2. Нет, он не из Новосиби́рска.
3. Нет, она́ не из Москвы́.
4. Нет, они́ не из Аме́рики.
5. Нет, я не из А́нглии.
6. Нет, он не из Берли́на.
7. Нет, она́ не из Сан-Франци́ско.
8. Нет, они́ не из Нью-Йо́рка.

C

1. Да, я профе́ссор.
2. Да, он бухга́лтер.
3. Да, она́ студе́нтка.
4. Да, они́ врачи́.
5. Да, я преподава́тель.
6. Да, он пило́т.
7. Да, она́ преподава́тель.
8. Да, они́ пило́ты.

D

1. А 2. Б 3. Б 4. А 5. В 6. В 7. А 8. В

E

1. I am very glad to meet you.
2. Natalya Petrovna works in a bank.

3. Paul lives in Moscow, but he was born in San Francisco.
4. Anna Ivanovna is not an accountant. She teaches at the university.
5. He is not from Moscow, but he works in Moscow.
6. I work in America.
7. Anna is not an American, nor a Russian. She is a Belarusian.
8. Is she Russian or an American?
9. Is this book in Russian or in English?

F

1. T 2. F 3. T 4. F 5. F 6. T 7. T 8. T 9. F 10. T

Did you understand question 10 “You are learning Russian”? If so, you really are making progress!

LESSON 4

A

1. в командиро́вку 2. в Москве́ 3. в ба́нке 4. самолёт 5. у Ива́на
6. свою́ рабо́ту 7. на рабо́те … в университе́те
8. от Москвы́ до Ми́нска 9. по у́лице 10. у меня́ … по́езд
11. на Кавка́з самолётом
12. с Ива́ном по телефо́ну 13. из Ми́нска … в Москве́
14. о матема́тике 15. Москву́ … Нью-Йо́рк

B

1. иду 2. е́дет 3. лети́м 4. лета́ете 5. рабо́тает 6. люблю́
7. лю́бит 8. идёт 9. хо́дим 10. живу́т

C

1. I am an American (female).
2. I live in an apartment in New York.
3. My father and my mother do not live in New York.
4. They live and work in California.
5. My father is an accountant, and my mother is a doctor.
6. I work in an office.
7. I like my work very much.
8. Usually I go to the airport by bus, but today I am going there by taxi.
9. My work is hard [heavy], but very interesting.
10. Now I am going home from work.

D

1. Мо́й оте́ц и моя́ мать живу́т в Москве́.
2. Как ва́ша мать?
3. Я не люблю́ Санкт-Петербу́рг.

4. Большóй чемодáн тяжёлый.
5. Чемодáнчик лёгкий. (Мáленький чемодáн - лёгкий.)
6. Я бывáю в Москвé три-четы́ре дня кáждый мéсяц.*
7. Натáлья у Ивáна.
8. Мы лети́м в Москвý чéрез три часá.

* Note that “a month” in English here means “every month”.

E

1. F 2. T 3. T 4. F 5. F 6. T 7. F 8. F 9. F 10. T

LESSON 5

A

1. Майк живёт и рабóтает в Нью-Йóрке.
2. Натáша рабóтает в бáнке в Москвé.
3. Её отéц и её мать живýт в Ми́нске.
4. У меня́ есть своя́ отдéльная кварти́ра.
5. Сейчáс Натáша в гости́нице.
6. Ей трýдно позвони́ть своемý коллéге Волóде.
7. Волóдя и Майк бы́ли óчень зáняты.
8. Когдá мы мóжем встрéтиться?

B

1. домóй 2. в кабинéте 3. дóма 4. на столé 5. Мне … в Москвé
6. её 7. меня 8. у нас 9. Егó … в Москвé

C

1. бýду 2. рабóтали 3. говори́т 4. бы́ли 5. идý 6. éздит
7. живёт 8. бýдет 9. был 10. звони́л

D

1. I do not like working in Moscow.
2. It is now eight o’clock.
3. Is it convenient for you to meet at three?
4. They will wait for us at five thirty in the bank.
5. Mike sent us a lot of wine.
6. My father likes his job (work) very much.
7. I have four tickets for the theater.
8. Where is Andrei? He’s not at home.
9. Volodya will go with you, if you wish.

E

1. T 2. T 3. F 4. F 5. T 6. T 7. F 8. T

LESSON 6

A

1. Аме́рика 2. Нью-Йо́рк 3. президе́нт 4. о́фис 5. студе́нт
6. студе́нтка 7. во́дка 8. пило́т 9. студе́нты 10. аэропо́рт

B

А. 8	Б. 3	В. 7	Г. 4	Д. 2	Е. 1
Ё. 5	Ж. 6	З. 9	И. 10	Й. 22	К. 36
Л. 40	М. 55	Н. 69	О. 70	П. 100	Р. 94
С. 80	Т. 73	У. 14	Ф. 12	Х. 15	Ц. 44
Ч. 71	Ш. 18	Щ. 68	Ъ. 37	Ы. 42	Ь. 11
Э. 83	Ю. 19	Я. 29			

C

1. Москву́ … командиро́вку
2. рабо́те … ба́нке … Ми́нске
3. свою́ рабо́ту … университе́те
4. Ма́йком
5. Ива́на
6. кварти́ре … це́нтре … Москвы́.
7. Новосиби́рска
8. домо́й … рабо́ты
9. вам
10. мне
11. Ива́на
12. удово́льствием
13. ва́ми
14. командиро́вке … Ната́ши
15. В конце́ концо́в.

D

1. лю́бит … люблю́
2. живёт … живу́
3. рабо́тали … рабо́таем
4. бы́ли … рабо́тают
5. звони́л … бы́ло
6. бу́дете … бы́ли
7. бу́ду … был/была́
8. бу́дем

LESSON 7

A

1. impf 2. perf 3. impf 4. perf 5. impf 6. perf 7. impf 8. impf
9. perf 10. perf

B

А. 5 пять

Б. 10 де́сять

В. 15 пятна́дцать

Г. 20 два́дцать

Д. 25 два́дцать пять

Е. 30 три́дцать

Ё. 35 три́дцать пять

Ж. 40 со́рок

З. 45 со́рок пять

И. 50 пятьдеся́т

Й. 55 пятьдеся́т пять

К. 60 шестьдеся́т

Л. 65 шестьдеся́т пять

М. 70 се́мьдесят

Н. 75 се́мьдесят пять

О. 80 во́семьдесят

П. 85 во́семьдесят пять

Р. 90 девяно́сто

С. 95 девяно́сто пять

Т. 100 сто

У. 101 сто оди́н

Ф. 111 сто оди́ннадцать

Х. 200 двéсти

Ц. 222 двéсти двáдцать два

C

1. Do you want tea, coffee, mineral water or vodka?
2. What date is it today?
3. Today is the 29th of April.
4. Excuse me, please. Is there a toilet here?
5. When will you be free?
6. We will be free on Tuesday, at 6 o'clock in the evening.
7. On the way to Volodya's, Natasha bought a newspaper.
8. Volodya gave Natasha copies of some American promotional brochures.
9. Before (earlier), I drank tea in the morning(s), but now I drink mineral water.
10. Volodya gave Natasha the/some brochures, and she thought that they were just what she needed.

D

1. Вчерá я говори́л♂/говори́ла♀с Мáйком в óфисе.
2. Натáша хóдит в банк пешкóм кáждый день.
3. Рáньше я пил♂/пилá♀чай по утрáм, а тепéрь я пью кóфе.
4. Рýчка и ключ на столé.
5. В прóшлом годý мы éздили в Нью-Йорк кáждую недéлю.
6. Я откры́л♂/откры́ла♀дверь.
7. Мы поговори́ли с Мáйком.
8. Скóро я бýду éздить в Москвý кáждый мéсяц.

E

1. F 2. F 3. T 4. F 5. F 6. F 7. F 8. T 9. F

LESSON 8

A

1. Я пишý
2. Они́ читáют
3. Мы поём
4. Они́ пьют
5. Вы ждёте
6. Он преподаёт
7. Я знáю
8. Они́ гуля́ют
9. Онá понимáет
10. Вы идёте
11. Мы éдем
12. Вы дéлаете
13. Я пою́
14. Они́ отвечáют
15. Я слýшаю

B

1. Я хожу́
2. Они́ говоря́т
3. Она́ кричи́т
4. Мы хо́дим
5. Вы говори́те
6. Они́ крича́т
7. Я смотрю́
8. Мы сиди́м
9. Он лети́т
10. Она́ молчи́т
11. Они́ звоня́т
12. Мы покупа́ем
13. Она́ стои́т
14. Я ви́жу
15. Я вожу́

C

1. зна́ем (зна́ли)
2. стоя́ли
3. говори́т
4. показа́л
5. сто́или … сто́ят … бу́дут сто́ить
6. смо́трит
7. зна́ет
8. покупа́ет … счита́ет … бу́дет сто́ить
9. заплати́ла
10. реши́ла

D

Boris works not far from his home in Moscow. He has a car, but he walks to work. Every morning, on the way to the office, he buys a newspaper. But yesterday there were no newspapers. What did he do? He bought a book. He very much likes to read newspapers, books and magazines. He likes the movies, but does not like to watch television at all: he doesn't even have a television. Now it is winter. It's cold outside [on the street]. But Boris is not cold when he walks to work. He has a warm coat, a hat, woolen gloves and a pair of good boots.

E

1. Ка́ждое у́тро по пути́ в о́фис я покупа́ю газе́ту.
2. Сейча́с она́ говори́т с Ива́ном.
3. Мо́жно посмотреть шапку, пожа́луйста.
4. Я возьму́ её, хоть и до́рого.
5. Пожа́луйста, покажи́те мне э́ти перча́тки.
6. Мо́жно посмотре́ть э́то пальто́, пожа́луйста.
7. Сего́дня у нас есть немно́го свобо́дного вре́мени.
8. Где ка́сса?
9. Ка́сса вот там, нале́во.

F

1. T 2. T 3. F 4. T 5. F 6. F 7. T 8. T

LESSON 9

A

1. fax
2. calculator
3. boutique
4. snowboard
5. computer
6. telephone
7. xerox (in Russian = any photocopier)
8. music center
9. printer
10. cartridge
11. player
12. scanner
13. diving
14. automobile

B

1. До́брый ве́чер. Дава́йте знако́миться.
2. Меня́ зову́т … . А вас?
3. Я америка́нец♂/америка́нка♀(англича́нин/англича́нка,…).
4. Я роди́лся♂/родила́сь♀в (Филаде́льфии, Ло́ндоне…)
5. Я рабо́таю в…
6. Мне нра́вится…
7. Мне не нра́вится…
8. Я учу́ ру́сский язы́к.

C

1. I would like to open the window.
2. We would like to set up a company in Minsk.
3. He would like to be there every day.
4. She would like to buy a newspaper.
5. She would like to drink (some) mineral water.
6. They would like to go shopping.
7. They would like to live in America.
8. I would like to speak Russian well.
9. I would like to go home.
10. Would you like to work in Moscow?

D

1. Он е́дет домо́й.

2. Она́ покупа́ет биле́т.
3. Они́ гуля́ют по на́бережной Невы́.
4. Они́ проща́ются в гости́нице.
5. И́горь в двухме́стном купе́ в по́езде.
6. Ната́ша и И́горь разгова́ривают об Эрмита́же.
7. И́горь живёт в Ирку́тске.
8. Мы обе́даем в рестора́не.
9. Что вы де́лаете?

E

1. F 2. F 3. T 4. T 5. F 6. T 7. F 8. F 9. F 10. F 11. T 12. F

LESSON 10

A

1. Today is Sunday, yesterday was Saturday, and tomorrow will be Monday.
2. The work is finished. Go home.
3. Yesterday evening, Ivan flew into Moscow by plane.
4. I didn't manage to buy any gloves.
5. What's the name of this train?
6. At 10 o'clock in the morning, I drank coffee in a/the restaurant with Natasha.
7. May I close the door? It's terribly cold here.
8. Vladimir went to the Hermitage almost every day for a whole week.
9. The wine was good – it would have been nice to have more (still more was wanted).
10. I don't have my own car, but I have my own (non-communal) apartment.
11. Mike lives very far from Moscow - in America.
12. I would live in Philadelphia with pleasure.
13. How will they go home? (by transport)
14. What are you going to do tomorrow evening?
15. Yesterday we bought a new car.

B

1. Иди́/Иди́те сюда́
2. Сади́сь/Сади́тесь
3. Извини́/Извини́те ; Прости́/Прости́те
4. Покажи́/Покажи́те мне
5. Поду́май/Поду́майте
6. Реша́й/Реша́йте
7. Одева́йся/Одева́йтесь
8. Не кури́/Не кури́те

9. Не подпи́сывай/Не подпи́сывайте
10. Чита́й/Чита́йте
11. Рабо́тай/Рабо́тайте
12. Не покупа́й/Не покупа́йте
13. Не кричи́/Не кричи́те
14. Не носи́/Не носи́те
15. Не плати́/Не плати́те

C

1. хочу́ 2. хотя́т 3. хо́чет 4. хоти́м 5. хотя́т 6. хо́чешь 7. хо́чет 8. хотя́т

D

1. два … второ́й
2. три … тре́тий
3. четы́ре … четвёртый
4. четы́рнадцать … четы́рнадцатый
5. пять … пя́тый
6. пятна́дцать … пятна́дцатый
7. шесть … шесто́й
8. семь … седьмо́й
9. во́семь … восьмо́й
10. де́вять … девя́тый

E

1. T 2. F 3. T 4. F 5. F 6. T 7. F 8. F 9. T 10. T

LESSON 11

J

1. рабо́тает … гости́ницы
2. кни́гу
3. пил … утра́м, пьёт
4. чай, ко́фе, во́дку … минера́льную во́ду
5. вре́мени … о́череди
6. ва́ми
7. бу́дут … вас … гости́нице
8. э́ту газе́ту … собо́й
9. удово́льствием … це́лую неде́лю … Эрмита́же

LESSON 12

A

1. vendetta
2. ventilation
3. gas
4. hamburger
5. gangster
6. handicap
7. garage
8. megalomania
9. racism

B

1. In Russia it is cold in winter and hot in summer.
2. I work by day and sleep at night.
3. Yesterday they were in New York, and tomorrow they'll be in Moscow.
4. I've never been to America, but I want to go there sometime.
5. It's good here, but it's better there.
6. The bank is on the right, and the hotel is on the left.
7. Now I'm going home. At home I'm going to watch television.
8. Where are you going?
9. Where are you from?

C

1. Днём … но́чью
2. за́ле … наро́ду
3. табли́чки … свои́м и́менем
4. ней
5. ним
6. хоте́л
7. стака́на джи́на …то́ником
8. Тверско́й у́лице
9. Кра́сной пло́щади

D

1. Извини́те, что э́то тако́е?
2. Здесь мно́го наро́ду.
3. Я совсе́м не уста́л♂/уста́ла♀.
4. Ты о́чень уста́ла, Ната́ша?/Вы о́чень уста́ли, Ната́ша?
5. Э́то на́ша но́вая студе́нтка?
6. Я о́чень хочу́ встре́титься с ва́ми.
7. Она́ рабо́тает в на́шем отделе́нием в Вашингто́не.
8. Она́ пришла́ к нам приме́рно пять ме́сяцев наза́д.

9. Он прилете́л в Нью-Йорк из Москвы́ ночны́м ре́йсом.

E

1. F 2. F 3. T 4. F 5. T 6. T 7. F 8. T 9. F

LESSON 13

A

1. My house is not far from the Zvezda (Star) Hotel.
2. Can you tell me where the registration desk is, please?
3. I booked a room by e-mail.
4. You confirmed the booking. [that the order was accepted]
5. Here is my passport. When can I have it back? [receive it]
6. Is there a radio, television and telephone in the room?
7. When do they broadcast the news in English?
8. I want to buy both English and American newspapers.
9. I want to have breakfast in my room.

B

1. письма́
2. но́мере
3. кото́рому
4. но́мере … ру́сском … англи́йском
5. получа́ют … газе́ты
6. рестора́на
7. ва́шем
8. Зна́ете … передаю́т

C

1. Гости́ница “Звезда́” недалеко́ от моего́ до́ма.
2. У меня́ есть больша́я но́вая маши́на.
3. В но́мере есть телеви́зор?
4. Зака́з при́нят?
5. Мо́жно ли смотре́ть переда́чи по-англи́йски?
6. Мы здесь бу́дем три-четы́ре дня.
7. Я там быва́ю два дня ка́ждый ме́сяц.
8. В гости́нице есть химчи́стка?

D

32,400 rubles

E

1. F 2. T 3. T 4. F 5. T 6. T 7. T 8. F 9. T 10. T

LESSON 14

A

1. In Russia it's cold in winter, but for the last five to seven years the winters were not (have not been) very cold.
2. In winter in Russia, the temperature is often above freezing (zero).
3. There is often a strong wind and sleet.
4. When the sky is cloudless and blue, and the sun is shining, and the snow is sparkling, it is wonderful in Russia.
5. At the beginning of March, the weather is very variable in New York.
6. Mike came to Moscow at the very beginning of spring.
7. We decided to set off on a trip around Moscow.
8. What's that building?
9. The Cathedral of St. Basil is an absolutely unique building.
10. Pushkin, Tolstoy and Dostoyevsky were great writers.
11. Let's go back to the car.
12. Novodevichy is a convent on the banks of the Moscow River.

B

1. Извини́те, вы не ска́жете, как прое́хать к Третьяко́вской галлере́е?
2. Извини́те, вы не ска́жете, как пройти́ к ближа́йшей ста́нции метро́?
3. Извини́те, вы не ска́жете, как пройти́ к ближа́йшему универма́гу?
4. Прости́те, вы не ска́жете, как пройти́ к ближа́йшей це́ркви?
5. Прости́те, вы не ска́жете, как прое́хать к ближа́йшей больни́це?
6. Прости́те, вы не ска́жете, как пройти́ к ближа́йшей апте́ке?
7. Скажи́те,пожа́луйста, как пройти́ к Мавзоле́ю Ле́нина?
8. Скажи́те, пожа́луйста, как прое́хать к Тверско́й у́лице?
9. Скажи́те,пожа́луйста, как прое́хать к университе́ту?
10. Прости́те, вы не ска́жете, как прое́хать к гости́нице "Украина"?

C

1. Как вы уже зна́ете, в Росси́и хо́лодно зимо́й.
2. Температу́ра ча́сто вы́ше нуля́.
3. Ча́сто быва́ет си́льный ве́тер.
4. Идёт снег.
5. Температу́ра - ми́нус де́сять гра́дусов.
6. Не́бо голубо́е, и со́лнце сия́ет.
7. Здесь чуде́сно!
8. В нача́ле ма́рта пого́да о́чень неусто́йчива.
9. Температу́ра бы́стро меня́ется.
10. Но́чью - ми́нус два́дцать, а днём - плюс де́сять.
11. Майк прие́хал в Москву́ в са́мом нача́ле весны́.
12. День так прекра́сен, что про́сто невозмо́жно сиде́ть в гости́нице.
13. Собо́р был постро́ен при Ива́не Гро́зном.

14. Э́то прекра́сная страна́.
15. Толсто́й был вели́кий писа́тель.

D

1. F 2. F 3. T 4. F 5. T 6. T 7. F

LESSON 15

A

1. I intend to live in Moscow.
2. I decided to study Russian seriously.
3. A/The professor agreed to give me private lessons.
4. Natasha has just arrived at his house and is ringing the doorbell.
5. Come in, please.
6. Where did Mike learn Russian? In America?
7. Yes, but now he must improve his Russian [know Russian better].
8. She must broaden her vocabulary.
9. When she watches television, she understands quite a lot.
10. He has good Russian pronunciation.
11. She speaks Russian badly.
12. I have a problem.
13. When people speak quickly, I don't understand.
14. Natasha prepared dinner.
15. The book will be useful to you.

B

1. Майк мог бы проводи́ть в Москве́ от шести́ ме́сяцев до го́да.
2. Я реши́л всерьёз заня́ться ру́сским языко́м.
3. А́нна согласи́лся дава́ть Ма́йку ча́стные уро́ки.
4. Где вы изуча́ли англи́йский?
5. Я не бу́ду жить в Москве́ до́лго.
6. Нам ну́жно лу́чше знать ру́сский.
7. Когда́ я смотрю́ телеви́зор, я понима́ю дово́льно мно́го.
8. Я ду́маю, что я могу́ помо́чь вам.

C

1. По́лночь.
2. По́лдень.
3. Пятна́дцать часо́в пять мину́т OR: пять мину́т четвёртого.
4. Четы́ре часа́ де́сять мину́т.
5. Семна́дцать часо́в пятна́дцать мину́т OR: пятна́дцать мину́т шесто́го.
6. Шесть часо́в два́дцать мину́т.

7. Девятна́дцать часо́в три́дцать мину́т OR: полови́на восьмо́го.
8. Семь часо́в со́рок мину́т.
9. Два́дцать часо́в со́рок пять мину́т OR: без че́тверти де́вять.
10. Де́вять часо́в пятьдеся́т семь мину́т OR: без трёх (мину́т) де́сять.

D

1. F 2. T 3. T 4. T 5. T 6. T 7. F 8. T 9. T 10. T 11. T 12. T
13. T 14. T 15. F

LESSON 16

I

1. нахо́дится … кабине́те … нача́льника
2. телефо́ну.
3. ве́чером … гуля́ли … у́лицам … це́нтре Москвы́
4. Ната́шей … господи́ну Ро́джерсу
5. часо́в ве́чера … во́дку … рестора́не … Ива́ном.
6. ска́жете … Америка́нскому посо́льству?
7. ска́жете … Кра́сной пло́щади?
8. ска́жете … ближа́йшему ба́нку?
9. ска́жете … ближа́йший туале́т?
10. сле́дующем поворо́те … це́рковью.

LESSON 17

A

1. We have already been in Minsk for about five weeks.
2. In three days I am returning to Russia.
3. Yesterday I invited him to have dinner with me.
4. They have very tasty meat today.
5. What do you recommend today?
6. I'll have a bottle of red wine.
7. We're returning to Russia in a week.
8. This evening we invited Ivan to have dinner with us.
9. Thanks a lot for the invitation.
10. We've never been there.
11. May I/we have a look at the menu?
12. I like fish and meat very much.
13. Sturgeon is a fish. It's very tasty.
14. Our Chicken Kiev is considered to be the best in Moscow.
15. I want a bottle of red wine with the meat, and a bottle of white with the fish.

B

1. Че́рез шесть дней они́ возвратя́тся в Соединённые Шта́ты.
2. Я пригласи́л свои́х друзе́й пообе́дать со мной сего́дня ве́чером.
3. Большо́е спаси́бо за приглаше́ние.
4. Обе́д из пяти́ блюд, с во́дкой, вино́м, шампа́нским и коньяко́м.
5. Мы бы́ли здесь вчера́.
6. Я никогда́ там не́ был♂/была♀.
7. Мо́жно посмотре́ть меню́?
8. У вас есть ры́ба?
9. У вас есть мя́со?
10. Я люблю́ кра́сное вино́.
11. Что вы посове́туете?
12. За на́шу дру́жбу!

C

1. Москве́ … двух неде́ль
2. ве́чером … пригласи́л Ната́шу с на́ми
3. четырёх … во́дкой, вино́м, шампа́нским и коньяко́м
4. не́ была
5. ры́бы, икры́, колбасы́, сала́тов
6. них … лу́чшим … Москве́
7. чего́ … концу́ обе́да
8. бу́дем … буты́лку кра́сного вина́

D

1. F 2. T 3. F 4. T 5. T 6. T 7. F 8. F

LESSON 18

A

1. I am going to invite Natasha to the Bolshoi Theater, to the ballet, every week.
2. Yesterday evening, the performance in the theater was magnificent.
3. Many years ago, I lived in Africa.
4. I very much want to see the film *War and Peace*.
5. This movie is more interesting than the other.
6. This book is more interesting than the other.
7. My life is getting worse and worse.
8. My father's life got better and better when he lived in America.
9. What do you prefer, the movies or television?

B

1. пригласи́ли … пье́су
2. лет … смотре́л(а)
3. ви́дели … им … понра́вился
4. нас … Че́хова … лю́бят
5. ве́чером … угоща́ли … меня́… шампа́нского
6. мне … вам
7. пра́вде … ры́бу
8. ду́маем … мно́гих … вре́мени

C

1. Ива́н пригласи́л меня́ в теа́тр на бале́т.
2. О́пера была́ великоле́пная.
3. Э́то замеча́тельно!
4. Мно́го лет наза́д я жил(а) в Росси́и.
5. Я то́же ви́дел♂/ви́дела♀э́тот фильм.
6. Я о́чень люблю́ смотре́ть телеви́зор.
7. Теа́тр бо́лее интере́сный чем и о́пера и бале́т.
8. Не могли́ бы вы посове́товать хоро́шую, ру́сскую пье́су?

D

1. F 2. T 3. T 4. F 5. T 6. F 7. F 8. T

LESSON 19

A

1. We came here very early, and we have a lot of time to talk.
2. I sat in the restaurant and drank coffee.
3. We can talk about a lot of things.
4. Mike and Natasha get along very well together.
5. It's very nice for me to work with you.
6. I know almost nothing about life in America.
7. Mike got a job in an/the office in Moscow.
8. Natasha is a very nice and charming woman.
9. It was very pleasant for us to be in their company.
10. When do they have to go back to America?
11. We talked a lot about America to Natasha on the phone.

B

1. бу́дут … Росси́и
2. своего́ о … Аме́рике … телефо́ну

C

1. Мы сиди́м в рестора́не, и пьём вино́.
2. Я прие́хал♂/прие́хала♀(пришёл♂/пришла́♀) туда́ о́чень ра́но.
3. У меня́ мно́го вре́мени.
4. Я люблю/Мне нра́вится пить ко́фе.
5. Они́ о́чень хорошо́ ла́дят друг с дру́гом.
6. Мне прия́тно рабо́тать с ни́ми.
7. Я почти́ ничего́ не зна́ю о нём.
8. Он почти́ ничего́ не зна́ет о не́й.
9. Мне о́чень прия́тно быть в ва́шем о́бществе.
10. Че́рез ме́сяц мы бу́дем рабо́тать вме́сте в Москве́.
11. Она́ была́ здесь то́лько ше́сть с полови́ной неде́ль.
12. Мне не те́рпится познако́миться с ва́ми ли́чно.

D

1. T 2. F 3. F 4. T 5. T 6. T 7. T 8. F

GLOSSARY

Verbs marked perf = perfective, impf = imperfective; nouns are only marked ♂, ♀ or *n.* if the gender is not apparent from the form (see Lesson 3). Adjectives are given in the masculine, feminine and neuter forms.

а and, but
авто́бус bus
авто́бусная остано́вка bus stop
а́дрес address
америка́нец♂/америка́нка♀ American
англи́йский♂/англи́йская♀/англи́йское *n.* English
англича́нин Englishman
англича́нка Englishwoman
анке́та questionnaire
архите́ктор architect
аэровокза́л air terminal
аэропо́рт airport

бага́ж baggage
бале́т ballet
банк bank
ба́нка jar, can, tin
баскетбо́л basketball
безо́блачный cloudless
бейсбо́л baseball
белору́с♂/белору́ска♀ a Belarusian
Бе́лые Но́чи White Nights
бе́лый♂/бе́лая♀/бе́лое *n.* white
бе́рег bank (of a river, lake)
беспоко́ить (impf) to disturb, to trouble
беспоко́иться (impf) to be disturbed, to be troubled, to be uneasy
беф-стро́ганов beef stroganoff
биле́т ticket
биле́т на самолёт a plane ticket [ticket onto plane]
благополу́чно safely
бли́зко close
блю́до dish, course in a meal
бо́лее more
бо́лее-ме́нее more or less
брать (impf) to take
буке́т bouquet
буты́лка bottle
буфе́т buffet
бухга́лтер accountant
быва́ть to be in/to visit/to go
бы́стро quickly
быть to be

в…ве́ке in the…century
в дела́х on business, working
в командиро́вку on a business trip
в концé концо́в in the end [in the end of ends]
в рука́х in (one's) hands
в са́мом нача́ле at the very beginning
в спе́шке in a hurry, in a rush
в тече́ние during
в тече́ние це́лого ме́сяца for a whole month
в углу́ in the corner
вдруг suddenly
ведь after all, you see
век century
вели́кий♂/вели́кая♀/вели́кое *n.* great
великоле́пно wonderfully, it's wonderful/splendid/magnificent
великоле́пный♂/великоле́пная♀/великоле́пное *n.* wonderful, splendid, magnificent
Ве́рно. It is true/correct.
вернуться (perf) to return, go back
вести́ (impf) to lead, to take
ве́тер wind
ве́чер evening
ве́чером in the evening
вещь♀ thing
взять (perf) to take
ви́деть (impf) to see
ви́за visa
визи́т visit
визи́т состо́ится the visit will take place
вино́ wine
вку́сно гото́вить to prepare something tasty
вку́сно tasty
вме́сте together
внести́ (perf) to carry into, to bring into
внести́ в счёт to put on expenses, on account
вноси́ть (impf) to carry into, to bring into
вода́ water
во́дка vodka
возврати́ться (perf) to return, come back
возвраща́ться (impf) to return
возмо́жно it is possible
война́ war
вопро́с question
вот there is/are, here is/are
впечатля́ть (impf) to impress
вре́мя *n.* time, period of time
всегда́ always
всего́ in all, of all
всего́ до́брого all the best
всего́ понемно́жку a little of everything
всерьёз seriously
всё all

всё возмóжно anything is possible, all is possible
Всё нормáльно. Everything is OK.
всё равнó all the same, in any case
всё-таки all the same, nevertheless
вспотéть (perf) to perspire, to get sweaty
встрéтить (perf) to meet
встрéтиться (perf) to meet (one another)
встрéча meeting, get together
встречáть (impf) to meet
встречáться (impf) to meet (one another)
втóрник Tuesday
вчерá yesterday
вы you (formal or plural)
выдавáть (impf) to hand out, to give, to issue
вы́дать (perf) to hand out, to give, to issue
вы́нести (perf) to carry out, to remove
вы́пить (perf) to drink up
высокó high
вы́ше ноля́ above zero (freezing)
вы́ше higher
вы́яснить (perf) to clear up, to explain
выясня́ть (impf) to clear up, to explain

глáсность♀ openness
глубóкий♂/глубóкая♀/глубóкое *n.* deep
газéта newspaper
гдé-то somewhere
Где? Where?
герóй hero
говори́ть о чём-угóдно to talk about anything
говоря́ speaking
гóлос voice
голубóй♂/голубáя♀/голубóе *n.* blue
горáздо much, far
гóрдость♀ pride
гóрничная maid, cleaner
гóрод town
горя́чее (блю́до) hot (dish, course)
горя́чий♂/горя́чая♀/горя́чее *n.* hot
господи́н Mister
госпожá Madam, Mrs., Ms.
гости́ница hotel
гость♂ guest
готóв♂/готóва♀/готóво *n.* ready (short form of the adjective)
готóвить (impf) to prepare, get ready, make
готóвый♂/готóвая♀/готóвое *n.* ready
грáдус degree (temperature)
грани́ца frontier/border
грóмко loudly
громкоговори́тель♂ loudspeaker
гря́зный♂/гря́зная♀/гря́зное *n.* dirty, filthy
гуля́ть to walk, stroll

да yes
Да нет! Oh, no! (stronger than нет)
давáйте give, let us, let's
давáть урóки to give lessons
дáже even
далекó far, a long way, far away
далёкий♂/далёкая♀/далёкое *n.* distant, remote
даль♀ distance, expanse
дáта date
дáча country house
двáдцать twenty
двáжды twice
два♂/*n.*, две♀ two
двухмéстный♂/двухмéстная♀/двухмéстное *n.* two-place, two-seater
дéлать покýпки to go shopping [to be doing purchases]
дéло affair, work, business
день♂ day
десéрт dessert
дешéвле cheaper
дешёвый♂/дешёвая♀/дешёвое *n.* cheap
джин gin
длúнный♂/длúнная♀/длúнное *n.* long
днём by day
до until, to
До свидáния. Goodbye.
до сих пор until now, up to now
До скóрой встрéчи. See you soon.
добáвить (perf) to add
добрó good
Добрó пожáловать! Welcome!
дóбрый♂/дóбрая♀/дóброе *n.* good, kind
Дóбрый вéчер. Good evening.
довóльно enough, sufficiently, rather
договáриваться (impf) to agree
договорúться (perf) to agree
дождь♂ rain
дозвонúться to ring the phone until it is answered, to get through to someone
дойтú (perf) to go up to, to reach
дóктор doctor
дóлго a long time
долетéть (perf) to fly to, to fly here
дóлжен♂/должнá♀/должнó *n.* have to, must, ought to
дóллар dollar
дом house
дóма at home
дóрого it's expensive
дорогóй♂/дорогáя♀/дорогóе *n.* expensive
досáдно frustrating
достáточно sufficiently, enough
доходúть (impf) to go up to
дочь♀ daughter

другóй♂/другáя♀/другóе *n.* other
дрýжба friendship
дýмать (impf) to think
душ shower
дыхáние breathing, breath
дя́дя uncle

егó him
её her
éсли if
éхать (impf) to go (by transport), to drive
ещё also, again
Ещё бы! I should say so!

Жаль! It's a pity!/What a shame!
жáркий♂/жáркая♀/жáркое *n.* hot
жáрко it is hot
ждать (impf) to wait, to await
же no specific meaning: it serves to emphasize another word
женá wife
жéнщина woman
жизнь♀ life
жить (impf) to live, to be alive; to spend time somewhere
журнáл magazine

За дрýжбу! To friendship!
за компáнию for the company
за продýктами for food, groceries
за углóм around the corner
забывáть (impf) to forget
забы́ть (perf) to forget
заведéние establishment, institution
заезжáть (impf) to call in
зави́сеть (impf) to depend (on)
зави́сеть от тогó, как… to depend on how…
зáвтра tomorrow
зáвтракать (impf) to have breakfast
заéхать (perf) to call in
заéхать за to call on, to collect
закáз an order
закáзан♂/закáзана♀/закáзано *n.* booked, ordered (short form of adjective)
заказáть (perf) to book, to order
закáзывать (impf) to book, to order
закóнчен♂/закóнчена♀/закóнчено *n.* finished (short form of adjective)
закóнченный♂/закóнченная♀/закóнченное *n.* finished
закýска snack
зал hall
зал прибы́тия arrivals hall
Замечáтельно! Great!/Wonderful!
замечáтельный♂/замечáтельная♀/замечáтельное *n.* remarkable
замёрзнуть (perf) to freeze
занимáть (impf) to take up, to occupy

занима́ться (impf) to be engaged in, to study
за́нят♂/за́нята♀/за́нято *n.* busy, engaged (short form of adjective)
заня́ть (perf) to take up, to occupy
заня́ть мно́го вре́мени to take a lot of time
заня́ться (perf) to be engaged in, to study
заня́ться языко́м to study a language
запа́с store, stock
запо́лнить (perf) to fill, to fill up, to complete (a form)
заполня́ть (impf) to fill, to fill up, to complete (a form)
зара́нее in advance, earlier
зате́м after that
зато́ but, however
захоте́ть (perf) to desire, to want
захоте́ться (perf) to desire, to want
звать to call (a name)
звони́ть (impf) to phone, to call
звони́ть в дверь to ring at the door, to ring the doorbell
зда́ние building
здесь here
здоро́ваться (impf) to greet
Здо́рово! It's great/nice!
Здра́вствуйте. Hello.
земля́ earth, land
зе́ркало mirror
зима́ winter
зимо́й in winter
зло evil
знако́мая female acquaintance
знако́мить (impf) to introduce
знако́миться (impf) to meet, to be introduced, to get to know
знако́мство introduction, acquaintance
знако́мый male acquaintance
знать (impf) to know
зна́чить to mean
зови́те call (imperative)
золото́й♂/золота́я♀/золото́е *n.* golden
зря for nothing, to no purpose

игра́ть to play
Идёт дождь. It is raining.
Идёт снег. It is snowing.
Иди́те сюда́. Come here.
идти́ пешко́м to go on foot, to walk
идти́ to go
Иду́т перегово́ры. Negotiations are going on/taking place.
из from, out of
из аэропо́рта from/out of the airport
Извини́те. Excuse me/I'm sorry.
извини́ть to forgive, to excuse
измене́ние a change
изображе́ние image, picture

икра́ caviar
и́ли or
и́менно precisely, specially
име́ть (impf) to have, to own
име́я при себе́ having with you
и́мя *n.* first name
иногда́ sometimes
иностра́нец♂/иностра́нка♀ foreigner
интеллиге́нция intelligentsia
Интере́сно. It is interesting.
интере́сный♂/интере́сная♀/интере́сное *n.* interesting
информа́ция information
и́скренний♂/и́скренняя♀/и́скреннее *n.* sincere
искри́ться (impf) to sparkle
исто́рия history

к to, towards, up to
к сожале́нию unfortunately, regrettably
к сча́стью fortunately
кабине́т office
ка́ждый♂/ка́ждая♀/ка́ждое *n.* every, each
как as, how, like, how is/are
Как ва́ши дела́? How are things? How goes it?
как всегда́ as always, as usual
Как насчёт…? What about…?
как раз то, что… just what…
како́й♂/кака́я♀/како́е *n.* what sort of, what a, which
како́й-нибу́дь♂/кака́я-нибу́дь♀/како́е-нибу́дь *n.* some or other, any
кана́л channel
ка́сса cash register
кварти́ра apartment/flat
кино́ movie/movie theater
ключ key
кни́га book
Когда́? When?
колбаса́ sausage
колле́га colleague (male or female)
коммуника́бельный♂/коммуника́бельная♀/коммуника́бельное *n.* approachable
ко́мната room
компью́тер computer
коне́ц end
коне́чно of course
ко́нсульство consulate
контро́ль♂ control
конфере́нция conference
конья́к cognac
ко́пия copy, duplicate
коро́ткий♂/коро́ткая♀/коро́ткое *n.* short, brief, concise
коро́че говоря́ in short, briefly speaking
котле́ты по-ки́евски Chicken Kiev (breaded chicken with butter)
кото́рый♂/кото́рая♀/кото́рое *n.* which

ко́фе coffee
кра́й♂ border, edge
краси́вый♂/краси́вая♀/краси́вое *n.* beautiful
кремль♀ castle, fort, kremlin
крича́ть (impf) to shout
Кто вы по национа́льности? What is your nationality?
Кто? Who?
купе́ compartment
ку́пол cupola, dome
кури́ть (impf) to smoke
курс course
ку́хня kitchen

ла́дить друг с дру́гом to get along well with one another
ла́дно right, all right, fine
легко́ easy
лес a forest, woods
ле́то summer
ле́том in summer
лёгкие заку́ски light snacks
лёгкий♂/лёгкая♀/лёгкое *n.* light
лицо́ face
ли́чно in person
лу́чше better
любо́й♂/люба́я♀/любо́е *n.* any
лю́ди people

магази́н shop, store
ма́ло little, few
мать mother
маши́на car
ме́дленно slowly
меню́ menu
Меня́ зову́т…My name is…
меня́ть (impf) to change
меня́ться (impf) to change
меня́ющийся♂/меня́ющаяся♀/меня́ющееся *n.* changing
ме́рять (impf) to try on, to measure
ме́сто place, seat
ме́сяц month
мех fur
мехово́й♂/мехова́я♀/мехово́е *n.* fur, of fur
ми́лый♂/ми́лая♀/ми́лое *n.* nice
минера́льный♂/минера́льная♀/минера́льное *n.* mineral
ми́нус minus
мину́та a minute
Мне/Ему́/Им (etc.) подхо́дит. It suits me/him/them (etc.).
Мне всё равно́ It's all the same to me.
Мне на́до. I must/It is necessary for me.
Мне хо́чется. I want.
Мне/Нам/Им не те́рпится. I/We/They (etc.) can't wait.

мно́го a lot, many
мо́жет быть perhaps, maybe
Мо́жно. It is possible.
мо́крый♂/мо́края♀/мо́крое *n.* wet
молодо́й♂/молода́я♀/молодо́е *n.* young
монасты́рь♂ monastery, convent
мо́ре sea
моро́з frost
мочь (impf) to be able to
мой♂/моя́♀/моё *n.* my
муж husband
мча́ться (impf) to hurry away, to zip
мы we
мысль♀ thought
мя́со meat

на on (can be the equivalent of “in”)
на горя́чее for the hot course (main course)
на авто́бусе by bus, on a bus
на берегу́ on the bank
на заку́ски for starters
на рабо́те at one’s work, at the office
на ру́сском языке́ in Russian
на сле́дующий день on the next day
на экску́рсию on a trip
на́бережная embankment, waterfront, wharf
наве́рное surely, certainly
над above
На́до. It is necessary.
называ́ть (impf) to call, to address (someone)
нале́во to the left
напро́тив quite the opposite, on the contrary
наро́д people, the people
наско́лько as…as, as far as, as much as
находи́ть (impf) to find
находи́ться (impf) to be, to be situated
намерева́ться to intend
национа́льность♀ nationality
нача́ло beginning, start
нача́льник chief, boss
наш our
не used to form negative sentences as in Я не ру́сский (I’m not Russian), Не́ было мест (There were no seats/places).
не ме́нее not less
не то́лько not only
не хвата́ть to lack, to miss
не́бо sky
небольшо́й♂/небольша́я♀/небольшо́е *n.* not big, small, little
Невозмо́жно. It’s impossible.
неда́вно not long ago, recently
недалеко́ not far

неде́ля week
незнако́мый♂/незнако́мая♀/незнако́мое *n.* unknown
нельзя́ not allowed
немно́го not much, a little
необходи́мый♂/необходи́мая♀/необходи́мое *n.* unavoidable, necessary
не́сколько a few, several
не́сколько раз several times
нести́ (impf) to carry
нет no
Нет вре́мени. There is no time.
неусто́йчив♂/неусто́йчива♀/неусто́йчиво *n.* variable (short form of adjective)
неусто́йчивый♂/неусто́йчивая♀/неусто́йчивое *n.* variable
ни́зкий♂/ни́зкая♀/ни́зкое *n.* low
ника́к in no way
никако́й♂/никака́я♀/никако́е *n.* none, not any
никогда́ never
никто́ nobody
никуда́ nowhere [to nowhere]
Ничего́ не понима́ю. I understand nothing/I don't understand anything.
но but, however
но́вости the news
но́вый♂/но́вая♀/но́вое *n.* new
нога́ leg, foot
но́мер number
но́мер в гости́нице hotel room
норма́льно O.K., normal, all right
носи́ть (impf) to wear, to carry
ночно́й♂/небольша́я♀/небольшо́е *n.* night
но́чью at night, by night
Ну́жно. It is necessary.
Ну что́ вы! Oh, come on!

обая́тельный♂/обая́тельная♀/обая́тельное *n.* charming
обе́д из пяти́ блюд a five course meal
обе́дать (impf) to dine, to have dinner
оби́да insult, injury
оби́деть (perf) to offend
обижа́ть (impf) to offend
о́блако cloud
о́блачный♂/о́блачная♀/о́блачное *n.* cloudy
обрати́ться (perf) to address (someone)
обра́тно back (direction, movement)
обра́тный♂/обра́тная♀/обра́тное *n.* return
обраща́ться (impf) to address (someone) frequently
обсуди́ть (perf) to discuss
обсужда́ть (impf) to discuss
о́бувь♀ footwear
о́бщество society, company
обы́чно usually
одина́ково the same
одева́ться (impf) to dress oneself

одéжда clothing
оди́н one
оди́н раз one time, once
ожерéлье necklace
ожидáть (impf) to wait, to expect
окнó window
óколо about
он♂ he, it
онá♀ she, it
они́ they
онó *n.* it
описáть (perf) to describe
опи́сывать (impf) to describe
оплáта payment, settlement
освежи́ться (perf) to freshen oneself up
осетри́на sturgeon
ослепи́ть (perf) to blind, to put out someone's eyes
осмáтривать (impf) to examine, to visit, to inspect
осмотрéть (perf) to examine, to visit, to inspect
остальнóй♂/остальнáя♀/остальнóе *n.* remaining
останови́ться (perf) to stop, to stay
останóвлен♂/останóвлена♀/останóвлено *n.* stopped (short form of adjective)
от from
отвéт answer
отвечáть to answer, to reply
отдáть (perf) to hand in, to give back, to return
отделéние section, division, branch
отдéльный♂/отдéльная♀/отдéльное *n.* separate, individual
отéц father
открывáть (impf) to open
откры́ть (perf) to open
Откýда? Where from?
Отли́чно. It's excellent/great.
отпрáвиться (perf) to set off
óфис office
официáльный♂/официáльная♀/официáльное *n.* official
оформлéние preparation, processing
óчень very
óчередь♀ line, queue

пáра pair
пальтó coat
пáспорт passport
пассажи́р passenger
пáчка packet
пáчка сигарéт packet of cigarettes
перевести́ (perf) to translate, to transfer
переводи́ть (impf) to translate, to transfer
перегово́ры negotiations, talks
передавáть (impf) to broadcast
передавáть нóвости to broadcast the news

передáча program
передéлать (perf) to change
перейтú (perf) to cross, to go over
переставáть (impf) to cease, to stop
перестáть (perf) to cease, to stop
переходúть (impf) to cross, to go over
перчáтка glove
пéсня song
петь (impf) to sing
пешкóм on foot
пилóт pilot
писáтель♂ writer
письмó letter
пить (impf) to drink
пúцца pizza
плáта payment, cost
платúть (impf) to pay
плохóй♂/плохáя♀/плохóе *n.* bad
плóщадь♀ square
по on, by
по москóвскому врéмени by/according to Moscow time
по нáбережной on/along the bank
по путú on the way
по рáдио by radio, on the radio
по телевúзору on television
по телефóну on the phone, by phone
по-англúйски in English
по-мóему in my opinion
по-рýсски in Russian
по-стáрому as before, as usual
побывáть to be in, to spend some time in, to visit
повестú (perf) to lead, to take
повестú обéдать to take out for a meal, for dinner
поговорúть to speak, to have a talk
поговóрка a saying
пограничный♂/пограничная♀/пограничное *n.* frontier/border
пограничный контрóль border control
под ногáми under the feet
подешéвле a bit cheaper
поднимáть (impf) to lift, to raise
поднять (perf) to lift, to raise
подойтú (perf) to suit, to match, to approach
подóлгу a long time
подтвердúть (perf) to confirm
подтверждáть (impf) to confirm
подходúть (impf) to approach, to go up to; to suit, to match
пóездом by train
пожáлуй perhaps, very likely, I dare say
пожáлуйста please
позáвтракать (perf) to have breakfast
позвонúть (perf) to phone, to call

познакóмить (perf) to introduce
познакóмиться (perf) to meet, to be introduced, to get to know someone
пойти́ (perf) to go
пойти́ по магази́нам to go around the shops
покá until
покá нет not yet
показáть (perf) to show
покупáть (impf) to buy
покýпка a purchase
пóле field
полéзен♂/полéзна♀/полéзно *n.* useful, beneficial (short form of adjective)
полéзный♂/полéзная♀/полéзное *n.* useful, beneficial
полови́на half
получáть (impf) to receive
получéние acquisition, obtaining
получи́ть (perf) to receive
помéрить (perf) to measure, to try on
пóмнить (impf) to remember
помогáть (impf) to help
помóчь (perf) to help
понимáть (impf) to understand, to comprehend
поня́тно (it is) understood/clear
поня́ть (perf) to understand, to comprehend
пообéдать (perf) to dine, to have dined, to have dinner
попадáться (perf) to be caught
попрощáться (perf) to say goodbye
попýтчик♂ traveling companion
попýтчица♀ traveling companion
Порá. It is time.
порекомендовáть (perf) to recommend
послéдний♂/послéдняя♀/послéднее *n.* last
послéдовать (perf) to follow, to proceed
посмотрéть (perf) to have a look at, to see
посовéтовать (perf) to advise, to recommend
постирáть (perf) to wash (clothes)
острóен♂/постро́ена♀/постро́ено *n.* built (short form of adjective)
постро́ить (perf) to build
посчитáть (perf) to calculate, to add up
посылáть (impf) to send
потóм then
потомý что because
Почемý? Why?
почи́стить (perf) to clean
почти́ almost
прáвда truth; it is true
прáвильно correct, right
предлагáть (impf) to suggest
предприя́тие venture, undertaking
прéжде всегó first of all
прéжде чем начáть before starting
прекрáсен♂/прекрáсна♀/прекрáсно *n.* beautiful, pretty (short form of adjective)

прекра́сный♂/прекра́сная♀/прекра́сное *n.* beautiful, pretty
преподава́тель teacher
при себе with you, on you
прибыва́ть (impf) to arrive
при́бывший♂/при́бывшая♀/при́бывшее *n.* arrived, having arrived
прибы́тие arrival
приглаше́ние invitation
пригото́вить (perf) to prepare, get ready, make
приезжа́ть (impf) to arrive
прие́хать (perf) to come (by transport)
приземли́ться (perf) to land
прилета́ть (impf) to fly to, to arrive by air
приме́рно approximately, about
принима́ть (impf) to accept
приня́ть (perf) to accept
приня́ть душ (perf) to take a shower
присла́ть to send
приходи́ть (impf) to come, arrive
прийти́ (perf) to come, arrive
Прия́тно. It's pleasant.
пробле́ма problem
пробы́ть (perf) to stay, to spend time, to stop (for a time)
провести́ (perf) to accompany, to take (on foot), to see off; to spend time
проводи́ть (impf) to accompany, to take (on foot), to see off; to spend time
програ́мма program
продаве́ц sales assistant
проду́кт product, grocery
проезжа́ть (impf) to go through (by transport)
прое́хать (perf) to go through (by transport)
произноше́ние pronunciation
проспе́кт brochure, prospectus; prospect, long, wide road
прости́ть (perf) to pardon, forgive
прости́ться (perf) to say goodbye
про́сто simply
просто́й♂/проста́я♀/просто́е *n.* simple, straightforward, easy going
про́сьба request
проти́скиваться (impf) to force one's way, to squeeze through
профе́ссор (male or female) a professor
проходи́ть (impf) to travel through, to pass (time)
проща́ть (impf) to pardon, forgive
проща́ться (impf) to say goodbye
про́ще simpler, easier
пря́мо straight
путь♂ way
пыта́ться to try

рабо́та work
рабо́тать (impf) to work
рад♂/ра́да♀ pleased
разгова́ривать (impf) to talk, to chat
разлу́ка parting
ра́но early

распаковáть (perf) to unpack
располóженный♂/располóженная♀/располóженное *n.* situated
регистрáция registration
рéйс flight
рекá river
рекомендовáть (impf) to recommend
ресторáн restaurant
решáть (impf) to decide
решúть (perf) to decide
родúтели parents
рождéние birth
роль♀ role
россúйский♂/россúйская♀/россúйское *n.* Russian (pertaining to the Russian state)
рýсский♂/рýсская♀/рýсское *n.* Russian (for a person/place/thing)
рýчка pen
рыба fish

с with
с úскренним уважéнием with sincere respect
с тех пор from that time, since then
с трудóм with difficulty
с удовóльствием with pleasure
садúться (impf) to sit down
салáт salad
сáмое начáло the very beginning
самолёт airplane
самолётом by plane
сáмый♂/сáмая♀/сáмое *n.* the very, the most
сапóг boot
сарáй♂ shed
свобóдный♂/свобóдная♀/свобóдное *n.* free
свой♂/своя́♀/своё *n.* one's own
сдéлан♂/сдéлана♀/сдéлано *n.* done, finished (short form of adjective)
сдéланный♂/сдéланная♀/сдéланное *n.* done, finished
сдéлать to do
себя́ oneself
сегóдня today
сейчáс right now, immediately
селó village
семья́ family
сестрá sister
сигарéта cigarette
сúльный♂/сúльная♀/сúльное *n.* strong
ситуáция situation
сия́ть (impf) to shine
скáжем let's say, we'll say
сказáть (perf) to say
сквозь through
Скóлько? How much?, How long?
Скóлько сейчáс? What time is it now?
Скóлько стóит? How much does it cost?

скоре́е faster; rather
скро́мность♀ modesty
сле́довать (impf) to follow, to proceed
сле́дующий♂/сле́дующая♀/сле́дующее *n.* following, proceeding
слова́рь♂ dictionary
сло́во word
сло́жный♂/сло́жная♀/сло́жное *n.* difficult, complicated
слу́шать to listen
слы́шать (impf) to hear
сля́коть♀ slush
смесь♀ mixture
смея́ться (impf) to laugh
смотре́ть переда́чу to watch a program
смотре́ть телеви́зор to watch television
смочь (perf) to be able to
смысл sense, meaning
снача́ла at first
снег snow
снима́ть (impf) to take off, to remove
снять (perf) to take off, to remove
собо́р cathedral
собра́ние meeting
соверше́нно completely
сове́товать (impf) to advise
совме́стное предприя́тие joint venture
совме́стный♂/совме́стная♀/совме́стное *n.* joint
совсе́м completely
совсе́м не not at all
согла́сен♂/согла́сна♀/согла́сно *n.* agreed, according to, in conformity with
согласи́ться (perf) to agree
соглаша́ться (impf) to agree
сожале́ние regret
созда́ние establishing, setting up
созда́ть to found, to set up
со́лнце sun
соля́нка по-моско́вски Moscow style solyanka soup
сосе́д♂/сосе́дка♀ neighbor
состоя́ться (perf) to take place
спаси́бо thank you
спать (impf) to sleep
спекта́кль♂ performance
спеши́ть to hurry
спе́шка a rush
спра́шивать (impf) to ask
спроси́ть (perf) to ask
сра́зу at once, right away, immediately
стака́н a glass
станови́ться (impf) to get, to grow, to become
ста́рый♂/ста́рая♀/ста́рое *n.* old
стать (perf) to get, to grow, to become
стена́ wall

стирáть (impf) to wash (clothes)
стóимость ♀ cost, value
стóить (impf) to cost, to be worth
стол table
стол регистрáции check in desk
стоя́ть (impf) to stand
стоя́ть в óчереди to stand in line
странá country
строи́тельство building, construction
стрóить (impf) to build
студéнт ♂/студéнтка ♀ student
стул chair
суди́ть (impf) to judge, to criticize
существовáть (impf) to exist
счáстлив ♂/счáстлива ♀/счáстливо *n.* happy, fortunate (short form of adjective)
счастли́вый ♂/счастли́вая ♀/счастли́вое *n.* happy, fortunate
счáстье happiness, good fortune
считáть (impf) to consider
считáться (impf) to be considered, to consider

табли́чка a card, notice (as held up in airports with the name of a person)
так so
тáкже also
такóй ♂/такáя ♀/такóе *n.* so, such, such a one
талáнт talent
там there
тамóженный досмóтр customs check
тамóжня customs
теáтр theater
телеви́дение television
телеви́зор television (set)
телефóн telephone
тéло body
температýра temperature
тéннис tennis
теплó warmth
терпéние patience
теря́ть (impf) to lose
течéние flow, course (of time); trend; current (river, etc.)
тёплый ♂/тёплая ♀/тёплое *n.* warm
тирáн tyrant
то же сáмое the very same
товáрищ ♂/♀ comrade, friend
тогдá then
тóже also, too
толпá crowd
тóлько only
тóник tonic
тост toast
тóчно exactly
тради́ция tradition

тра́нспорт transport
три three
труд labor, toil, work, exertion
тру́дно difficult, hard
тру́дность♀ difficulty, hardship
туда́ there (to there)
ты you (informal)
тяжёлый♂/тяжёлая♀/тяжёлое *n.* heavy
тут here

у at; beside; by; near; on
У меня́ всё хорошо́. Everything's fine.
У меня́ есть… I have…
У меня́ к вам про́сьба. I'd like to ask you a favor.
у неё she has/at her place [at her]
у себя́ в кабине́те in one's office
уваже́ние respect
уве́рен♂/уве́рена♀/уве́рено *n.* convinced (short form of adjective)
уви́деть (perf) to see, to have seen
у́гол corner
угости́ть (perf) to treat, to pay for somebody
угоща́ть (impf) to treat, to pay for somebody
удо́бно convenient
удово́льствие pleasure
ужа́сен♂/ужа́сна♀/ужа́сно *n.* awful, terrible (short form of adjective)
ужа́сный♂/ужа́сная♀/ужа́сное *n.* awful, terrible
уже́ already
украи́нец♂/украи́нка♀ a Ukrainian
улета́ть to fly out [to depart]
у́лица street
умыва́ться (impf) to wash oneself
университе́т university
уника́льный unique
упражне́ние exercise
уро́к lesson
устра́иваться (impf) to arrange, put in order, settle in
устро́иться (perf) to get organized
у́тро morning

фа́брика factory
факс fax
фами́лия surname
фильм film
фи́рма firm, company
францу́зский♂/францу́зская♀/францу́зское *n.* French

химчи́стка dry cleaning
Хо́лодно. It is cold.
хоро́ший♂/хоро́шая♀/хоро́шее *n.* good
Хорошо́. It is good/fine.
хорошо́ пообе́дать (perf) to have eaten well
хоте́ть (impf) to want

хоть even though
хотя́ although, despite
худо́жник♂/худо́жница♀ artist
ху́же worse

цвето́к flower
це́лый♂/це́лая♀/це́лое *n.* entire, whole, complete
це́льсий centigrade/Celsius
цена́ price
центр center
це́рковь♀ church

ча́й tea
час hour
ча́стный♂/ча́стная♀/ча́стное *n.* private
ча́сто often
чемода́н suitcase
чемода́нчик little suitcase (a diminutive form of чемода́н)
че́рез in, after
че́рез неде́лю in a week
че́рез четы́ре часа́ in four hours
чернови́к a draft
чёрный♂/чёрная♀/чёрное *n.* black
число́ number, date
чи́стить (impf) to clean
чита́ть (impf) to read
что that
Что ещё? What else?
Что вы посове́туете? What do you recommend?
Что но́вого у вас? What's new?
что-то something
чу́вство feeling
чуде́сный♂/чуде́сная♀/чуде́сное *n.* wonderful, marvelous
Чуть не забы́л! I almost forgot!
чуть-чуть just a little, a tiny bit

шампа́нское champagne
ша́пка hat
шеде́вр masterpiece (from the French "*chef-d'oeuvre*")
шко́ла school
шоссе́ highway
шум noise
шу́мно noisy

экску́рсия trip, excursion
экспона́т exhibit item
электро́нное письмо́ e-mail
электро́нный адрес e-mail address
э́то this, that, it; this is, that is, it is

язы́к language, tongue
яйцо́ egg